EL ESTADO ESTRATÉGICO

Javier Vicuña

EL ESTADO ESTRATÉGICO

Independently published

Gracias Mabel y Jorge por estar siempre presentes.

Y a mis amores Mariela, Iñaki y Jokiñe

Índice

Introducción

El Estado estratégico

EL ESTADO ESTRATÉGICO

El Estado Estratégico es una propuesta que busca repensar no solo el rol del Estado sino la gestión de lo público en su conjunto desde una visión sistémica, analizando que es lo que hemos hecho en nuestra historia reciente, y lo que aparentemente seguiremos haciendo aunque nos haga mal. Miraremos que han hecho otros en otras latitudes, que soluciones han encontrado, sobre que están trabajando los que están mejorando y que es lo que sería recomendable que los argentinos comencemos a realizar.

Al mismo tiempo pondremos al Estado tanto nacional, provincial y municipal, en una perspectiva activa y determinante en el futuro de la comunidad a la cual se debe. Esto implica hacer confluir todos los recursos, desde la visión del pensamiento estratégico, para generar el bien común que en definitiva es el fin último de la organización Estado.

El primer paso es pensar el futuro, generar un futuro deseado, imaginarlo, diseñarlo, discutirlo, consensuarlo y finalmente poner manos a la obra. Se dice fácil pero está claro que los últimos 70 años de decadencia demuestran que son muchas las carencias que adolecemos. Estas décadas relatan la historia de un fracaso, del que nos cuesta hacernos cargo, somos más propensos a las definiciones y discursos vacíos, altisonantes donde siempre hay alguien, otro, que tiene la culpa y ese otro puede ser un connacional y/o fuerzas oscuras foráneas.

El simple hecho de consensuar, sentarse a intercambiar opiniones, acercar posiciones diversas que ayuden a entender la más básica de las tareas que todo país que quiera trocar fracaso por éxito esto es definir un diagnóstico sin fantasías o declaraciones demagógicas, esta simple acción parece hoy imposible de implementar tomando en cuenta el elemental proceder que muchas veces demuestra nuestros representantes de la clase política.

En esta tarea hay que armonizar una gran cantidad de variables, empezando por el vínculo estrategia, estructura y cultura. Estos tres conceptos no suelen ser prioritarios a la hora de la gestión de lo público, pero son tan esenciales como la relación vecino/gobierno, los acuerdos y desacuerdos internos y externos de las distintas fuerzas políticas y los distintos grupos de poder e influencia que cada comunidad refleja en su vida cotidiana.

La Argentina es uno de los países que tiene una economía de las más cerradas del mundo, lo que exportamos en función al territorio y las potencialidades es realmente ínfimo, que forma parte de una mirada pueblerina del mundo. El mundo es cada vez más interdependiente y nos debemos una mirada global, pero deberíamos empezar a entender que ocurre y que se hace en nuestra región desde un lugar de humildad para poder aprender y hacernos de información fidedigna.

La Comisión Económica para América Latina y el Caribe (CEPAL) abre el debate sobre una nueva agenda de desarrollo y las políticas públicas que deben acompañarle se encuentran en pleno desarrollo. Existe consciencia de los logros y limitaciones de las reformas de corte neoliberal. Muchos países de la región han elaborado o se encuentran discutiendo Visiones, Planes Estratégicos de Largo Plazo o Agendas Internas para enfrentar las brechas económicas y sociales. Los diferentes procesos de análisis que se llevan a cabo en la región para modernizar los Sistemas Nacionales de Ciencia y Tecnología convergen en la necesidad de aumentar la sinergia para liderar un proceso colectivo que presente ideas–fuerza relevantes para maximizar las oportunidades nacionales. Es claro que muchos países andan en un relevante proceso de reflexión para dotarse de objetivos, estrategias, metas e indicadores de mediano y largo plazo.

Una visión de futuro debe ser estructurada, realista y transformadora; debe ser más que una reproducción del pasado y una extrapolación lineal del presente. Una visión debe explorar alternativas de cambio e innovación frente a las estructuras actuales, sin que ello equivalga a plantear quimeras, ilusiones o sueños evanescentes. Debe también basarse en una propuesta de lectura seria y organizada que proporcione una visión global de la realidad, y atienda los principales debates intelectuales de la época. Pero una visión de futuro conservadora, que no se traduzca en proyectos de futuros innovadores, verosímiles, pertinentes y coherentes, corre el riesgo de reproducir un estado insatisfactorio de las cosas. Y con ello, puede desvirtuar su noble propósito de proporcionar una guía y orientación para las políticas públicas.

Hay que introducir en este debate intelectual el tema de la transición hacia una sociedad y una economía de conocimiento, un factor sin el cual no puede entenderse la transformación del mundo contemporáneo. Basados en la experiencia internacional, si la región reconoce su potencial de innovación, la necesidad de coordinar sus políticas públicas y evaluar su desempeño con estándares internacionales más exigentes, si América Latina aprende en forma oportuna de sus propios aciertos y errores, tendrá mayores probabilidades de que su política pública sintonice las fuerzas de cambio que influyen decisivamente en la geoestrategia global.

Los argumentos principales son los siguientes:

- América Latina y la Argentina con más razón aún, requiere una estrategia de crecimiento orientada a transformar las ventajas comparativas en competitivas, aquí se plantea que se necesitan estrategias de ruptura para alcanzarla. Pero no se podrá lograr una estrategia satisfactoria si no se visualizan metas que dimensionen el verdadero alcance de la transformación a lograr. En general, en el discurso macroeconómico tradicional falta otorgarle importancia a temas como educación, ciencia, tecnología e innovación, infraestructuras de información y régimen institucional e incentivos económicos, a la sazón los aspectos medulares de la economía de conocimiento.

- Es fundamental sintonizar una nueva Agenda del Desarrollo al nivel internacional. Se requiere dar mayor prioridad a la transformación productiva y social, las cuales no son meros subproductos de un equilibrio macroeconómico. La verdad empírica es que esta transformación no se produjo en la región en forma sustantiva en los últimos quince años.

- América Latina requiere avanzar hacia un nuevo modelo productivo basado en el desarrollo tecnológico y la innovación. Pero esto implica fijar metas elevadas en diversas materias. Incluso exige nuevos arreglos institucionales para acelerar el desarrollo de las capacidades.

Así como acurre en nuestro país el mantenimiento del círculo vicioso en América Latina tiene una fuerte relación con la falta de una visión y un proyecto de futuro que le brinde sentido a la acción colectiva de una sociedad fragmentada y profundamente dividida, que siente que se vislumbra el cambio de modelo de desarrollo. La persistencia del círculo vicioso, que dificulta el cambio de la estructura productiva y promueve el estancamiento de la productividad, se mantiene incólume.

Ahora bien, desde un punto de vista psicosocial y cultural, tal círculo vicioso sería creado por la influencia de cuatro elementos que se retroalimentan a sí mismos, a saber:
El cortoplacismo, dado que se buscan resultados inmediatos que no sirven para solucionar los problemas de fondo.
Los excesos de la racionalidad individual, dado que cada sector y país busca su propia alternativa.
La falta de referentes comunes.
La ausencia de proyectos colectivos e integradores.

Estos cuatro elementos inhiben la búsqueda de alternativas y condicionan las políticas públicas y la toma de decisiones estratégicas en una dirección que tiende a agravar el estancamiento del círculo vicioso, en lugar de contrarrestarlo. En consecuencia, para salir del círculo vicioso se requieren soluciones estructurales de largo plazo, procesos sostenibles, aprendizaje social y acumular capacidades y recursos en lugar de dispersarlos. Pero si las soluciones estructurales son muy complejas y la sostenibilidad es un resultado incierto, ¿por dónde puede comenzar el cambio?

Al final de los años setenta la crisis económica mundial dificultó la viabilidad del modelo de estado de bienestar construida por los países industrializados. Frente a dicha crisis surgió una propuesta que perseguía restablecer el equilibrio fiscal y de la balanza de pagos de los países en crisis. Para ello se promovió la reducción del tamaño del Estado y su sustitución por el mercado como instrumento de desarrollo. Contrario a lo esperado, los problemas de desarrollo se agudizaron, la pobreza y la desigualdad se incrementó.

Tenemos entonces un desafío más que importante para llevar a cabo, que se incrementa sustancialmente cuando a este análisis ponemos a consideración la competitividad puertas afuera de la organización.

Toda nación o ciudad necesita financiamiento para poder crecer e implementar los proyectos que satisfagan las necesidades aún insatisfechas que tengan los distintos sectores de la sociedad. Este financiamiento surge en primera instancia de la eficiencia recaudatoria, pero claro está cuanto más fuerte es la economía mayor será la dimensión del presupuesto a manejar.

Surge entonces la acción del Estado para seducir y atraer capitales tanto nacionales como internacionales, brindar las condiciones comerciales, políticas y legales, lo suficientemente interesantes para que los mismos perciban una oportunidad e incrementen las posibilidades de la actividad económica, y esto es competitividad.

No podría entenderse el fenómeno de China, si la misma no hubiera recibido gigantescas cantidades de inversiones desde los más diversos rincones del planeta. Esta claro que tanto China como cualquier nación, que pretenda crecer por largos períodos de tiempo y poder consecuentemente sostener el mismo, tiene que competir para dar importantes y seductoras garantías de un interesante retorno de inversión.

EE.UU. experimenta el mayor crecimiento económico de su historia, superior incluso a la Segunda Guerra Mundial, como consecuencia de haber recibido US$ 2 billones de inversiones del mundo entero en los últimos tres años. Es de hacer notar que estas consideraciones se toman en cuenta hasta la pandemia que tendrá un análisis en particular.

Marcelo Elizondo un especialista en relaciones internacionales nos plantea una nueva realidad que hace un entorno más complejo, esto es una mundialización sistémica integral está volviéndose inabordable para el estado tradicional, los gobiernos y el poder político. Lo suprafronterizo está quitando al Estado la condición de organización suprema localizada. Mario Justo López definía al estado nacional como una población sobre un territorio al que se le ejerce el poder político desde el gobierno. Pues eso está cambiando. Queda menos de aquella idea de la soberanía de Jean Bodin (independencia internacional y supremacía de poder interno).

En 2020 hubo más de 40 mil millones de dispositivos conectados a internet en el mundo, la mitad sin intervención humana, por los que se conectaron 4.700 millones de personas 80% de las mismas tienen más de 25 años, plena edad laboral. Es lo opuesto a la localización. Nuevas personas globales no se subordinan ya al Estado.

Desde el virus hasta la información, pasando por el cambio climático o la formación para la economía del conocimiento, casi todo es suprafronterizo y supraestatal, y consecuentemente el poder político va perdiendo los dos atributos que los griegos le reconocían: imperium (uso de la fuerza) y auctoritas (legitimidad).

Redes sociales silencian al más poderoso presidente hasta ayer, al revés, la censura la ejercían funcionarios sobre medios de comunicación, profesores acuden a empresas proveedoras de soportes comunicacionales para sus clases, laboratorios invierten en vacunas aun ilegales y el empresario más rico del mundo envía cohetes privados al espacio donde no hay mayores leyes vigentes. Ahora bien, no todo es ruptura. Algo nuevo y extraordinario está gestándose: las instituciones públicas no estatales.

El teletrabajo pone a 55 millones de personas a trabajar on line desde un país hacia otro sorprendiendo leyes laborales; y ya son 20 millones los estudiantes internacionales on line que no pasan por la burocracia migratoria. Pero hay un caso paradigmático en la irrupción de lo público no estatal: la proliferación de blockchain. Está creándose una enorme novedad: la certeza ya no es legal sino encriptada por tecnologías. A las garantías no las provee un funcionario y la certificación ya no es oficial.

Las criptomonedas son el ejemplo más rutilante pero hay mucho más: certezas en identidades digitales, registro y verificación virtual de datos, nuevos contratos inteligentes, control virtual internacional del funcionamiento de las cadenas de suministro, herramientas de seguridad satelizada, votaciones a distancia en asambleas y cuerpos colectivos y la concesión de certificación del origen y acreditación de calidad de productos o de procesos sin acudir a un sello de una entidad gubernamental. Todos, casos de avance de lo público no estatal. Está naciendo la nueva industria de la verdad. Y los agentes económicos le conceden creciente valor esa reputación vale más que la oficialidad. Se trata de espacios consensuales que regulan y garantizan sin acudir al poder político nacional. El mundo cambia sin pedir permiso, el Estado debe ser repensado.

Competir con otras regiones de un mundo globalizado e hipercomunicado, es parte de la tarea de un Estado estratégico, vale decir de cualquier representación del Estado, en cualquier región del mundo, los recursos siempre son escasos, hay que competir por ellos.

El Estado estratégico del siglo XXI debe ser lo suficientemente fuerte como para asegurar los derechos sociales y la competitividad de cada país en el escenario internacional.
Para abordar dichos desafíos, se debe adecuar su organización y su funcionamiento a las nuevas realidades y adoptando un nuevo modelo de gestión pública.
Este nuevo modelo se tiene que sustentar en la calidad de la gestión, vinculando a la misma con dos propósitos fundamentales de un buen gobierno:

a) toda gestión debe estar referenciada a la satisfacción del ciudadano, ya sea como usuario o beneficiario de servicios y programas públicos, o como legítimo participante en el proceso, formulación y control de las políticas públicas bajo el principio de corresponsabilidad social.

b) la gestión pública tiene que orientarse a resultados, por lo que debe sujetarse a diversos controles sobre sus acciones, suponiendo entre otras modalidades la responsabilidad del ejercicio de la autoridad pública por medio del control social y rendición periódica de cuentas.

La adopción de estrategias de innovación, racionalización y mejora de la gestión pública, orientadas por la calidad permitirá a la gestión pública posicionarse favorablemente frente a la incertidumbre, reforzar su influencia en un entorno dinámico complejo y acometer el necesario desarrollo organizativo para la gestión del cambio y la formulación de soluciones creativas, con el fin de cumplir al máximo las expectativas de la ciudadanía, proporcionando un instrumento para lograr la coherencia en la dirección estratégica a seguir.

El pensamiento y la acción estratégicos son algo natural en los campos económico y militar. En política siguen siendo la excepción, pues continúan prevaleciendo el comportamiento táctico y la acción a corto plazo. En realidad en la vida nacional es lo único que hemos hecho en los últimos 70 años, el corto plazo. No hemos tenido estadistas y si hubo insipientes líderes democráticos que tenían esta condición no han tenido el tiempo para implementar una visión de largo plazo. Nuestras dictaduras que han estado presentes desde 1930 hasta 1983, interrumpiendo procesos democráticos con una liviandad y desprecio por la república son eso, nuestras, pero siempre fueron cívico-militares, no eran todos uniformes, hubo distintos actores de la vida social que siempre los acompañaron.

Con el paso de los años la degradación de nuestra sociedad se fue cristalizando en los distintos ámbitos de la misma. Esto ha permitido que naturalicemos situaciones que son vergonzantes pero que ya las tomamos como cotidianas. Nuestros dirigentes se han transformado en especialistas en el armado de la construcción de la política partidaria, el discurso, el relato, en posicionarse, en reposicionarse según el viento, para ganar la próxima elección que es cada dos años; de gestionar ni hablar, de presentar la planificación al electorado sobre lo que harán en los cuatro años de gobierno menos. Se han consagrado en la gran mayoría de los casos en especialistas en llegar al poder, ejercerlo para continuar en el mismo como objetivo final.

Para la conceptualización a largo plazo y la ejecución de políticas, la planificación estratégica es requisito para lograr el éxito y el desarrollo sostenible.

Primera Parte

Conceptos a tomar en cuenta

1. PLANIFICACIÓN ESTRATÉGICA

La Planificación Estratégica, PE, es una herramienta de gestión que permite apoyar la toma de decisiones de las organizaciones en torno al quehacer actual y al camino que deben recorrer en el futuro para adecuarse a los cambios y a las demandas que les impone el entorno y lograr la mayor eficiencia, eficacia, calidad en los bienes y servicios que se proveen. (The quest for prosperity. Justin Lin).

El concepto estrategia proviene del campo militar; la palabra en sí se deriva del griego. Las consideraciones estratégicas siempre se hacían necesarias cuando había que conducir grandes contingentes humanos y para lo cual se requería una orientación. (Estrategias públicas. Peter Schoder). En el pasado el caso se daba, sobre todo, cuando debían o tenían que librarse guerras. Hasta el inicio de la industrialización, el concepto estrategia conservó un significado casi exclusivamente militar. Más tarde, al volverse necesario dirigir grandes contingentes humanos en el campo económico, se amplió el concepto: había nacido la estrategia empresarial para la conducción planificada de personas en una empresa. Poco a poco el concepto fue abarcando sectores cada vez más amplios de la sociedad; naturalmente también llegó al campo político, pues también aquí había que dirigir hacia un objetivo a grandes masas de la sociedad o a miembros de partidos y organizaciones.

La Planificación Estratégica consiste en un ejercicio de formulación y establecimiento de objetivos de carácter prioritario, cuya característica principal es el establecimiento de los cursos de acción (estrategias) para alcanzar dichos objetivos. Desde esta perspectiva la PE es una herramienta clave para la toma de decisiones de las instituciones públicas.

A partir de un diagnóstico de la situación actual (a través del análisis de brechas institucionales), la Planificación Estratégica establece cuales son las acciones que se tomarán para llegar a un "futuro deseado", el cual puede estar referido al mediano o largo plazo. La definición de los objetivos estratégicos, los indicadores y las metas, permiten establecer el marco para la elaboración de la Programación Anual Operativa que es la base para la formulación del proyecto de presupuesto.

El uso de la Planificación Estratégica en el ámbito público se concibe como una herramienta imprescindible para la identificación de prioridades y asignación de recursos en un contexto de cambios y altas exigencias por avanzar hacia una gestión comprometida con los resultados. Las características centrales de la gestión orientada a resultados son:

- Identificación de objetivos, indicadores y metas que permitan evaluar los resultados, generalmente a través del desarrollo de procesos planificación estratégica como herramienta para alinear las prioridades a los recursos y establecer la base para el control y evaluación de las metas.

- Identificación de niveles concretos de responsables del logro de las metas.

- Establecimiento de sistemas de control de gestión internos donde quedan definidas las responsabilidades por el cumplimiento de las metas en toda la organización, así como también los procesos de retroalimentación para la toma de decisiones.

- Vinculación del presupuesto institucional a cumplimiento de objetivos.

- Determinación de incentivos, flexibilidad y autonomía en la gestión de acuerdo a compromisos de desempeño.

La planificación estratégica es un proceso que antecede al control de gestión, el cual permite hacer el seguimiento de los objetivos establecidos para el cumplimiento de la misión. Cubre aspectos de carácter macro que involucran el mediano y largo plazo y apoya la identificación de cursos de acción que establezcan las prioridades institucionales. La planificación estratégica es un proceso continuo que requiere constante retroalimentación acerca de cómo están funcionando las estrategias.

En el sector privado, las organizaciones tienen señales de su desempeño a través de indicadores claros, tales como las utilidades, los retornos sobre la inversión, las ventas, etc. Los indicadores entregan información valiosa para la toma de decisiones respecto del curso de las estrategias, validándolas o bien mostrando la necesidad de efectuar un ajuste. En las organizaciones públicas, las señales no son tan claras, y el diseño de indicadores que permitan monitorear el curso de las estrategias, es un desafío permanente.

2. ESTRATEGIAS POLÍTICAS

Las estrategias políticas son aquellas que buscan imponer concepciones políticas, como la sanción de nuevas leyes o la creación de una nueva estructura en la administración estatal o la ejecución de medidas de desregulación, privatización o descentralización. La experiencia muestra que ni los partidos políticos ni los gobiernos planean suficientemente tales medidas desde el punto de vista estratégico, pues, de lo contrario, no fracasarían tantos proyectos.
En el caso nacional los partidos políticos han perdido relevancia, son más una idea que una certeza, desde un tiempo a esta parte se habla de espacios políticos que suena lindo pero que tiene poca sustancia.

Parte de nuestra degradación tiene que ver con el travestismo político de varios de nuestros líderes que van pasando de espacio en espacio dejando al querido camaleón chiquitito, chiquitito.
Partiendo de esta base y ateniéndonos a la experiencia, nuestros gobiernos nacionales no han implementado una planificación estratégica ni de casualidad, pero si hay casos exitosos en otras representaciones del Estado como provincias y ciudades.
En la práctica, en los países que si realizan planificaciones el resultado de tales medidas y "planificaciones" suele tener

ciertos pasos: los afectados primero se defienden, quieren que todo quede igual y luego intentan eludir las leyes o que ni siquiera las consideren por creer que el Estado es demasiado débil para imponerlas. Por lo general todo cambio genera una resistencia al mismo y dicha resistencia es parte del camino que hay prever.

Planificación táctica

La planificación táctica presupone la existencia de una planificación estratégica: los planes referidos a la táctica y a las medidas sólo tienen sentido si se cuenta con una estrategia planeada minuciosamente. La planificación táctica responde, pues, a las preguntas de quién hace cuándo, dónde, qué, cómo y por qué. Los diversos objetivos estratégicos deben lograrse por medio de esas decisiones de la planificación táctica, que dependen de conocer con exactitud el entorno, las condiciones marco y las propias capacidades. Por eso las planificaciones tácticas no debe asumirlas el nivel estratégico, sino las respectivas conducciones de los niveles tácticos, pues sólo éstas poseen el conocimiento requerido.

Por ejemplo, si el gobierno de un país tomó la decisión estratégica de atraer inversiones extranjeras, según las condiciones marco podrán emplearse diferentes tácticas: unas se apoyarán en los bajos salarios y en los reducidos costos de producción (factores de localización), otras en las materias primas existentes y otras en la buena infraestructura. Sin embargo, también puede haber tácticas que apunten a la cercanía de los mercados de consumo o a regulaciones y legislaciones flexibles. Todas estas tácticas buscan atraer inversiones extranjeras; su orientación táctica puede ser muy diferente.

Junto con sus decisiones fundamentales, proveídas por la estrategia, y con sus cronogramas y planes de medidas, la planificación táctica es un instrumento para ejecutar la estrategia. Una estrategia podría existir aunque no se cuente con una planificación táctica ni con una elaboración de planes operativos, pero sería ineficaz por falta de ejecución, razón por la cual la ejecución de la estrategia y, por tanto, la planificación táctica adquieren una decisiva importancia.

Influencia de diversas áreas culturales en el diseño de estrategias

Los mecanismos estratégicos de decisión y el pensamiento estratégico son, primero que nada, independiente de las diferencias geográficas, culturales y demás. La estrategia se orienta hacia un objetivo final que hay que alcanzar: la planificación crea las condiciones para ello. Así ocurre en todo el mundo.

Sin embargo, las culturas, como condiciones marco del entorno, influyen en el tipo de estrategia y mucho más aún en las decisiones tácticas. En última instancia, sólo para éstas influye el hecho que se trate de un área cultural abierta al comportamiento conflictivo o de una basada en la idea del consenso. Esto implica que si bien los elementos de culturas con ciertas orientaciones religiosas, experiencias sociales e históricas, formas especiales de comunicación, etc. deben tenerse en cuenta como factores condicionantes y limitantes al elaborar estrategias y tácticas, no deben priorizarse frente a los tipos de necesidades, los marcos legales o las estructuras organizativas influidos, a su vez, por el entorno cultural.

Por tanto, durante la planificación, el planificador de estrategias debe considerar las condiciones marco incluyendo las culturales, pero sin dejarse paralizar por un temor reverencial; debe valorar las condiciones culturales tan sólo como lo que son: datos a considerar en la planificación.

Modelos de planificación política. Los modelos más empleados en el proceso de planificación política son el de planificación según el FODA y el Planeamiento Conceptual, tomaré a modo de ejemplo el primero.

Planificación según FODA

De acuerdo al FODA, la buena planificación estratégica opera en dos campos. En el primero, el planificador estratégico expone claramente adónde hay que ir (visión) y cuál es la intención y la razón de ser de la existencia de la organización (definición del cometido o *mission statement*). Partiendo de la visión y del cometido, el planificador estratégico desarrolla objetivos, que son resultados finales mensurables y que reflejan si la organización se acerca o se aleja de la visión o del objetivo principal.
Las estrategias deben definir cuáles son las áreas de resultados clave (*key result areas*) que se esperan y hacia los cuales deben dirigirse todos los esfuerzos, y cuáles son los indicadores especiales de eficiencia que deben ser vigilados y evaluados.

En el segundo campo, el planificador estratégico intenta cimentar la organización según las realidades del entorno en el que opera. Hay dos entornos: el externo, que es la zona en la que otros influyen en la organización y que otros son influidos por la organización; y el interno que consta de los recursos, de la fortaleza, de las oportunidades y de las limitaciones de la propia organización. El planificador estratégico debe ser capaz de advertir y evaluar las oportunidades y las amenazas del entorno externo, así como las fortalezas y las debilidades de la organización con respecto a la visión, al cometido y a los objetivos.

Visión, cometido, objetivos, areas clave e indicadores de eficiencia

Una visión es un estado o una condición ideal que una organización quiere alcanzar. Y que, por cierto, no debería idealizarse demasiado para no perder todo vínculo con la realidad. Una visión es un escenario final que puede alcanzarse tras haber dado algunos pasos sucesivos en escenarios intermedios. Para ello hay que describir y dibujar el escenario con conceptos que motiven a los intervinientes a alcanzar ese estado

La definición del cometido es la principal línea de ataque de una organización. Está vinculada a la visión y es la motivación primigenia, el motivo real, para la existencia de la organización. Debe ser lo bastante amplia como para inspirar a quienes estén en ella, pero lo bastante estrecha para concentrarse en su empeño.

Los objetivos son resultados finales mensurables que se derivan de la definición del cometido.

Factores del análisis del entorno

La apreciación y el análisis del entorno deberían considerar cuatro áreas principales: los factores sociales, políticos, económicos y ecológicos.

Los factores sociales incluyen la evolución demográfica de la sociedad, considerando especialmente la pirámide de edades, la mortalidad y los parámetros de género.

Aquí se recogen datos sobre el nivel educativo y el nivel de estudios concluidos de la población, su salud y la situación de la seguridad física y mental. Necesariamente, los factores sociales implican considerar los valores religiosos, así como los usos y las costumbres culturales; tienen en cuenta la estructura de la sociedad, las relaciones e interacciones de los grupos sociales entre sí y el ordenamiento de la jerarquía social.

Los factores políticos tienen que ver con las estructuras de poder y las fuerzas que influyen en el entorno gubernativo interno y en sus vínculos internacionales. Las estructuras y las fuerzas incluyen a la elite del poder gubernativo existente y a sus adversarios, a las representaciones religiosas, a todos los espacios políticos, a los grandes referentes de la economía, a los activistas, a los reaccionarios, a los arrendatarios, a la gente del campo, a los ejecutivos, a los sindicatos, a los electores, etc. Estos factores tejen una red de protagonistas y antagonistas, un modelo de cooperación y conflictos; se fundan en ciertos marcos constitucionales o legales, que algunos obedecen, pero otros quieren destruir; tienen que ver con el control y el manejo de recursos vitales, incluyendo a las personas, la naturaleza y el dinero. Las fuerzas políticas intentan, además, atraer con mayor intensidad recursos externos al entorno y, al mismo tiempo, mantener alejados de sus fronteras a los elementos destructivos.

Los factores económicos se refieren a todas las fuerzas productivas que actúan a través del capital, de la tierra y del trabajo, tanto en el sector formal como informal de la economía. Las diferentes formas de inversión, con sus fuentes respectivas, sientan las bases para crear y distribuir la riqueza económica; se configuran por el uso de tecnologías, conocimiento gerencial, calificación, ganancias realizadas, modelos de consumo, niveles de inversión, creación de capital y productividad. Los factores económicos deciden sobre la calidad de vida de los ciudadanos que viven en el entorno.

Los factores ecológicos describen cómo se influyen mutuamente las diversas partes del ecosistema o el entorno ecológico; investigan cómo operan esas partes de forma constructiva o destructiva; deciden la capacidad de desarrollo sostenido y el bienestar de quienes allí habitan, sean personas, animales o plantas.
Los factores ecológicos definen la calidad de vida producida por el medio ambiente, la cual depende de la productividad o de programas de protección de la naturaleza; dictan las condiciones de los recursos naturales, así como su grado de empleo y explotación; fundamentan el nivel de la contaminación provocada por las actividades económicas y sociales.

Los factores sociales, políticos, económicos y ecológicos son los parámetros mediante los cuales puede evaluarse la eficiencia pasada, presente y futura del entorno. Estos factores pueden verse desde distintas perspectivas que dependen de los propios criterios y convicciones.

Elección de la estrategia y ejecución

Las opciones estratégicas son evaluadas posteriormente según los criterios fijados por la organización que derivan de la visión, del cometido, de los objetivos, de las áreas clave y de los indicadores de rendimiento. Hay que tomar una decisión; ésta debe someterse a la crítica planteando la interrogante acerca de lo que podría salir mal, para estar preparado ante sucesos imprevistos o para modificar la decisión.

Tras haber hecho la elección estratégica y haber planeado lo imprevisible, es necesario convertir la estrategia en una estructura organizativa adecuada, en un sistema y en procedimientos para la ejecución. Se elabora una lista de actividades a realizar dentro de ciertos plazos y se le asignan tareas a grupos específicos o a individuos, fijando con claridad el plazo para un rendimiento previsto. Para que las experiencias exitosas sean repetibles, la estrategia debe ser supervisada y evaluada según los indicadores de desempeño y las áreas clave establecidos para el control.

3. LA COMPETITIVIDAD NACIONAL

La lucha por el poder sólo tiene sentido si ella busca ideales más amplios y si su propósito esencial es la competencia entre visiones alternativas sobre la mejor forma de organizar la sociedad. La democracia implica competencia por el poder, pero esa competencia no puede ser fruto de la vanidad de las elites sino resultado de visiones alternativas para el futuro.

Para hacer política no basta la inspiración "divina" de un político o de un asesor. El que se interese en generar un impacto a largo plazo, no sólo debe planificar el momento próximo para satisfacer sus ansias de poder a corto plazo, sino debe pensar en la continuidad y en la previsibilidad. Dejando de lado las revoluciones y los golpes de Estado, los cambios políticos sólo pueden llevarse a cabo con las personas afectadas, son lentos y dificultosos.
Lo que importa es desarrollar estrategias sencillas y comprensibles, pues sólo así pueden ser entendidas y ejecutadas y controlarse sus efectos. El atractivo - y el éxito - de la planificación estratégica radican, precisamente, en la sencillez, en la reducción de los problemas a lo esencial y en la concentración en el objetivo estratégico.

La prosperidad nacional se crea (La ventaja competitiva de las naciones. Michel Porter), no se hereda, no surge de las características naturales de un país, de su mano de obra, del valor de la moneda. La competitividad de una nación depende de la capacidad de su industria para innovar y mejorar, entiéndase industria como todos los sectores que generan riqueza tanto en la producción de bienes como servicios. Las empresas se benefician de tener fuertes rivales nacionales, proveedores dinámicos en el país y clientes nacionales exigentes. La competencia se ha desplazado hacia la creación de conocimiento.

La ventaja competitiva se crea y mantiene a través de un proceso localizado. Las diferencias de una nación en valores, cultura, estructuras económicas e instituciones contribuyen al éxito competitivo. Ninguna nación puede ser competitiva en todos los sectores, las naciones triunfan en sectores determinados. No es entonces el costo de la mano de obra, la tasa de interés.

Muchos consideran que el Estado tiene que ayudar a la industria con multiplicidad de políticas para contribuir directamente a la competitividad de los sectores que son estratégicos. Otros creen que el funcionamiento de la economía debe dejarse a la actuación de "la mano invisible".

El papel correcto del Estado es el de catalizador y estimulador, es el de alentar a las empresas a que eleven sus aspiraciones y pasen a niveles más altos de competitividad. El Estado no puede crear sectores competitivos, solo pueden hacerlo las empresas. La política que tiene éxito es la que crea un marco en el que las empresas puedan lograr ventaja competitiva. El Estado debe brindar las condiciones para que esto pueda acontecer.

El Estado japonés entiende y estimula la pronta demanda de productos avanzados, confrontando a los sectores con la necesidad de explorar las tecnologías de vanguardia a través de proyectos cooperativos, estableciendo premios que recompensan la calidad, los poderes públicos del Japón aceleran el ritmo de las innovaciones.

Muchas veces los fracasos de la intervención del Estado tienen que ver con tiempos distintos en los que se mueven las empresas y la política. En muchos sectores es necesario un decenio para poder madurar, pero en política este período es una eternidad. Por consiguiente, la mayoría de los gobernantes prefieren las políticas que ofrecen ventajas fácilmente materializables. Para esto suelen aplicarse instrumentos como subvenciones, la protección y las fusiones, pero que pueden retrasar la innovación.

El concepto de competitividad nacional no es exactamente lo mismo para todas las naciones, algunos consideran al tipo de cambio, tasa de interés, déficit público, etc.

En el trabajo de investigación que Michael Porter realizo en 10 países: EEUU, Alemania, Japón, Corea del Sur, Dinamarca, Italia, Reino Unido, Singapur, Suecia y Suiza, podemos ver que son todos países avanzados con economías de productos de alto valor agregado, se analizan distintos sectores como autos y productos químicos alemanes, semiconductores y videos japoneses, bancos y productos farmacéuticos suizos, aviones comerciales y películas norteamericanas, calzados y textiles italianos, pero no aquellos que son dependientes de los recursos naturales, ya que los mismos no forman parte del eje central de las economías avanzadas, pero si algunos relacionados como los agroquímicos, o papel prensa.

Ahora bien, casos como Japón, Corea del Sur, Italia, mejoraron rápidamente su calidad de vida con déficit presupuestario. Alemania y Suiza a pesar de la revalorización de su moneda, Italia y Corea a pesar de las altas tasas de interés. Otro argumento es la abundante mano de obra barata, pero Alemania, Suecia y Suiza crecieron con salarios altos. Otro argumento son los recursos naturales, pero Japón, Italia, Alemania estos recursos son limitados. La intervención del gobierno con promociones y subvenciones tienen resultados diversos, buenos en Japón y Corea, malos en Italia, en Alemania no hay tanta intervención oficial.

Evidentemente ninguna de estas explicaciones alcanza para justificar una posición competitiva de una nación. El único concepto significativo de la competitividad a nivel nacional es la productividad. El objetivo de una nación es mejorar constantemente la calidad de vida de su población. La productividad es el valor de la producción por unidad de mano de obra o capital. La productividad depende tanto de la calidad y características de los productos, como de la eficiencia con que son producidos. La productividad de los recursos humanos determina los salarios de los trabajadores, y la productividad del capital determina el rendimiento de sus propietarios.

El crecimiento continuo de la productividad requiere que la economía se mejore a si misma continuamente. Una balanza comercial positiva no implica competitividad, ya que esta se puede lograr con salarios bajos o moneda débil. La ventaja internacional suele concentrarse en subsectores particulares de la industria, por ejemplo, las exportaciones alemanas de automóviles dominan los de alta gama, en Corea los autos pequeños.

El señor Justin Lin, uno de los principales asesores en economía del Partido Comunista Chino PCCH, tiene un doctorado de la Universidad de Chicago y fue vicepresidente del Banco Mundial, colaboró en la fundación del Centro Chino de Estudios Económicos en la Universidad de Pekín, creado con la finalidad de aprender a explotar el potencial económico del país atrayendo talento nacional educado en el extranjero. El Centro tuvo una creciente influencia en la formulación de la política económica de China. Su obra puede considerarse la teoría en la que se funda la estrategia de crecimiento de China.

A priori esto podría considerarse un oxímoron, o es del PCCH o es un chicago boy, pero no en este mundo cambiante y globalizado donde la República Popular China es un actor principal, donde el partido comunista es quien detenta la representación del pueblo y por ende es el poder.
Hoy el partido como el ejército tienen un poder supremo y el grupo de elite que lo gobierna llega a pocos cientos de integrantes, donde queda claro que algunos son más camaradas que otros, manejan los destinos de los más de 1440 millones de habitantes y hasta ahora es la segunda economía del mundo, detrás muy de cerca de la de EEUU, donde todas las tendencias indican que podría convertirse en pocos años en la número uno.

Volviendo al señor Lin comenta, "La expansión de un país emergente o en desarrollo depende esencialmente de la estrategia fijada por el poder político (es de hacer notar que los chinos se autodenominan como país emergente o en desarrollo, claro está cada vez menos), si el poder político cumple su papel de incentivar el desarrollo, y alienta a que las empresas exploten las ventajas comparativas, léase dotación de recursos, su estrategia puede convertirse en un éxito histórico y lograr un crecimiento sostenido".

Al hablar del pensamiento liberal, en uno de los extremos encontramos a EEUU como máximo representante, y mucho más cuando quien gobierna es el Partido Republicano, donde el Estado tiene que intervenir lo menos posible y dejar a las fuerzas del mercado libres, donde el sentido emprendedor de los individuos, plasmado en las actividades de sus empresas, marcan el camino. En el otro extremo, sentando sus bases en Carlos Marx, encontraríamos a un país como China; sin embargo, si repasamos los dichos de Lin, notamos que son una clara expresión de desarrollo basado en la incentivación a las empresas para que exploten sus ventajas comparativas.

Aquí ya empezamos a dilucidar parte de este gran fenómeno del país asiático. Al mismo tiempo vemos que la primera economía del mundo en lo que fue la administración de Donald Trump a la cabeza comenzó a tomar decisiones donde el Estado interviene y de manera intensa en la economía propia y en las ajenas, cuestión que se reflejó en la guerra comercial con China desde el momento que empezó a aumentar los aranceles de importación para favorecer a su política "América Primero", con un aroma demagógico importante ya que especialmente pretendía defender a sus principales votantes que son los habitantes de los pueblos y ciudades del interior, alejadas de las grandes ciudades que se ubican en las costas, donde son fuertes los demócratas. La respuesta de los chinos no se hizo esperar y comenzó entonces la guerra comercial entre ambos, que repercute en todo el mundo.

Continuamos con Lin, "La visión estratégica del poder político es la variable esencial para establecer el éxito o fracaso de un país en el territorio económico. Esta orientación es más importante que la riqueza de los recursos naturales. Las ideas del poder político y de su liderazgo son las que deciden el desarrollo de un país y (-cita a Keynes-) tarde o temprano son las ideas y no los intereses creados los verdaderos peligros del desarrollo económico".

En estas pocas líneas este experto plantea la esencia del éxito o fracaso del destino de una nación. Si reflexionamos y analizamos cuántos dirigentes políticos argentinos han tenido una visión estratégica de país y cuántos se han esforzado para capacitarse en estas temáticas, veremos muchas de las causas de nuestro endémico atraso como nación.

"El crecimiento de un país en desarrollo depende de la mejora acumulada que logre en sus niveles de incremento de la productividad y la única forma de hacerlo sostenidamente es a través de la constante innovación tecnológica. Esta innovación, que expande las industrias, se logra siguiendo la línea de las ventajas comparativas".

Aquí Lin toca dos conceptos muy importantes que toda nación que se precie debe instalar en la sociedad y haciéndolos formar parte de la cultura, de la idiosincrasia, y estos son la productividad y la innovación. Muy lejos estamos de asumir que estos dos conceptos son elementales para dejar de ser un país subdesarrollado. Pero incrementar la producción se sustenta fundamentalmente en la mejora de los factores y herramientas de producción y esto se logra si somos innovadores y creamos constantemente nuevos métodos y tecnologías para tal empresa. En este punto ejerce una gran influencia el rol del Estado, invirtiendo en I+D, vale decir investigación y desarrollo, tanto en las ciencias duras como en aquellas de aplicación que apoye las actividades o sectores de mayores ventajas competitivas.

Después de la segunda guerra mundial, cuatro pequeños dragones asiáticos tuvieron éxito: Corea del Sur, Taiwan, Hong Kong y Singapur. Se basaron en la utilización de sus ventajas comparativas, se volcaron a la producción de bienes industriales, trabajo intensivo orientado a exportaciones, acumularon capital físico y humano, el resultado fue el desarrollo.

El capital, sostiene Lin, es el factor crítico del crecimiento y su acumulación depende del aumento de la productividad, que evita que decaiga la tasa de retorno. No hay ventajas competitivas (mejoras cuantitativas/cualitativas de la industria tecnológica-industrial) que no se funden en las ventajas comparativas.

El motivo por el cual las empresas radicadas en ciertos países son capaces de innovar, de buscar mejoras para tener una ventaja competitiva, tiene que ver con los atributos de una nación, que forman parte de la ventaja nacional. Estos determinantes crean el ambiente nacional en el que las empresas nacen y aprenden a competir, cada uno de los atributos afecta a los ingredientes para lograr el éxito competitivo internacional.

Cuando la situación nacional permite y apoya una acumulación más rápida de recursos y destrezas especializados, las empresas ganan ventaja competitiva. Cuando la situación nacional permite tener una información continua y mejor de las necesidades del producto y del proceso, las empresas ganan ventaja competitiva. Cuando la situación nacional presiona a las empresas para innovar e invertir, las empresas ganan ventaja competitiva y mejorar dicha ventaja a lo largo del tiempo.

Una nación no hereda, sino que crea los factores más importantes de la producción, como unos recursos humanos especializados o una base científica. Los factores más importantes de la producción son los que implican una gran y continua inversión y están especializados.

Factores elementales como son la disponibilidad de mano de obra o de materias primas, no contribuyen una ventaja para los sectores que hacen un uso intensivo de los conocimientos. Tener una población activa con formación general secundaria o incluso universitaria no alcanza para una ventaja competitiva internacional. Para apoyar la ventaja competitiva, un factor debe estar altamente especializado en las necesidades particulares de un sector. Estos factores son más escasos y más difíciles de imitar por los competidores extranjeros, y se necesita una inversión sostenida para crearlos.

Las naciones triunfan en sectores en los que son especialmente buenas en la creación de factores. Dinamarca tiene dos hospitales que centran su atención en el estudio y tratamiento de la diabetes y una posición de primacía mundial en la exportación de insulina. Holanda tiene los principales institutos de investigación para el cultivo, envasado y expedición de flores, en cuya explotación es líder mundial. Cuando se cuenta con un amplio suministro de materias primas baratas o una mano de obra abundante, las empresas se pueden descansar en estas ventajas, pero cuando las empresas se enfrentan con una desventaja selectiva, como un suelo muy caro, mano de obra selectiva, tiene que innovar y mejorar para competir.

Si observamos la evolución de los procesos microeconómicos de la producción de bienes y servicios en nuestro país como plantea Vicente Donato (director de la Fundación Observatorio Pyme), podemos observar que el mecanismo de base que genera la continua necesidad de depreciar la moneda local de las últimas décadas es la creciente divergencia de productividades entre sectores y tamaños de empresas. Cuando es muy alta la diferencia de productividades entre grandes empresas y PyME y entre sectores que producen para el mercado internacional y sectores que producen para el mercado interno, la incidencia del salario en los costos de los sectores más rezagados es indefectiblemente alta y sus productos son invariablemente caros.

El fenomenal crecimiento de la productividad de nuestro sector agrícola en las últimas décadas, la excelencia lograda por algunas empresas industriales y el éxito del sector de la industria del conocimiento, frente al estancamiento de una parte importante de la industria manufacturera y del conjunto de las PyME de todos los sectores de la economía, constituye el problema estructural de base que aqueja y explica la continua tensión entre tipo de cambio, inflación y ocupación que acecha a la economía nacional.

Si tomamos una mirada prospectiva para el diseño de una estrategia de desarrollo sostenible, es necesario entender que el aumento de la productividad de los sectores más rezagados de la economía argentina permitiría producciones más baratas y sentará las bases para un crecimiento exportador sostenible. Sin convergencia de productividades será cada vez más difícil incorporar nuevos jugadores al negocio exportador, aumentar establemente las exportaciones y sostener el crecimiento sin inflación. El aumento de la convergencia de las productividades entre sectores y segmentos de empresas en la economía doméstica favoreció la competitividad internacional de los países que desarrollaron este recorrido. Alemania, Japón, y un poco menos Francia e Italia, son casos exitosos de dicha convergencia. Entre los países más jóvenes, Australia y Canadá son dos buenos ejemplos de éxito.

En la afirmación japonesa "somos una nación-isla sin recursos naturales", la producción justo a tiempo supuso economizar un espacio muy caro. Suiza, la nación que primero experimentó la escasez de mano de obra después de la segunda guerra mundial, las empresas respondieron a la desventaja mejorando la productividad de la mano de obra y buscando segmentos de mercado de mayor valor y más sostenibles
Algunas veces los valores políticos de una nación anuncian las necesidades que surgirán en otros lugares. La preocupación que tiene Suecia desde hace tiempo por los minusválidos ha generado una industria cada vez más más competitiva. La sensibilidad ecológica y sobre el medio ambiente de Dinamarca ha originado el triunfo de las empresas dedicadas a la fabricación de material para control de las aguas y de molinos de viento.

De un modo más general las empresas de una nación pueden prever las tendencias mundiales, si los valores de la nación se difunden, o sea si el país exporta sus valores y gustos además de sus productos. Por ejemplo el éxito internacional de las empresas norteamericanas de comida rápida y de tarjetas de crédito no solo refleja el concepto de comodidad, sino también la difusión de estos gustos al resto del mundo.

Más adelante analizaremos el Ranking de Competitividad Mundial del IMD, elaborado desde 1989 por el Institute for Management Development. En este ranking se analizan 138 países con una metodología objetiva que prioriza los datos estadísticos y en menor medida los resultados por encuestas, se toman en cuenta 114 índices distribuidos en 12 pilares. Constituye uno de los principales indicadores a nivel mundial sobre la posición competitiva de los países

4. EL CÍRCULO VIRTUOSO DEL DESARROLLO

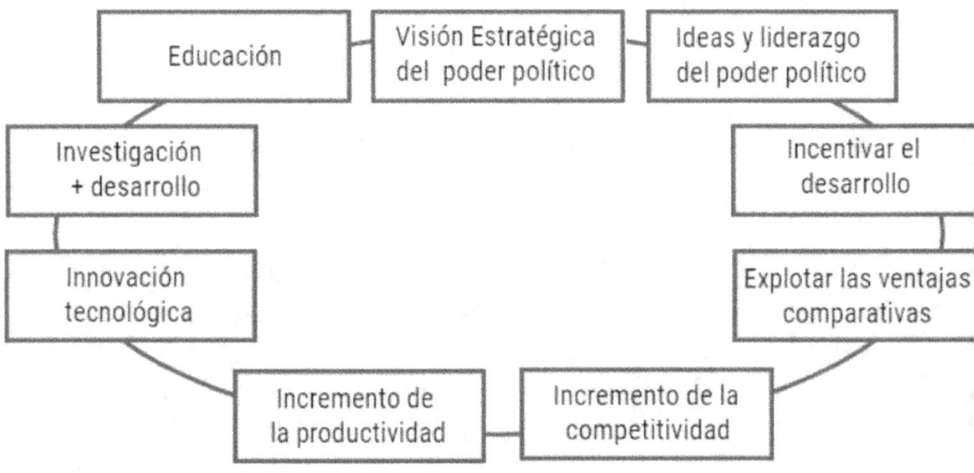

Fuente: Centro de Estudios de Estrategia. CEE. FCE. UNLZ.

Lo que se puede apreciar en el círculo virtuoso del desarrollo son los pasos imprescindibles que un país, región o ciudad deben seguir para lograr crecer en el largo plazo. Todo parte de la política, de su propia visión del futuro deseado que aspiran lograr para su comunidad, partiendo lógicamente de un diagnóstico profundo y certero del estado de situación, la brecha entre lo que es y lo que quisiera que fuese es todo el trabajo a realizar. Sobre el resto de los pasos iremos avanzando y por ende retomando este círculo virtuoso. No es menor que el primer paso es uno de los más complicados para nuestro país ya que se necesitan dos acciones elementales: que la clase política tenga visión estratégica y que se reúnan y puedan conversar, esto explica gran parte de nuestra historia reciente de fracaso.

Segunda parte

¿Quiénes somos?, ¿Cómo somos?

5. QUE 70 AÑOS NO ES NADA

"Volver con la frente marchita, las nieves del tiempo platearon mi sien, sentir que es un soplo la vida, que veinte años no es nada", así dice el tango Volver de Gardel y Le Pera y para los que ya pasamos los 50 tiene mucho más sentido que cuando lo escuchamos por primera vez, como suele ocurrir con las letras de los tangos en general.

Menos aún son 70 años en la historia de un país. El 1° de octubre de 2019 la República Popular China cumplió 70 años desde su creación, en su derrotero de más de 5000 años del imperio del centro. En abril de 1949 cayó Nanjing, la capital del gobierno del Kuomintang, y en mayo Shanghai (Economía China: pasado, presente, futuro. Alberto Lebrón Veiga). En septiembre se celebró, ya en Beijing, una conferencia consultiva del pueblo chino y el 1° de octubre Mao Zedong, un líder tan comunista como nacionalista que había derrotado a Chiang Kai-shek, anunció la Nueva China en la histórica plaza de Tiananmen. Desde aquellos años tras la guerra civil, la invasión japonesa como capítulo clave de la Segunda Guerra Mundial (poco recordado en general por Occidente) y, más atrás, un largo período de decadencia, sumisión a potencias occidentales y la búsqueda de un nuevo orden tras la caída del último emperador en 1911, China comenzó a resurgir y buscar el lugar de importancia global que había tenido por siglos.

La primera decisión adoptada por el nuevo gobierno chino consistió en mantener en sus puestos a la mayor parte de los funcionarios locales del Kuomintang ya que eran dos millones de personas y el PCCh contaba con solo 750 mil cuadros para encargarse de esas tareas. La segunda medida fue el control de la inflación mediante distintos mecanismos: 1) la apropiación de todo el sistema bancario, con lo que obtenía el control de todo el crédito, 2) el establecimiento de asociaciones comerciales a nivel nacional para cada producto importante, con lo que lograban el control de los bienes, 3) el pago al personal en términos de una canasta de mercado, es decir, calculando los salarios no en dinero sino en productos básicos (granos, aceite, ropa), con lo que se tranquilizaba al pueblo. De este modo se logró un equilibrio en el flujo de bienes y dinero y la inflación se redujo a cerca del 15% anual. (China una nueva historia. John Fairbank)

Así de precario fue el inicio de esta etapa. La reconstrucción de las líneas férreas y el restablecimiento de líneas de vapores no presentaron grandes problemas logísticos para el PCCh, pero en 1950 dio inicio la guerra de Corea y se decidió enviar 2,3 millones de soldados a enfrentarse al fuego norteamericano, sobre llovido mojado.

El maoísmo es evidente que representa uno de los periodos más tristes para la Humanidad. El Gran Salto Adelante y la Revolución Cultural no solo trajeron sendas recesiones económicas, también millones de muertos. Sin embargo, haciendo uso del análisis económico comparativo más elemental, China volvió a crecer de forma sostenida durante el periodo 1949-1978 (la última vez que registró un crecimiento similar, fue entre los años 1000-1250 dC) (5)

	1820	1949	1820-1949 (%)	1950	1978	1950-1978 (%)
Población	381000000	543941000	42,00%	546815000	956165000	75,00%
PIB	228600	2399038	5,00%	239903	935884	290,00%
PIB p/c	600	441	-16,50%	438	978	123,00%

Fuente: Maddison, Angus. The World Economy: Historical Statistics. Development Centre Studies OECD (Organization for Economic Cooperation and Development), 2001.

China experimentó durante el periodo maoísta un crecimiento superior a la media mundial en términos de población, PBI y PBI p/c. Si bien es cierto que coincidió con un momento muy dulce de la economía mundial (años 50 y 60), al menos China había conseguido sentar unas bases para el desarrollo posterior a 1978. Sin necesidad de valorar los méritos y deméritos económicos del maoísmo, si es que podemos utilizar tales términos con tantas víctimas mortales sobre la mesa (cuarenta millones, según cifras conservadoras), debemos concluir lo siguiente: China no se empobreció en el periodo 1950-78. Al contrario, recuperó la senda del crecimiento económico más de un siglo después.

Cada año, su economía consiguió crecer a una media del 5% (recuérdese que su PBI permaneció virtualmente estancado entre 1820 y 1949). China fue la primera potencia económica del mundo hasta 1820. Colapsó entre 1820 y 1949. Y fue en 1950 cuando retomó un crecimiento que se aceleró tras la reforma del 78, aunque antes ya estaba creciendo por encima de la tasa media mundial. Es igualmente probable que China hubiese podido crecer más rápido, y con menos sufrimiento humano, sin las desastrosas políticas acometidas por Mao. Con todo, la reforma económica de Deng Xiaoping viene precedida del siguiente dato objetivo: el PBI chino se había multiplicado por cuatro entre 1950 y 1978.

¿Qué era de la vida de Argentina en 1949?

Perón asumió su primera presidencia el 4 de junio de 1946 por lo cual el país tenía un mandatario elegido por el pueblo, lo que daba un cambio de timón al vergonzoso período desde el golpe de estado del año 30 a Yrigoyen, pero la mala senda retornaría en 1955. En contrapartida a lo que le ocurrió a China, nuestra nación no fue invadida por ninguna fuerza extranjera, no participamos de la segunda guerra mundial, ni enviamos tropas a ningún lugar. Todo lo contrario si lo vemos desde el punto de vista de la matriz FODA fue claramente un momento de oportunidades.

Lo que vemos a continuación son gráficos que muestran la inflación anual desde 1944 hasta 2018, y los presidentes que supimos conseguir. Entre los mismos un gran número de uniformes militares que marcan nuestras incoherencias y contradicciones.

Fuente: UEPE CAC en base a Indec.

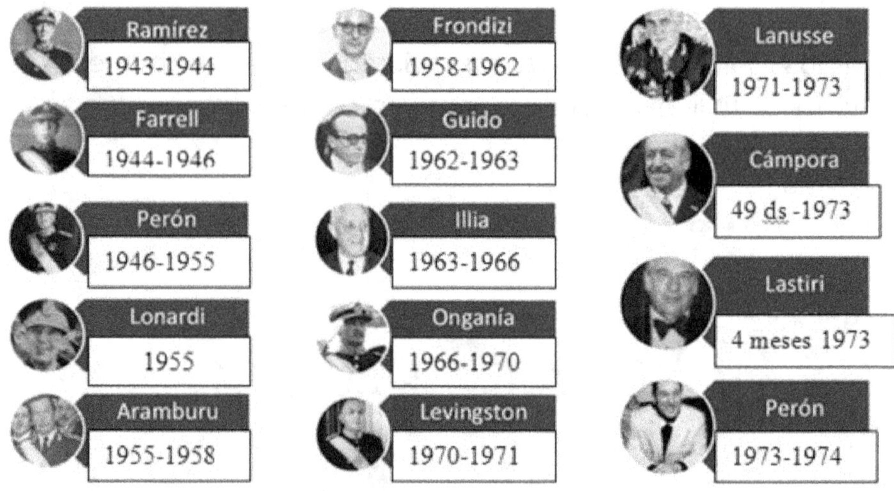

1978-2019: La reforma económica china

Como hemos comentado antes, la reforma china del 78 viene precedida de un periodo económico convulso y socialmente doloroso. Sin embargo, centrándonos en los números, el periodo 1950-78 había permitido acumular más factores productivos como trabajo y capital, pese al doble embargo soviético-estadounidense. Con estas bases, Deng Xiaoping relajó notablemente los controles sobre el sector agrícola, permitiendo así la emergencia de industrias a pequeña escala. Junto con la devaluación del yuan, China consiguió establecer un modelo económico de inversión, ahorro y exportaciones baratas que todavía dura hasta nuestros días en parte de su economía ya que el país está en otro estadio de desarrollo.

Cinco son las reformas que, según el Banco Mundial, posibilitaron una convergencia significativa de China con las principales potencias occidentales:

1) Liberalización y promoción de empresas privadas en sectores considerados no estratégicos, atendiendo gradualmente al dictado del mercado.

 2) Armonización del crecimiento, inflación y estabilidad social. Entre los años 1985 y 1990, la inflación anual en China coqueteaba siempre con el 10% (mientras que su PBI real apenas llegaba al 4%).

3) Incentivos a la competencia entre todas las regiones del país.

 4) Eliminación de barreras dentro del mercado nacional (si bien aún existen limitaciones serias al libre movimiento de trabajadores por culpa del empadronamiento permanente en las provincias de origen o hukou).

5) Integración en la economía mundial, poniendo punto final a un historial económico marcado por el aislamiento permanente. China es miembro de la Organización Mundial del Comercio (WTO, por sus siglas en inglés) desde 2001. Desde entonces, el volumen de su comercio exterior se ha multiplicado por cinco. Sin embargo, sigue sin ser considerada una economía de libre mercado y acumula casi veinte denuncias por dumping comercial.

A modo de resumen podemos decir que los principales efectos macroeconómicos que la reforma del 78 tuvo sobre China:

1) El PBI se ha multiplicado por 130 entre 1978 y 2011. Ningún país del mundo ha logrado crecer tanto en este periodo de tiempo, una media anual cercana al 10%.

2) El PBI p/c lo ha hecho por 92.

3) Han aumentado las desigualdades sociales, fundamentalmente entre el campo y la ciudad. El ratio oficial del mundo urbano y rural es hoy de los más elevados a nivel internacional.

4) La pobreza se ha reducido del 97,8% al 36,3% entre 1981 y 2005. Los datos del mundo para esos años son 69,9% y 47,3% respectivamente.

5) China se ha convertido en la segunda economía del mundo. Es también líder absoluto en exportaciones, industria manufacturera y el primer tenedor de divisa extranjera (además de bonos del tesoro americano). Su PBI es de 15,4 billones de dólares el segundo del mundo, con un PBI p/c de U$S 10.000.

1975-2020: Argentina con dos etapas muy marcadas

La parte final del último gobierno de Perón tuvo la presencia de la guerrilla, la triple A, y tras su muerte la etapa más negra de nuestra historia la dictadura 76-83. Renace entonces la democracia con el gobierno de Alfonsín que dejará atrás para siempre los golpes militares y llega hasta nuestros días. El último golpe militar no solo fue el más cruento sino que fue también un desastre económico, pero a través del juicio a las juntas militares fue tanta la locura y la perversión acometida que la mayoría de la población se anoticiaba de lo ocurrido a partir de las declaraciones del juicio, que fue quedando atrás en la memoria el padecimiento social y económico. Como si esto fuera poco Galtieri y sus cómplices tomaron la delirante decisión de invadir las Malvinas, lo que provocó la guerra.

Se puede decir que nuestro PBI es de U$S 430.000, la 28° economía del mundo pre pandemia, a fines del 2020 cayó a U$S 325.000 y el PBI p/c de U$S 7200, haciendo números redondos.

Nota: se determinó un máximo de 500% en el eje vertical para una mejor representación gráfica.
Fuente: UEPE CAC en base a Indec.

Nota: se determinó un máximo de 50% en el eje vertical para una mejor representación gráfica.
Fuente: UEPE CAC en base a Indec. (1990-2005 y 2016-2018) y Graciela Bevacqua (2006-2015)

Cómo más arriba se dijo, 70 años en la vida de un país es muy poco, pero habiendo recorrido resumidamente lo ocurrido en China y en nuestro país se puede decir todo lo contrario, se hicieron muchas cosas, pero con un contraste que lastima. Teniendo muy en claro que el país oriental no es una democracia, ni se le parece ni lo quiere ser, como parte de los festejos del 70° aniversario se inauguró un segundo aeropuerto en el sur de Pekín para que pueda recibir 80 millones de pasajeros al año y rápidamente descongestionar los 100 que recibe el otro aeropuerto que está en la parte norte.

En 2000 esta capital tenía dos líneas de subte, para 2024 estiman que llegarán a las 24 líneas con 1000 kilómetros de recorrido. Cuando visité el país por primera vez en 1990 en las bocas de subte había infinidad de bicicletas, ya que no había autos para la población, solo había para los jerarcas del partido, el gobierno y las fuerzas armadas. Son dos casos de éxito y fracaso, las diferencias son enormes en cuanto a historia, dimensiones, población, idioma, religión, política. China gestiona a través de Planes Quinquenales, se piensa y luego se implementa. Más adelante volveremos a referirnos al gigante asiático.

La agenda nacional nos tiene acostumbrados a tratar temas tácticos, de corto alcance, reiterativos, y año por medio se suman de manera abrumadora los temas electorales que influyen concreta y directamente sobre la misma agenda. Esto hace que el oficialismo y la oposición, independientemente de las fuerzas políticas que representen ambas partes, se abocan a su problemática interna y luego a la competencia electoral. Lo que suelen regalarnos no es un gran debate de ideas que nos hagan pensar en el futuro, en la próxima generación, sino justamente en la próxima elección, dentro de un escasísimo vuelo intelectual.

Se puede afirmar que nuestro país viene padeciendo décadas de decadencia, en este escrito analizaremos con datos concretos de nuestra economía parte de este proceso. Está claro que esta decadencia tiene múltiples factores muy propios de nuestra historia como por ejemplo los lamentables y vergonzosos golpes militares. Otros de los factores es nuestra escasa propensión a la autocrítica y no hacernos cargo de nuestras responsabilidades y muy por el contrario mostramos una adolecente actitud de endilgar los fracasos a otros.

Los problemas que hoy padecemos son la consecuencia de las decisiones que se han tomado en el pasado, donde no se tuvo en consideración: la visión de largo plazo, pensar estratégicamente, acordar entre los principales actores del quehacer nacional una agenda de largo plazo, lo que se suele denominar políticas de Estado. Se podría hacer una enumeración sobre qué es lo que han hecho los países más desarrollados en esta materia para ver cuál es el camino a seguir, y rápidamente pensaríamos que Noruega, Alemania o EEUU, pero en estos casos se suele argumentar: tienen otra cultura, otra historia, que son más grandes, más chicos, en definitiva solo excusas. Por esta razón es que más adelante analizaremos también a los vecinos.

6. UN POCO DE HISTORIA Y UN BAÑO DE REALIDAD

En sus inicios, la Argentina era un país pequeño dentro de América Latina y uno de los pobres de la tierra (Un rico país pobre, Oscar Gil). No fue fácil el camino en los años siguientes; las luchas internas, las pestes y los conflictos con los países vecinos, condujeron a profundas crisis con un exceso de endeudamiento externo. Hacia 1885, se trata de evitar la salida de reservas libre con flotación controlada (flotación sucia) que acentuó las pérdidas de reservas y produjo un alza del tipo de cambio que hizo difícil pagar la deuda externa. ¿Le suena conocido? Estamos hablando de 1885.

La crisis que sobrevino llevó en 1890 a la liquidación de los dos bancos oficiales, el Banco de la Provincia de Buenos Aires y el Banco Nación. Simultáneamente se tomaron medidas que alentaron la recuperación y el crédito externo, se bajó el gasto público, se pagaron los compromisos con el exterior, hubo un acuerdo con bancos ingleses que permitió postergar los pagos de las deudas de corto plazo.

Con la red ferroviaria extendida una década atrás, gracias a las inversiones y a la entrada de capitales, se pudieron incrementar las exportaciones, las de trigo se duplicaron entre 1888 y 1893, lo que permitió un aumento de la recaudación y logró reducir el costo de la deuda. En 1896 fuimos el número uno en el ranking de países de acuerdo a su ingreso por habitante, seguido por EE.UU., Bélgica, Reino Unido, Nueva Zelanda, Suiza, Países Bajos, Alemania y Dinamarca en ese orden. Pero a partir de 1885 hemos tenido en promedio una recesión económica cada cuatro años y solamente hemos podido mantener un crecimiento mínimo de 2,8% por cuatro años seguido apenas seis veces a los largo de la historia. Las políticas económicas privilegiaron el crecimiento, la recaudación, la inmigración y alentaron las inversiones externas. Una de las consecuencias más importantes fue la construcción de los ferrocarriles, que se inició a fines del siglo XIX y continuó en la primera década del siglo XX. Los ferrocarriles integraron al país, a su paso se fueron creando pueblos, hoy ciudades, que constituyeron un gran motor del desarrollo nacional, promoviendo el crecimiento de la producción agrícola que de 2.500.000 hectáreas cultivadas en 1888, pasó a 24.000.000 en 1914.

La mayor parte de la producción era trasladada por vía férrea, que todavía no tenía competencia con el camión. La red ferroviaria nacional llegó a ocupar el décimo puesto en el mundo con 47.000 kilómetros hacia fines de la Segunda Guerra Mundial. La red de subtes porteña fue la primera de América Latina, la segunda del continente y la undécima del mundo. En 1913 se inauguró la primera etapa de la línea A hasta Plaza Miserere. Fue en la primera mitad de los años 70 que San Pablo y Santiago de Chile inauguraron los suyos.

La tasa de crecimiento per cápita del país entre 1870 y 1914 alcanzó un promedio del 4% anual, crecimiento que no volvió a repetirse para un período tan extenso. A ello hay que agregar que en ese mismo período de tiempo se produjo la mayor inmigración de la historia argentina (hacia 1910 el 30% de la población era de origen extranjero). En 1908 la Argentina aparecía en el séptimo lugar mundial por su producto por habitante, superando a Holanda, Dinamarca, Canadá, Austria, Francia, Suecia, Japón, Italia y España. El producto per cápita equivalía a más del 80% del norteamericano. A pesar de las crisis, en 100 años el país había crecido. Para 1910, la Argentina tenía el 50% del producto bruto de América Latina. Era la décima economía del mundo y tenía el 7% del comercio mundial. Lucía como uno de los países más ricos del mundo desarrollado.

Con la Primera Guerra Mundial, 1914 a 1917, se redujeron los insumos importados necesarios para la industria y el agro y se frenó la inversión del exterior. Los países industrializados se dedicaron a la producción de armamento para la guerra. La reducción de las importaciones también redujo una baja en la recaudación. La recuperación fue rápida porque no se había afectado la situación financiera, ni monetaria, ni el crédito externo. La crisis de los años treinta y el proteccionismo aplicado por los principales compradores de la Argentina repercutieron en el país, pero los factores internos tuvieron más peso que los externos. Es importante aclarar que en 1930, la Argentina era un país pujante, su producto bruto duplicaba el de México y era 30% superior al de Brasil.

A partir de ese momento las autoridades locales pusieron énfasis en evitar que las crisis externas repercutieran en la economía interna. Lo que se logró es incrementar la ineficiencia y el aislamiento que se logró del exterior. Se trató de dinamizar la demanda interna con aumentos del gasto público. Las regulaciones y reglamentaciones de las actividades desplazaron a la empresa privada y creció el Estado como productor de bienes y servicios. En la década del cuarenta se estatizaron servicios públicos, se congelaron los alquileres, se establecieron subsidios a distintas actividades y empresas.

Si bien la presencia estatal respondía a una tendencia generalizada en el mundo en esos años, aquí no tuvo efectos multiplicadores de la actividad como ocurrió en EE.UU. después de aplicarse las políticas keynesianas. Pero Keynes propuso la expansión del gasto como un instrumento para aumentar la demanda en momentos de crisis para volver a contraerla en tiempos de crecimiento, muchos gobernantes locales han mostrado interés por la primera parte, pero no volver a la prudencia monetaria o fiscal cuando se recuperó la economía. Es más fácil aumentar la demanda con una expansión monetaria o un aumento del gasto público, que lograr el equilibrio cuando se disparó la inflación.

Tras la primera guerra mundial el país y los otros más desarrollados experimentaron una desaceleración, pero hasta mediados de la década del 30 mantuvo una posición de privilegio. A partir de entonces comienza a retrasarse de manera ostensible. Hacia 1960 el ingreso per cápita argentino había retrocedido en términos relativos a cerca del 60% del promedio de países desarrollados y en 1990 llegó al 35% (El país de las desmesuras, Juan Llach, Martín Lagos). Muy parecida es la evolución del ingreso per cápita de la Argentina y el grupo formado por Canadá, Australia, Nueva Zelanda, tres países que comparten con el nuestro haber iniciado su desarrollo en el siglo XIX en base a su potencial agropecuario. El PBI per cápita pasó del 80 y el 90% del promedio de estos países entre 1901 y 1934, al 40% entre 1990 y 2009.

Si nos comparamos con la Europa mediterránea, Italia, España, Portugal, el retraso comienza tras la segunda guerra mundial. En la primera mitad del siglo XX el PBI per cápita argentino superó al de estos países en un 60%, en 1963 igualaron a la Argentina. El retraso respecto a Brasil no paró desde 1910 hasta 1990, pasando de un PBI per cápita argentino que casi quintuplica al de Brasil, a un ingreso medio que en las dos últimas décadas solo lo supera en 50%, mucho más con respecto a Chile, el PBI per cápita argentino lo superó en un 40% desde 1905 hasta 1986, hoy el nuestro representa ¾ partes del chileno.

Desde 1950 hasta la fecha, la Argentina es el segundo país con más recesiones acumuladas. Es solo superada por el Congo, Siria, Zambia, Zimbabwe, Bulgaria, Venezuela, Níger y Sudán. Pero fueron buenos los años entre 1958 y 1974, con la Argentina creciendo por encima de su promedio histórico, más que la mayoría de los países del mundo. En 1974 la pobreza era casi seis veces menor a la de hoy y la desigualdad era la mitad. Para variar y continuando con la inestabilidad, que es lo único que se mantiene constante en nuestra historia en los últimos cuarenta y cinco años, solo tuvimos tres con un crecimiento de entre 3% y 5%.

Varios son los motivos que hacen al retraso de nuestro país, desde el punto de vista económico hay cuatro variables que se repiten como problemáticas en estas décadas de deterioro: inversión, deuda pública, déficit fiscal e inflación, a modo de ejemplo comenzaremos con las dos últimas. Continuando con el libro de Llach y Lagos hacen un análisis comparativo de la inflación que han tenido Argentina, Brasil, Chile y Nueva Zelanda entre 1943 y 2011. Lo que a simple vista podemos ver es que las cifras de Argentina y Brasil son muy parecidas por lo malas, los años en que la inflación superó el 100% fueron 15 en Argentina y 11 en Brasil, pero este país superó el 1000% anual 4 veces y aquí en 2.

Nuestra moneda ha perdido 13 ceros, más adelante nos detendremos para analizar el tema de nuestra moneda y lo que implica perder esos ceros que de por sí es algo catastrófico y que tiene que ver con nuestro ser nacional y ejemplifica de manera palmaria nuestro fracaso al que relacionaremos con la confianza, en nuestro caso generamos enorme desconfianza. Si perdimos 13 ceros quiere decir que no confiamos en nuestra moneda, entonces optamos por otra que es fuerte e internacional, el dólar.

La inflación media de estos 69 años fue del 161,5% en Argentina y del 169,4% en Brasil. Uruguay y Chile tienen promedios del 35,7% y 41,5% respectivamente. En Nueva Zelanda la inflación nunca llegó al 20% y un promedio de 5,6%. En nuestro país hemos cumplido 73 años de inflación. En cuanto al déficit fiscal analizando los últimos 117 años, es decir desde 1900 hasta 2017, a partir de un trabajo realizado por Victoria Giarrizzo publicado en el diario Clarín encontramos el siguiente panorama:

RADIOGRAFÍA DE LA HISTORIA FISCAL

Período total	117 años
Períodos de superávit	10 años
Períodos de déficit	107 años
Déficit promedio anual	3,30% del PBI
Mayor déficit de la historia	−13,83% del PBI
Mejor resultado fiscal	2,40% del PBI
Tasas de déficit acumuladas	383,0%

Fuente: Diario Clarín

Lo que hay que destacar es que estos excesos de gastos no fueron a financiar inversiones productivas, la gran pregunta sería ¿a dónde fue esa masa de dinero? Está claro que han pasado varias generaciones, no es un tema de un partido político o de grupo cívico militar, no hay a quien echarle la culpa. Cuando un país tiene déficit es por el simple hecho de gastar más de lo que se recauda por lo tanto hay que cubrir la diferencia y hay solo dos maneras de hacerlo: pidiendo prestado o imprimiendo billetes, lo que popularmente conocemos como darle a la maquinita. La gente tiene unos pesos más en el bolsillo y sale a comprar sosteniendo la demanda que incrementan los precios o sea inflación.

Pero en realidad esta se encuentra tan involucrada en nuestras vidas que pasó a formar parte de nuestra idiosincrasia. Hay un cantito que se canta o mejor dicho se cantaba en las canchas de fútbol que dice: "XX (aquí va el nombre de un equipo cada cual pone el que quiere) va a salir campeón, el día que las vacas vuelen y que en la Argentina baje la inflación" la primera vez que la escuche fue hace 47 años. ¿Habrá muchos equipos de Suecia o de Japón o de donde sea, que tengan leguaje económico para burlarse del otro? Alguien se puede preguntar que tiene que ver esto con la inflación, y si, ya que ir a subir los precios de lo que vendo pasó a ser casi un acto reflejo, como los perros de Pavlov. Inclusive puede no haber un dato cierto, una información cabal que indique que es necesario subir los precios, entre nosotros solo basta una suposición y una de nuestras más fundadas reflexiones se dispara, el por las dudas, esta es una de las consecuencias de vivir tantos años con inflación.

Es tanta las desconfianza que nos tenemos que todo esto pasó a ser cultural, parte de la vida diaria, si a esto le sumamos que de 117 años 110 fueron con déficit la maquinita ha sido usada descontroladamente.

La otra manera de cubrir la diferencia es pidiendo prestado y ahí tenemos un hermoso historial, que en realidad más que historial es prontuario. Si no nos tenemos confianza entre nosotros mismos, si se estima que los ciudadanos argentinos tienen entre 300 y 400 mil millones de dólares en el exterior, si hace muy poco un ministro de economía que estaba pidiendo plata en el exterior, de pronto le hicieron una simple pregunta,

"¿pero usted su dinero personal lo tiene invertido/depositado en el exterior, por qué?", contesto, "Bueno no están dadas las condiciones para dejarlo en mi país", un genio. Con todo esto salimos a pedir prestado, los que nos prestan lógicamente piden tasas de usura, en las primeras clases de economía a uno le explican, cuanto más riesgosa es la inversión más alta será la tasa, si es super seguro que te la devuelvan en tiempo y forma la tasa es mínima.

El riesgo país

Lo que hemos hecho casi sistemáticamente es canjear un préstamo por otro y la deuda pública también pasó a ser parte de nuestras vidas cotidianas. Cuando los acreedores se asustan, y además de dejar de financiarnos nos piden cobrar, esto implica un gran problema para el gobierno de turno que suele pagar los platos rotos en las siguientes elecciones. Entonces muchas veces se opta por dejar de pagar las obligaciones para eludir más ajustes generando así la cesación de pagos o default, o quitas de capital. Todo esto hace que cada día "nos quieran más" y nuestro prestigio se incremente a nivel mundial. Esto se refleja en el riesgo país.

Vamos a detenernos en el famoso y tan nombrado riesgo país para saber qué es y para qué sirve. La primera reflexión es que en la mayoría de los países del mundo la gente no tiene la menor idea de qué es esto, pero para nosotros está entre la temperatura, la sensación térmica, la humedad, el valor del o los dólares y el riesgo país, claramente no es normal. El riesgo país mide la probabilidad de incumplimiento de las obligaciones financieras de una nación debido a factores que van más allá de los riesgos inherentes a un préstamo. De esta manera, cuanto mayor sea el riesgo, peor calificación recibirá el país. De esta probabilidad dependerán en gran medida temas de relevancia como la inversión extranjera o el acceso a financiamiento internacional, variables importantes para la generación de empleo y la producción de bienes y servicios. El riesgo país tiene en cuenta variables relacionadas con el entorno macroeconómico, la estabilidad política y el marco jurídico e institucional. Las calificaciones de un país dependen de varios factores tales como:

Factores Económicos:

Nivel de déficit fiscal (Ingresos – Gastos)

Crecimiento del PIB

Relación Ingresos/deuda

Consistencia de las políticas macroeconómicas

Grado de apertura comercial y financiera

Grado de diversificación de las exportaciones

Factores Sociales:

Turbulencias políticas

Presiones políticas sobre el gasto público

Factores Institucionales

Solidez y credibilidad de las instituciones

Estabilidad jurídica y tributaria

Seguridad pública

Haciendo un análisis a vuelo de pájaro creo que nos llevamos casi todas a marzo.

Antes de seguir con nuestro riesgo país de cada día veamos algunos de los ejemplos de cambio de rumbo de un gobierno a otro que nos comenta el economista Marcos Buscaglia en su libro "Emergiendo". En política exterior pasamos de organizar el G-20, estar posicionados cerca de los países más desarrollados como EE.UU, Francia o Alemania, dar pasos firmes para acceder a la Organización para la Cooperación y el Desarrollo Económico (la OCDE) y firmar un acuerdo de integración con la Unión Europea durante el gobierno de Cambiemos a estar insertos en el Grupo de Puebla, no seguir con el ingreso a la OCDE, de Macri a Fernández. En política económica, de un sobreajuste fiscal y monetario durante del gobierno de Cambiemos a una expansión extraordinaria incluso antes de pandemia, de una corrección tarifaria que incentivara la producción de energía al congelamiento generalizado de tarifas, de Macri a Fernández. Estos son apenas algunos ejemplos pero que son muy graves por el hecho en sí y por lo que representa.

¿Quién mide el riesgo país? Existen diferentes formas de cálculo de este indicador, por lo que diferentes agencias o instituciones lo realizan, pero los principales referentes a nivel mundial son las mediciones que realizan las agencias Moody's, Standard & Poor's (S&P) y Fitch.

Tradicionalmente, se ha considerado que los bonos soberanos de Estados Unidos son una de las inversiones más seguras y con menor riesgo de impago, aunque con una baja rentabilidad. A partir de ellos, se valoran los bonos soberanos del resto de economías. Así, dado que el riesgo país de Argentina es más alto, sus bonos soberanos deben ofrecer no solo el rendimiento que ofrecen los bonos estadounidenses sino una prima adicional que compense los riesgos que tiene que asumir el inversionista por invertir en nuestro país.

Veamos un ejemplo bien cercano, el 15 de mayo de 2021 nuestro riesgo país había "bajado" un 2,1% a 1562 puntos básicos lo que fue un buen dato, el mismo día también estaban contentos los uruguayos ya que se había convertido en el primer país que durante el año consigue colocar un bono en su propia moneda, pesos uruguayos. Por otro lado emitió un bono en dólares con una diferencia de 80 puntos básicos frente a los Estados Unidos. Esto quiere decir que el inversor le pide a Uruguay menos de un punto porcentual de tasa en relación a lo que le pide a Estados Unidos para prestar dinero, el riesgo país de nuestros vecinos es de 128 puntos. Entonces la diferencia que existe entre la tasa que pagan los bonos del Tesoro de Estados Unidos comparado con otros vemos que Argentina debe pagar 15,6% más, y Uruguay 0,80% más.

Otra de las razones por las que el riesgo país es importante es porque afecta las condiciones de financiamiento de un país. Así, a medida que aumenta el riesgo país, se encarece la tasa a la que le prestan en los mercados internacionales. Un riesgo país bajo se traduce en endeudamiento internacional barato, que se puede reflejar en más gasto público que genere beneficios económicos y sociales, además este indicador es un referente para inversionistas privados, ya que muestra la situación económica de un país y permite comparar entre grupos de países, permitiéndole decidir a qué países llevara sus inversiones las cuales pueden traducirse en generación de empleo y crecimiento de la actividad productiva, de ahí la importancia de mantener esta variable bajo control y procurar siempre por su disminución, éste índice en definitiva mide la sobre tasa que debe pagar un país para hacerse de fondos en el mercado respecto de la tasa de los bonos de Estados Unidos.

Nuestro país entró en cesación de pagos cuatro veces, aunque de manera informal en varias ocasiones más. El primer default formal fue en 1827, el siguiente fue en 1890, el tercero fue en 1982, y el última en 2002, habría que agregar incumplimientos parciales varios en el recorrido histórico. Es importante aclarar que el que incumple es el sector público, no el sector privado pero los funestos resultados los pagamos todos. Desde 1827 a la fecha hemos pasado 73 años, o sea algo más de un tercio de nuestra historia, en default. Si tomamos de la Segunda Guerra Mundial a la fecha, el 50% del tiempo la Argentina ha estado en default. Al igual que lo que sucede con nuestra historia inflacionaria, de los últimos 70 años sólo en 13 tuvimos inflación de un dígito.

Nuestro Estado

La mala gestión de lo público entre otras cuestiones tiene que ver con el incremento de su tamaño más allá de las necesidades, la incorporación de personal en cada una de las gestiones como capas geológicas son pagos a favores de militancia y otros varios. Desde 2013 hasta 2017 se observó una variación interanual positiva del empleo público, mayor a la variación total de empleo. En contexto de la Ley de Responsabilidad Fiscal de 2017, el empleo público mantuvo su crecimiento, pero al mismo ritmo que el empleo privado y a un ritmo similar al crecimiento poblacional. Con la crisis de 2018 y para 2019, el empleo público retomó una tendencia alcista y volvió a mostrar un crecimiento sostenido, aun cuando las demás categorías destruían puestos de trabajo.

Si bien el crecimiento del empleo público disminuye a partir de 2016, nunca dejó de crecer salvo un corto lapso en el año 2018. Así, se pasó de contabilizar 2.712.800 empleos públicos en 2012 a alcanzar los 3.213.000 en 2020, equivalente a un crecimiento del 26% de la planta en el lapso de los últimos 8 años y a 665.000 nuevos empleos en la esfera estatal, informa el Instituto Argentino de Análisis Fiscal (IARAF).

En enero de 2012 había 8,2 millones de empleados en el sector privado en blanco, en enero de 2020 8,5 millones, solo un 4% más. Los empleados en el sector privado en relación de dependencia cayeron un 1.4%. Las categorías que crecieron dentro del sector privado fueron las precarizadas: monotributistas, monotributistas sociales, generalmente de cooperativas que reciben planes sociales, y asalariados de casas particulares.

Veamos algunos simpáticos ejemplos, la Biblioteca del Congreso Nacional contaba en 2018 con 1726 empleados, más que la British Library 1507, o la Biblioteca Nacional de España 424. Históricamente hubo barras bravas de distintos clubes en esta nómina, son aquellos que brindan la mano de obra pesada que algunos políticos utilizan en los momentos más picantes, esta es una de las razones por las cuales siguen existiendo los barras. El Senado de la Nación cuenta en total con 5752 empleados, unos 80 por senador, no podrían entrar en las oficinas si fuesen todos a trabajar.

La información que se consigna a continuación es pre pandemia. Más arriba habíamos hablado de la tríada de la estrategia-cultura-estructura, aquí estamos viendo nuestra estructura, estamos redondeando unos 19 millones de personas que reciben pagos del Estado, absolutamente inviable, pero atención lo hemos logrado con el correr de las décadas, no es soplar y hacer botellas, todo es un proceso, hasta para hacer mal las cosas.

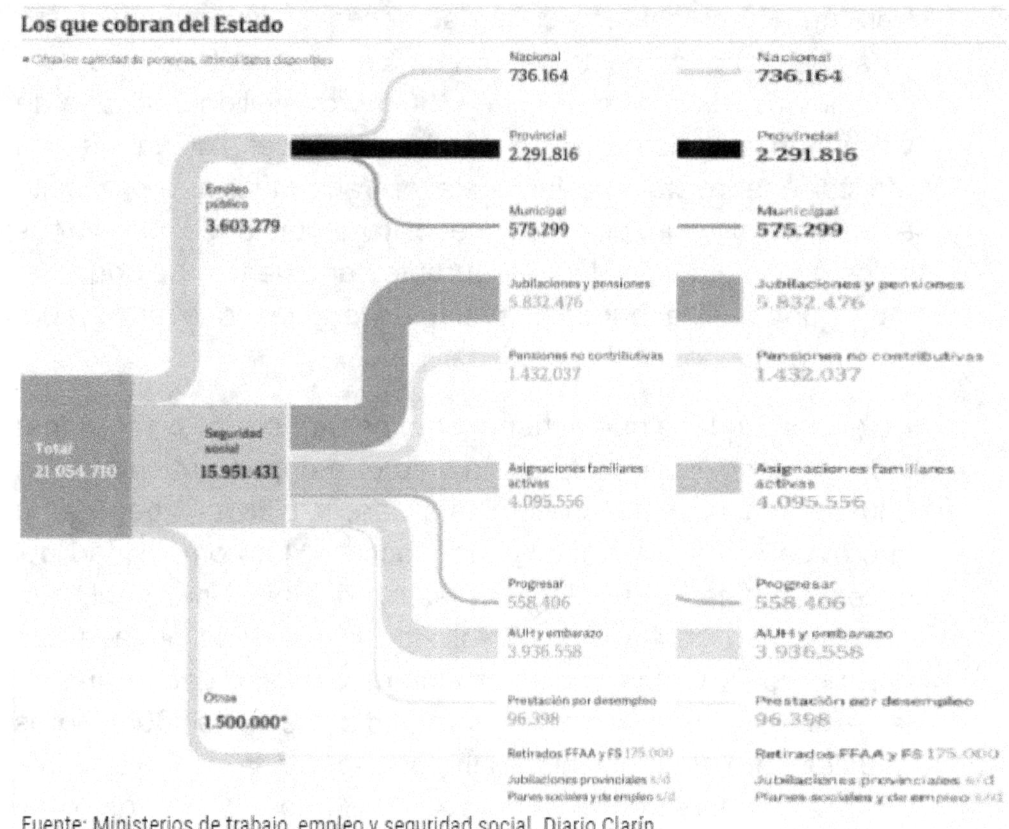

Fuente: Ministerios de trabajo, empleo y seguridad social. Diario Clarín.

También entra en esta lógica el copar los espacios de la burocracia municipal, provincial y nacional como un objetivo político, horadando la eficiencia y la eficacia de la gestión de lo público, pero esto en realidad en el mundo político no suele interesarle a nadie, incluye claro el poder judicial lo que nos aleja en la praxis de ser una república. A esto hay que sumarle claro está otros de los deportes nacionales que todo lo atraviesa; la corrupción, la cual hemos naturalizado.

Para que un país pueda crecer se necesitan inversiones como ya se ha dicho, con este panorama, con los cambios de timón, cambios de las reglas de juego, la imprevisibilidad, la falta de visión, de planificación, de políticas públicas, quien querría realizar una inversión a largo plazo. Vaca Muerta, a propósito el nombre ¿ya inspira no? necesita inversiones por varios miles de millones de dólares durante varios años, hay que ser muy guapo para hacerlo, si usted ve que no avanza aquí encontró algunos de los motivos.

Está claro que alguien tiene que pagar todo esto y haber incrementado los impuestos ha sido otro deporte nacional que demuestran no solo nuestra ineficiencia sino el apego a la improvisación y a las decisiones tácticas. La complejidad del sistema tributario que llega a casi cien a nivel nacional, que obviamente dificulta el desarrollo de la actividad privada. Un estudio de PwC una consultora internacional, muestra que en la Argentina una empresa promedio necesita 356 horas anuales para el cumplimiento impositivo, o sea 44,5 días, esto es más del doble de lo que lleva en Europa 161 horas, o en EE.UU 182 horas.

7. CÍRCULO DE LA DECADENCIA

Para hacer un cierre a modo de síntesis de estos temas veamos el círculo de la decadencia que resume de forma clara y simple nuestra forma de gestionar.

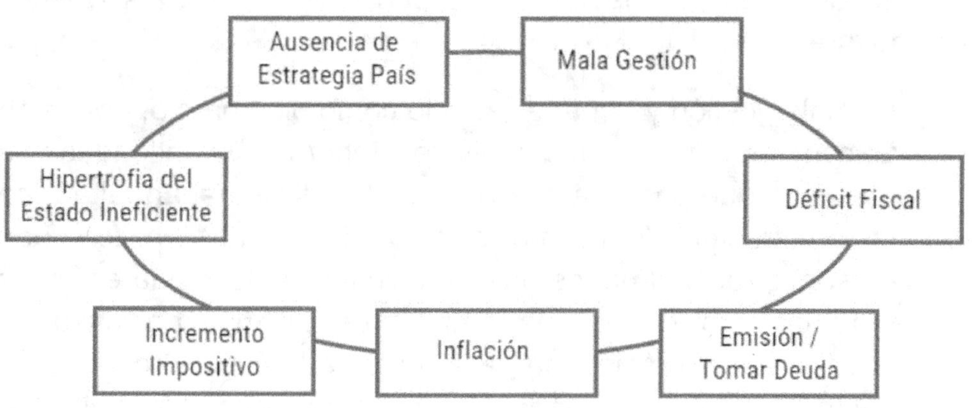

Fuente: Centro de Estudios de Estrategia. CEE. FCE. UNLZ.

Es muy difícil resumir 70 u 80 años de decadencia de nuestra nación que llega hasta nuestros días, pero hay ciertos factores que se repiten sistemáticamente sin importar quien gobierne. Al no tener una estrategia de país no tenemos un norte, no sabemos dónde queremos ir, ni cuándo ni por qué, por lo tanto lo que se termina realizando son acciones tácticas en el mejor de los casos, ya que las contradicciones y los cambios de rumbo y de reglas son el pan de cada día. Aquí hay que sumarle que el nuevo presidente critica ferozmente al anterior y por ende no tiene más remedio que hacer todo de nuevo, según los dichos que solemos escuchar.

La mala gestión de lo público pasa a ser un resultante natural de lo anterior, pero se le suma la impericia de la cual hacemos una gran negación, aunque tengamos recursos importantes para ciertos sectores también muchas veces obtenemos magros resultados por la simple ineptitud. Desde luego hay que sumarle la corrupción. Todos los países padecen este flagelo, pero los altos niveles y la gran tolerancia social que se ha cristalizado en la sociedad de nuestro país perjudica e impacta en la gestión y especialmente en los menos favorecidos.

La mala gestión y tomar al Estado como bien propio, donde se ubican en los distintos niveles enormes cantidades de personas que pasan a engrosar las plantillas hagan falta o no en la estructura del mismo. Como hemos visto 19 millones de personas reciben pagos que lo hacen inviable. Nada es gratis y lo que se genera es déficit que en nuestro caso es prácticamente crónico, se gasta más de lo que se recauda. El punto es como se paga: o tomamos deuda o emitimos. Reiterados pedidos de préstamos han generado por nuestra impericia default varios. Cuando emitimos sin respaldo ni mucho control producimos inflación, el gran impuesto de los pobres.

Ante esta situación los diversos gobiernos han tenido la creativa decisión de crear más impuestos, ya que al no ser buenos pagadores empiezan a retacearnos los créditos, ahí nace otro impuesto por única vez que se hace eterno. La hipertrofia del Estado lo hace claramente ineficaz e ineficiente, o sea no se hacen las cosas o lo que se hace es muy costoso, sin olvidarnos que no sabemos a dónde vamos ya que no tenemos una estrategia que nos guie, una política de Estado.

8. COMO SOMOS, COMO CREEMOS QUE SOMOS, COMO NOS VEN

El economista Paul Samuelson premio Nobel de Economía 1970 fue quien, hace ya varios años, propuso clasificar los países en cinco categorías: "están los países capitalistas, los de órbita socialista y los del muy heterogéneo Tercer Mundo, eso no es suficiente, porque en realidad hay dos países más a tener en cuenta en forma separada: Japón y Argentina. ¿Por qué? Porque no calzan en ninguna sistematización. Son tan peculiares y tan impredecibles que deben ser ubicados aparte."

Creo que no hace falta entrar en muchos detalles con respecto a las diferencias que nos separan con Japón y más aún si tomamos como punto de partida 1945 cuando finalizó la Segunda Guerra Mundial y Japón quedó arrasado incluyendo las dos bombas atómicas de Hiroshima y Nagasaki, donde EE.UU. justifico esta innecesaria masacre de civiles diciendo que así aceleraba el fin de una guerra que ya estaba terminada, pero la realidad es que había empezado la disputa del poder con la URSS. Más allá de estos bemoles de la historia reciente, desde el fin de la conflagración hasta el día de hoy Japón y Alemania son ejemplo de éxito, nosotros no.

El 25 de marzo de 1925 a bordo del Capitán Polonio, un transatlántico que unía la ciudad alemana de Hamburgo con el puerto de Buenos Aires llegaba de madrugada Albert Einstein. En agenda tenía 12 conferencias que daría en las universidades de Buenos Aires, La Plata y Córdoba. Un empresario del rubro papelero, Bruno Wasserman, ofició de anfitrión en su mansión de Belgrado y lo invitó a pasar unos días en su chacra de Llavallol hoy una ciudad de 40.000 habitantes que forma parte del partido de Lomas de Zamora, algo que ocurrió entre 5 y el 8 de abril. Einstein le dijo a Reinaldo Vanossi, secretario de la Sociedad Científica Argentina que hacía las veces de asistente, durante su visita: "¿Cómo puede progresar un país tan desorganizado?" No podía entender que por una parte crecía una gran riqueza y por otra era notable el caos administrativo, político y fiscal.

Gastón Jeze, uno de los administrativistas más prestigiosos de Europa, vertió sus opiniones en el libro "Las finanzas públicas de la República Argentina", traducido al castellano en 1923. "Existe una profunda y radical oposición y contraste entre la prosperidad económica y el desarreglo de las finanzas públicas. Mientras la riqueza económica nacional crece, la situación de la hacienda pública es malísima, porque está en déficit permanente".

En el libro "L Argentina, escrito por G. Bevione, publicado en Turín en 1911 poco después de su regreso de la visita realizada por los festejos del centenario de la revolución de mayo se despachó con su visión del país. En aquella era de bonanza y derroche señaló que se dilapidaba el dinero público, que existía una arraigada corruptela política y que no funcionaba la justicia. Registró que el costo de los servicios públicos doblaba los costos de los mismos servicios en una ciudad como Londres.

Denunció la creciente burocracia y el clientelismo electoral, con un incesante engorde del empleo público estéril. Le asombró la voracidad de la gente por recibir pensiones del erario público, como si se tratara de un derecho natural. También citó la mala fama de los jueces de provincia que nadie quería acudir a ellos. Una de sus frases fue "Argentina es un país donde el poder judicial no tiene independencia y el poder ejecutivo no tiene frenos". Reitero esto fue escrito hace 110 años.

El 27 de diciembre de 1831 partió del puerto de Plymouth, en Inglaterra, la nave HMS Beagle, al mando del capitán Robert Fitz Roy. El barco y su tripulación formaban parte de una misión enviada por el Almirantazgo británico para hacer una exploración hidrográfica de América del sur. En este viaje los acompañaba el joven naturalista Charles Darwin. La nave llegó al Rio de la Plata en 1833. Tras una temporada en Montevideo, se dirigió hacia la desembocadura del río Negro. De allí Darwin partió por tierra hacia Bahía Blanca, donde el Beagle haría su siguiente parada y, más tarde, a caballo hasta Buenos Aires.

Allí visitó la ciudad y sus alrededores. Durante los últimos meses de 1833, la expedición puso proa al sur, hacia la Patagonia, para doblar en cabo de Hornos. En su recorrido por la pampa y la Patagonia se dedicó a la actividad científica. Pero le alcanzó para emitir su opinión, "los habitantes respetables del país ayudan invariablemente al delincuente a escapar, parecería que piensan que el hombre ha pecado contra el gobierno y no contra el pueblo"

Si todas estas personas pudieran volver a la Argentina de 2021 les llamaría la atención lo acertadas que habían sido sus reflexiones y en parte podríamos estar respondiendo algunos de los motivos de nuestro fracaso.

Si tratamos de ser honestos con nosotros mismos y vemos con claridad y sin prejuicios nuestra historia notaremos que la inestabilidad económica está relacionada con la inestabilidad política y las bases morales de la sociedad. Está claro que ciertos factores estructurales mejoran las posibilidades de desarrollo, pero los factores culturales, abren o cierran cualquier posibilidad.

La fortaleza o el descredito de determinados valores promueven o no el crecimiento, la estabilidad jurídica, la seguridad, los cuales influyen en los restantes componentes de la dinámica nacional.

No tenemos un problema en la economía, no importa si el Estado es más chico o más grande, si interviene más o menos en la economía, es algo mucho más importante y grave, es la política, y la misma responde a nuestra cultura, nuestra idiosincrasia, y como nuestros dirigentes/líderes nacionales: políticos, empresarios, sindicales, religiosos, militares no han bajado de ningún OVNI, aunque a veces así lo parezca, son nuestros, parte de nuestra sociedad, o sea el problema es mucho más importante ya que nuestra percepción adolescente no nos permite contemplar la totalidad de nuestras falencias.

En su libro "El atroz encanto de ser argentinos" Marcos Aguinis nos comenta que durante mucho tiempo se habló de la teoría de la dependencia, en donde residía la clave de nuestros problemas y de esa forma se podía explicar casi todo. Existía entonces una gran fuerza foránea, un gran enemigo, fue Gran Bretaña en el siglo XIX y parte del XX, fue el imperialismo yanqui después y nosotros los pobres agredidos, las víctimas. Ser víctima tiene sus conveniencias ya que entonces la culpa la tiene otro, de los de afuera que nos quieren chupar la sangre, que se empeñan en que nos vaya muy mal, es lógico son los malos.

Esto a su vez nos permite gritar, protestar, quemar banderas de otros países y si le agregamos, nuestros queridos elementos de percusión y cantitos de la cancha con letras adaptadas al efecto, bingo. Este es otro logro que supimos conseguir, que todo tenga un tinte de ambiente futbolero, hemos ido menoscabando la discusión de ideas, de ser más sólidos en los argumentos que el otro, la política se fue degradando, los partidos políticos casi inexistentes, perduran a los efectos formales de una elección, las campañas electorales muchas veces dan vergüenza ajena. Ahora bien es la política una de las actividades más importantes de toda nación democrática y este es otro de los puntales que tenemos que rescatar, y no hay nada mejor que ser hincha de Racing pero cada cosa en su lugar.

Entonces surgió la gran necesidad de liberarnos, teníamos que enfrentarnos a la liberación o dependencia, pero en realidad nos tenemos que independizar de nuestras grandes enfermedades: ignorancia, corrupción, inmadurez. El punto aquí es preguntarnos porque otros países que nacieron dependientes de otros, que después de declarar su independencia, les fue mejor que a nosotros. ¿Qué fue lo que hicieron Canadá, Australia, Nueva Zelanda? ¿Por qué esta gente tuvo resultados tan distintos a los nuestros?

Facundo Manes neurólogo y presidente de la fundación INECO comenta que existe un término médico que define a aquellas personas incapaces de reconocer su enfermedad o sus dificultades: anosognosia.

Esta alteración es considerada de manera amplia como un "déficit de conciencia de enfermedad". El hecho de que estas personas no adviertan los síntomas que padecen o le resten importancia tiene un impacto negativo en su condición porque retrasa la consulta y la búsqueda de tratamiento.

En ciertas ocasiones se dice que la Argentina esta sobre diagnosticada y que conocemos de sobra nuestros problemas, esta claro que no es así. Muy probablemente tengamos un comportamiento social de anosognosia. Será tal vez este el motivo por el cual década tras década cometemos los mismos errores. Tampoco podemos ponernos de acuerdo para generar un proyecto de desarrollo que sea equitativo y sustentable.

 Nuestro país es profundamente desigual, más de un tercio de la población hace muchos años vive en la pobreza. Cuatro de cada diez chicos presentan algún tipo de malnutrición. En algunos lugares como el conurbano bonaerense, al cual conozco bastante siendo tercera generación de lomense, tiene sectores donde la pobreza de los adolescentes llega al 72%. Da vergüenza. En este mundo del conocimiento la verdadera riqueza de las naciones está en el capital intelectual, pero si nuestras nuevas generaciones ni siquiera están bien alimentadas, incluyendo a los nuevos obesos de la pobreza donde se come lo que se puede, estamos condenando a una gran parte de nuestros conciudadanos a una vida de privaciones.

Otra realidad que negamos es la calidad educativa que se aleja cada vez más a los estándares internacionales. Tampoco ponemos como prioridad el desarrollo científico tecnológico, la verdadera manera de lograr el desarrollo humano sustentable. También desde muy chico he escuchado frases como, "con una cosecha nos salvamos todos", "Dios es argentino", "estamos condenados al éxito". Nuevamente nos ataca nuestra cultura, nuestra idiosincrasia, nos atacamos.

Una habilidad clave de los seres humanos para llevar a cabo nuestras acciones de manera exitosa es la "metacognición", esa cualidad que nos permite reflexionar sobre nuestros propios pensamientos, evaluar las decisiones que tomamos, emitir juicios sobre nuestras propias ideas y reconocer fortalezas y debilidades. Sirve también para el aprendizaje, cuando tomamos una estrategia probada para un problema del pasado y lo aplicamos a un desafío nuevo.

Asimismo, poner en marcha entre todos esta habilidad supone una sociedad que se piensa, que reflexiona críticamente sobre sus decisiones. Ninguna sociedad se ha desarrollado gracias a un personalismo que haga de padre/madre donde el pueblo es el niño, ni un gobierno iluminado que hará que todo mejore. Como ya he dicho los cambios reales se logran por la planificación y la inversión estratégica sostenida en el tiempo, claro está esto demanda un real consenso político, del que carecemos profundamente.

9. EL SÍNDROME DE PETER PAN

Este síndrome hace referencia a aquellos adultos que continúan comportándose como niños o adolescentes sin ser capaces de tomar la responsabilidad de sus actos y la vida adulta. Son personas que se niegan a crecer con una marcada inmadurez emocional matizada por una fuerte inseguridad y un gran temor a no ser queridos y aceptados por lo demás. Los Peter Pan son los jóvenes eternos que se desentienden de las exigencias del mundo real escondiéndose en un mundo de fantasía, en su país de Nunca Jamás.

Atrapados en él, no pueden desarrollar los roles que han de asumir, como el de padre, pareja o profesional, tal y como se espera en la adultez. Se pueden reconocer porque muchos de ellos puede que se resistan a independizarse de los padres, mantengan relaciones afectivas superficiales y sin compromiso o no acaben de encontrar su sitio en el mundo laboral. Como el conocido personaje de J.M. Barrie, vuelan continuamente buscando aventuras pero se sienten incapaces de detener su vuelo y conseguir una estabilidad en la vida real.

Esta resistencia a crecer, más frecuente en varones que en mujeres, fue definida por el psicólogo americano Dan Kiley en 1983, y es un problema cada vez más frecuente, pues sociológicamente este trastorno cada vez se encuentra más cronificado como consecuencia de la sociedad capitalista y de la inmediatez, en la que cada día las cosas se consiguen con menor esfuerzo y sin necesidad de compromiso, y en la que consumimos para rellenar los huecos afectivos. Todo ello nos reporta un placer inmediato, pero efímero.

Como anteriormente he dicho los argentinos hemos logrado conformar una sociedad adolescente, al analizar este síndrome definido por Dan Kiley podemos encontrar notables similitudes con nuestro ser nacional. El esconderse en un mundo de fantasía tiene que ver con nuestra propensión a ser los mejores del mundo en distintas cosas, o que los argentinos triunfamos en distintas partes del mundo, con frases tales como "Dios es argentino", y otras ya mencionadas. También nos hemos jactado de ser el país más europeo, el más blanco, con una capital que es la París de Sudamérica. Cuando el presidente Alberto Fernández hizo el comentario poco feliz sobre mexicanos y brasileños, que los argentinos bajamos de los barcos, es una frase conocida que remite al país más blanco de la región desde una mirada más bien porteña como si esta representara a toda la nación, pero tiene décadas de estar presente en nuestra cultura

Al no poder desarrollar el rol de padre que se espera de un adulto, entonces hacemos las veces de niños que necesitan de un padre, un líder paternalista, poderoso, omnipresente, que hace todo por y para el pueblo que es su hijo, y que quiere que esta relación se mantenga de esta manera aunque a la larga perjudique el bienestar de su hijo, claro está los objetivos de estos líderes son egocentristas, ególatras y mezquinos, se establece entonces una relación que se va retroalimentando.

Las personas que padecen Síndrome de Peter Pan (SPP) pueden parecer despreocupadas y felices, pero al indagar un poco en su vida o persona, afloran sentimientos de soledad e insatisfacción, acompañados de dependencia personal, pues necesitan a su lado a otra persona que satisfaga sus necesidades y les haga sentir protegidos. Esta persona que se encarga de satisfacerle generalmente son los padres, hermanos mayores o la pareja. A nivel de las naciones hay líderes que tienen gestiones personalistas donde los que lo rodean no suelen tener grandes dotes de brillantez, ya que el único que brilla es este líder fuerte que es quien puede poner orden. Durante décadas los que realizaban estas tareas fueron los militares, devenidos en golpistas dictadores.

Las consecuencias del SPP dan lugar a importantes alteraciones emocionales, siendo frecuentes los altos niveles de ansiedad y tristeza, pudiendo derivar en cuadros de depresión. También se sienten poco realizados con su vida, ya que al no asumir la responsabilidad de sus actos tampoco siente sus logros como suyos lo que repercute directamente en la autoestima del individuo. Se podría decir que los pueblos con estas características le agradecen al gran líder todo lo que les dio, y al mismo tiempo el lider hace de su gestión un culto al personalismo con altos índices de demagogia buscando mostrarse infalible, nunca dando malas noticias y que los malos lo quieren detener para que no siga ayudando al pueblo o sea a su hijo.

Además, generalmente las personas con SPP se sienten incomprendidas y les resulta difícil darse cuenta de su problema e ignoran que lo padecen hasta que se da alguna situación crítica y se dan cuenta de que su forma de comportarse y enfrentar el mundo no es efectiva o es anómala respecto a la del resto de sus iguales.

Adultos que no asumen responsabilidades. A nivel relacional, también surgen dificultades debido a la falta de compromiso y la gran exigencia con los demás. Generalmente, la persona Peter Pan parece segura de sí misma, incluso hasta parecer arrogante, pero como hemos comentado antes, detrás se esconde una baja autoestima.

Señales del Síndrome de Peter Pan: aunque los adultos han llegado a la treintena o incluso rondan la cuarentena de años continúan comportándose como niños pequeños. Su actitud se centra en recibir, pedir y criticar y no se molesta en dar o hacer por los demás. Quiere que le den lo que pide o si no se enfada, porque no toleran la frustración. Siente insatisfacción constante con lo que tiene, pero no actúa para solucionar su situación, desea tenerlo todo pero sin que le suponga ningún esfuerzo para conseguirlo. El Estado es la estructura, el instrumento que utilizan los líderes para gestionar una nación, ya hemos visto como nuestro Estado reparte dinero a 19 millones de personas donde se hace hincapié en dar, en el clientelismo, en sostener la relación padre-hijo.

El Peter Pan considera el compromiso como un obstáculo a la libertad. No se responsabiliza de sus actos sino que pretende que los otros lo hagan por él. Además culpa a los demás por lo que no le va bien. Se esconden detrás de excusas o mentiras para disimular su incapacidad para crecer. Se siente muy atraído por la juventud, etapa vital idealizada para el sujeto con SPP. Peter Pan para todos, todas, todes, como si fuéramos pocos parió la abuela, tenemos hasta un leguaje adolescente.

10.   ¿DÓNDE HAY UN MANGO VIEJO GÓMEZ?

Viejo Gómez, vos que estás
de manguero doctorao
y que un mango descubrís
aunque lo hayan enterrao,
definime, si podés,
esta contra que se ha dao,
que por más que me arremango
no descubro un mango
ni por equivocación;
que por más que la pateo
un peso no veo
en circulación.

¿Dónde hay un mango,
viejo Gómez?
Los han limpiao
con piedra pómez.
¿Dónde hay un mango
que yo lo he buscado
con lupa y linterna
y estoy afiebrado?
¿Dónde hay un mango
pa darle la cana

si es que se la deja dar?
¿Dónde hay un mango
que si no se entrega
lo podamos allanar?
¿Dónde hay un mango,
que los financistas,
ni los periodistas,
ni perros ni gatos,
noticias ni datos
de su paradero
no me saben dar?

Este tango, letra de Ivo Pelay y música de Francisco Canaro es de 1933 lo hizo muy popular Tita Merelo, y seguimos buscando.

El dinero, la guita, la tarasca, la mosca, la biyuya, el morlaco, la viva, el mango, la tela, el cobre, el efete, el sope, la teca………., siendo un país con una crónica historia de inflación en distintos momentos se fueron imprimiendo billetes con denominaciones cada vez más grandes, hemos tenido el de $1.000.000 de pesos, circuló entre 1981 y 1982, que en la ciudad de Nueva York se plastificaban y se vendían a 20 dólares con un cartelito que decía, "tenga su primer millón" claro era un juego de palabras que quería insinuar tenga su primer millón de dólares, además en el país del norte se usa la expresión "me siento como un millón de dólares", pero entregaban un billete de un país exótico, del tercer mundo que tenía esa increíble denominación, era el nuestro.

Pero para no sentirnos tan solos Venezuela aprobó la impresión de billetes con esta denominación en marzo 2021, y hubo billetes de 100 trillones que tuvo Hungría en 1945, y de 100 millones de marcos de la Alemania de 1923. El tema es que nosotros somos gente de insistir con las cosas que hacemos mal.

Como la inflación no detiene su marcha y los ceros ya no entran en el papel es que se ha decidido en distintos momentos quitar algunos de ellos para que la denominación entre en el papel, así y todo tenemos uno de $1000 y muchos están pensando, especialmente los bancos que tienen problemas con el espacio físico para guardar tanto papel pintado, en el de $5000 y $10.000, ya que resulta que es normal que al hablar de autos cero kilómetro estemos hablando de millones.

Recientemente el pobre billete de $5 fue reemplazado por una moneda, pero cuando el billete nació en marzo de 1991 servía para comprar un combo mediano de Mc Donalds, desde enero de 2003 cuando Duhalde decretó el fin de la convertibilidad, hubo 1.262% de inflación en la Argentina y 13 ministros de Economía. Para ponernos en contexto, en ese mismo lapso Estados Unidos tuvo 42,3% de inflación, se entiende entonces que el billete de 5 dólares, nacido en 1861 siga circulando.

Volviendo al de $5 nuestro hay que recordar que es el heredero del de 50.000 australes, que lucía la cara de Luis Sáenz Peña, que a su vez equivalían a 50.000.000 de pesos argentinos, que dejaron de tener validez en 1985. Un paso más atrás, eran lo mismo que 500.000.000.000 pesos ley, de baja en 1983 y que correspondían a 50.000.000.000.000 pesos moneda nacional, jubilados en 1969. O sea, cinco pesos de hoy son cincuenta billones de pesos de hace 50 años. Cruel la realidad.

Lucio Mansilla en su libro "Una Excursión a los indios ranqueles", comenta que en 1869 se ofrece como padrino de bautismo de la hija de Carmen una joven mujer ranquel y narra que en esa reunión dejó "entre los muchachos un recuerdo indeleble de mi magnificencia, a causa de los 20 pesos bolivianos que combinado en medios y reales arrojé a la marchanta esa noche inolvidable, al son de los infalibles gritos: ¡padrino pelado!" El párrafo es famoso porque registra la imagen del padrino que se queda "pelado" tras correr con los gastos de la fiesta. Pero no siempre se presta atención a que esos pesos bolivianos, medios y reales que menciona Mansilla no eran divisas extranjeras, sino dinero de curso legal en muchas provincias, en los tiempos en que la Argentina todavía carecía de una moneda nacional.

Si bien el país ya era uno solo, tras décadas en que cada provincia se había gobernado con total autonomía, aún no se había unificado la moneda, lo que recién llegaría con la sanción de la ley 1130, en noviembre de 1881. La mayor parte de las denominaciones venía del sistema de monedas de plata y cobre de la época colonial, que siguió vigente cuando la Asamblea de 1813 reemplazó las monedas con efigie del rey por otras con nuestros símbolos patrios, pero de iguales valores. A partir de 1820, cuando cada provincia comenzó a gobernarse por sí misma, en la práctica dejó de existir una moneda común. Buenos Aires, a partir de 1822, inició la emisión de billetes en pesos corrientes.

Al principio eran convertibles por igual valor de pesos metálicos (que pasaron a conocerse como pesos fuertes), y que fue el primer uno a uno de nuestra historia. Pero, ya en 1826, la provincia decretó el "curso forzoso" de los billetes, saliendo de la convertibilidad. Las consiguientes devaluaciones llevaron a que, para 1862, del "uno a uno" inicial, un peso fuerte pasara a cotizarse a 25 pesos corrientes.

Las demás provincias rechazaron los pesos corrientes y prefirieron mantener la circulación de monedas metálicas. Muchas fueron vueltas a acuñar por sucesivos gobiernos, con menor valor en plata y mayor en cobre, y también circulaban las acuñadas por Bolivia. Había entonces "pesos plata boliviana", o en "pesos bolivianos", con distinta cotización. De ahí viene en llamar chirolas a las monedas: era el nombre popular de la peseta o moneda de 20 centavos boliviano.

Esta "multiculturalidad" monetaria tenía efectos económicos caóticos en el comercio. Uno de los historiadores económicos, Juan Álvarez, cuenta que todavía hacia 1876, para sus compras en el Litoral, los comerciantes mendocinos tenían que comprar plata chilena, cambiarla por pesos fuertes en otra provincia, para luego convertirlos a plata boliviana en Rosario, donde adquirían las mercaderías que luego eran vendidas en papel en Mendoza. Como se puede apreciar el sentido de lo práctico y la eficiencia ya formaban parte de nuestro ser nacional.

Esta compleja ingeniería financiera era indispensable para no sufrir una pérdida de entre 20% y el 35%, como la padecida por los comerciantes de Tucumán donde la única moneda disponible eran las pesetas bolivianas. Para no quedar con este impacto y haciendo honor a nuestra historia hay que decir que el Banco Provincia fue el primero de Hispanoamérica y el primer billete argentino, impreso en 1822 es sencillo y dice "Promete pagar a la vista y al portador la cantidad de ……… pesos en moneda metálica". El billete fundacional (en aquella época convivirían diferentes monedas provinciales) la cifra se anotaba a mano, se ve que siempre fuimos un tanto temerarios.

En 1841 tuvimos el primer animal en un billete y era de $5, época de Rosas, tenía un avestruz africano. Otro papel bonaerense de 1856, incluye el dibujo de un canguro, se mandaban a imprimir a Inglaterra. El billete de 1827 de valor un peso, tenía las caras de Simón Bolivar y de George Washington, se había mandado a imprimir a los Estados Unidos. No seremos muy serios pero de aburrimiento nunca nos vamos a morir.

El historiador Yuval Harari en su libro "De animales a dioses" nos dice que el dinero no son las monedas y los billetes, el dinero es cualquier cosa que la gente esté dispuesta a utilizar para representar de manera sistemática el valor de otras cosas con el propósito de intercambiar bienes y servicios. El dinero permite que la gente compare rápida y fácilmente el valor de bienes distintos, que intercambie una cosa por otra, y que almacene la riqueza de manera conveniente.

Hoy en día las monedas y billetes son una forma rara de dinero. En 2006, la suma total del dinero en el mundo era de unos 473 billones de dólares, pero la suma total de monedas y billetes no llegaba a los 47 billones de dólares. Más del 90% de todo el dinero existe solo en los servidores informáticos. De acuerdo con esto, la mayoría de las transacciones comerciales se ejecutan moviendo datos de un archivo informático a otro, sin ningún intercambio de dinero en efectivo, físico. Solo un delincuente compra una casa con un maletín lleno de billetes y si este está acompañado de una ametralladora dentro de un convento trucho con monjas truchas y de madrugada, es más raro aún.

El dinero existió mucho antes que se acuñaran monedas y hubo culturas que han prosperado empleando otras cosas como dinero conchas, ganado, pieles, sal (de aquí el origen de la palabra salario). Las conchas marinas o cauris se utilizaron como moneda durante unos 4.000 años en toda África, el Sudeste Asiático, Ásia oriental y Oceanía. A principios del siglo XX, en la Uganda Británica todavía podían pagarse los impuestos mediante cauirs. Los cauris y los dólares solo tienen valor en nuestra imaginación común.

Su valor no es intrínseco del papel, ni su color, ni de su forma. El dinero no es una realidad material, es una construcción psicológica. Pero ¿por qué tiene éxito? La gente está dispuesta a hacer estas cosas cuando confía en las invenciones de su imaginación colectiva. La confianza es la materia bruta a partir de la cual se acuñan todas las formas de dinero. Por lo tanto, el dinero es un sistema de confianza mutua, y no cualquier sistema: es el más universal y eficiente que jamás se haya inventado.

Si vemos un dólar de cerca observamos que es un papel de color verde con la firma del secretario del Tesoro de Estados Unidos y hay una leyenda que dice "En Dios confiamos" pero aceptamos el dólar como pago más que nada por qué representa a la mayor potencia mundial, vale decir es una cuestión de confianza y esta explica por qué nuestros sistemas financieros están tan fuertemente relacionados con nuestros sistemas políticos, sociales, e ideológicos, por qué las crisis financieras suelen desencadenarse por acontecimientos políticos, y por qué el mercado de valores puede subir o bajar en función del humor que se tenga en un momento determinado.

Nuevamente la confianza, uno de nuestros grandes problemas ya que el carecer de la misma implica en realidad que es la resultante de una serie de errores sistemáticos que nacen como ya hemos dicho de la política, de la mala gestión, y de la poca preparación de muchos de nuestros líderes, de empezar a hacer algo que tendrá sus frutos dentro de 10 años, o sea que tal vez no podrán acreditarse en su propia administración de cuatro años y eso para nuestros políticos es un imposible.

Ahora bien, ¿qué pasa en el mundo con el dinero? En la pre pandemia a principios de 2020 ascendían a U$S17 billones los créditos del sistema financiero internacional con tasas de interés negativas. El resultado de este fenómeno de extraordinaria liquidez, con las tasas más bajas de la historia (+0,5/+1,5% anual), es que hay una búsqueda incesante de rendimientos de los inversores del mundo entero, encabezados por europeos y japoneses, que están dispuestos a colocar sus capitales en activos altamente riesgosos, como los de los países emergentes, e inclusive los latinoamericanos, llegar a nosotros es como ya fue dicho antes, solo para guapos.

El Banco Central Europeo (BCE), puso su tasa testigo en menos de cero en septiembre de 2019, e impuso a los bancos regionales una tasa negativa de -0,5%. Suecia, Suiza y Dinamarca ya se han adelantado. Una de las razones por las cuales EE.UU. recibió U$S12 billones de inversiones globales en los últimos tres años, la mitad provenientes de Europa, es que la Reserva Federal ofrece todavía tasas de interés positivas de +1,5% anual en los títulos del tesoro a 10 años. Más del 60% de los bancos alemanes cargan a sus clientes corporativos con tasas negativas, en tanto que lo hacen con sus depositantes individuales más del 20%. La tasa de retorno de los bancos alemanes fue del 6% en junio de 2019. Los "bunds" a 10 años rinden ahora -0,7% anual, mientras que los de Japón ofrecen -0,27%.

Por otro lado, la enorme emisión de dinero para rescatar las economías mundiales junto con las tasas negativas que ofrecen las economías del planeta, invitan a los inversores a buscar alternativas que ofrezcan rendimientos más altos más allá de la seguridad crediticia. No hay que sorprenderse que Argentina, Venezuela y Ecuador no están en este mapa. Los bancos centrales de países desarrollados han inundado de liquidez a sus economías, pero como no encuentran rentabilidad en sus mercados de origen, buscan emisiones en países emergentes que Latinoamérica aprovechó bien.

Un buen número de gobiernos y empresas de la región han colocado deuda en los mercados internacionales, en plena pandemia y a tasas y plazos extraordinarios. Los inversores buscan dirigir sus dólares a inversiones que ofrezcan garantías mínimas de capacidad de repago y estabilidad estructural del mercado donde invierten. Desde el comienzo de la pandemia se ha visto cómo República Dominicana, y Trinidad & Tobago han colocado deuda a tasas que son la mitad y menos de las que conseguiría nuestro país, 4,5%. Brasil colocó deuda con vencimiento 2030 a 3,87%, Chile vencimiento 2031 a 2,45%, Perú vencimiento 2031 a 2,78%, Uruguay vencimiento 2031 a 2,48, Colombia vencimiento 2030 a 3%, nosotros, bien gracias.

Al mismo tiempo se está imponiendo la moneda digital. Los datos del e-commerce de China según un informe del analista internacional Jorge Castro, nos dice que el número de compradores online ascendió a 782 millones en 2020 y fueron 854 millones que realizaron sus pagos digitalmente, esta forma de pago crece a razón de 12/14% anual.

El objetivo estratégico del gobierno chino es disponer de una moneda digital (e-yuan) de curso legal en el último trimestre de 2022. Con ese objetivo la Asamblea Nacional sancionaría prontamente una ley que convierta al renminbi en una moneda de curso legal. Este emprendimiento se sustenta en que la población china es la más bancarizada del mundo ya que el 79% posee cuentas bancarias o cajas de ahorro, y más de 80% de los usuarios de internet que son 1100 millones utilizan smatphones de 4/5 generación, y esta conjunción de factores hace que los pagos digitales tienden a la gratuidad. El proceso de internacionalización de la divisa china camina y el objetivo es convertirla en una de las cuatro monedas globales: dólar, euro, yen, y el renminbi.

La cuestión de fondo de la Argentina en el sistema global es que depende estructuralmente del financiamiento del exterior, tenemos un déficit estructural de cuenta corriente de 6% del PBI, pesos más pesos menos, debido a que no generamos suficientes dólares como consecuencia de la débil oferta exportadora. Argentina solo vende en el exterior entre U$S50.000 millones U$S80.000 millones por año, y con una población de 45 millones de habitantes con elevado nivel de ahorro, sólo que en dólares y en el exterior o en cajas de seguridad.

La falta de una moneda a través de la cual canalizar el ahorro a la inversión es un problema insoluble. Genera que en forma sistemática el ahorro local vaya a financiar al resto del mundo achicando la inversión y acotando el salto productivo en un mundo dinámico. Sólo en los últimos quince años, la formación de activos externos totalizó US$150.000 millones, más de un tercio del PBI y cinco veces el tamaño del crédito en el sistema financiero. Y esto ocurrió durante los dos gobiernos de Cristina Kirchner y el de Mauricio Macri. El total de ahorro de los argentinos en el exterior ascendió a U$S322.000 millones en el tercer trimestre de 2019, de acuerdo al INDEC.

Los argentinos somos los terceros tenedores de dólares billetes después de EE.UU. y Rusia, compramos US$22.000 millones (3,5% del PBI) en 2017, de los cuales 11.000 millones fueron en billetes, US$27.000 millones en 2018 (5,5% del PBI) de los cuales 10.000 millones fueron billetes, y otros US$27.000 en 2019 (6.1% del PBI), no es difícil deducir que de esta manera es muy complicado desarrollar una política financiera y mantener una inflación estable si no creemos en nosotros mismos, menos podemos pedir ser confiables para los demás.

Además, hay que tomar en cuenta que más de las dos terceras partes de las exportaciones argentinas depende de un solo sector, el agroalimentario, que representa sólo 17,4% del PBI, lo que implica que casi el 80% restante no participa del esfuerzo exportador.

Tercera Parte

Visión de futuro, y mirando donde estamos

11.   PROSPECTIVA

En esta parte del libro abordaremos el concepto de prospectiva y la aplicación de la misma en la política pública, qué significa el concepto básico y qué es lo que se hace en distintas partes del mundo y cuáles son sus repercusiones. Unir la prospectiva y la gestión de lo público en nuestro país es como hablar de un perro verde, en algunas ocasiones algunos dirigentes plantean tener una mirada a largo plazo con la misma credibilidad que cuando se habla de reducir la pobreza. En este punto citaré un trabajo de la CEPAL que si bien habla de la región en general y se dan ejemplos de otros países fuera de la región, tiene una base conceptual contundente y muy explícita.

Prospectiva y Política pública para el cambio estructural en ALyC CEPAL 2014

La vigencia del horizonte temporal de corto plazo ha estado presente en la mente de los decisores gubernamentales latinoamericanos. Nuestra tradición indica que gobernar es administrar crisis y recursos escasos, atender necesidades básicas insatisfechas y resolver problemas urgentes. La transición de modelos de desarrollo y las tendencias globales indican que gobernar ha de significar, preparar al Estado para el desarrollo.

Habrá que ampliar los horizontes temporales, los marcos cognitivos de los gobernantes para pensar las decisiones estratégicas. Habrá que pasar de un enfoque de gobierno a un enfoque de Estado y transitar del pensamiento de corto plazo a la construcción del futuro. La agenda del cambio estructural implica tanto una ruptura del modelo de desarrollo como la formación de nuevas capacidades prospectivas para promover en Estado. El largo plazo empieza a importar en la región, lo que se refleja en que al menos 14 países han realizado ejercicios de visión de futuro.

Según la Comisión Europea, en general, la prospectiva debe contribuir a tres grandes propósitos de la gestión pública:

1. Mejorar la planificación con sistemas complejos.

2. Contribuir a la preparación y la formulación de políticas.

3. Brindar insumos calificados de información y conocimiento.

Los trabajos de prospectiva han aumentado su volumen, y los estudios son realizados por gobiernos, organismos internacionales, universidades o centros autónomos.

- Global Trends 2030. Alternative Worlds, del Consejo Nacional de Inteligencia de EEUU.

- China 2030, Building a Modern, Harmonious, and Creative Society, elaborado por el gobierno chino con el Banco Mundial.

- India 2039: An Affluent Siciety in One Generation, Centenial Group.

- Brasil 2022, Secretaría de Asuntos Estratégicos de la Presidencia de la República.

- México 2042: A New Visión for México 2042, Centenial Group.

- Visión Colombia 2019.

- Plan Perú 2021.

Los estudios del futuro se definen inicialmente como un campo de conocimiento para la interrogación sistemática y organizada del devenir. Según la Sociedad Finlandesa de Estudios del Futuro: los estudios del futuro examinan el presente con una especial comprensión del futuro, integran resultados de investigación de diferentes campos de conocimiento y ayudan a los encargados de la toma de decisiones estratégicas a hacer las mejores elecciones para un futuro común. La prospectiva aplicada a la gestión pública supone una reflexión estructurada y sistemática acerca de las alternativas futuras de un país, territorio, sector. Mediante la interacción organizada con expertos, redes y comunidades, basada en un diálogo fundado en hechos y datos. Implica la construcción de visiones de futuro estructuradas, verosímiles, innovadoras, transformadoras y con posibilidades de realización.

La prospectiva involucra dos términos clave: la anticipación, que alude al concepto clásico, y la construcción de futuro.

Según Gastón Berger, la prospectiva trata de generar una visión de futuro con 5 características básicas:

- Mirar mejor, una visión de futuro de alta calidad

- Mirar de manera amplia, de forma sistémica.

- Mirar más lejos, largo plazo, más allá de 10 años.

- Ver con profundidad, que se pueda trabajar con investigación y fundamentos sólidos y rigor de conocimiento para toma de decisiones

- Ver distinto, con nuevas ideas, proponer nuevas formas de pensar o nuevos conceptos en que la sociedad no había pensado antes.

Ahora bien, desde el punto de vista de la relación entre prospectiva y la política pública, según la Comisión Europea, hay varias formas de entender la prospectiva; a saber: pensar el futuro, debatir sobre el futuro y modelar el futuro. Hay que pensar el futuro, plantear imágenes del futuro, diseñar escenarios, anunciar alertas tempranas e identificar tendencias. No obstante, pensar el futuro no genera necesariamente un compromiso de la acción pública.

La prospectiva busca definir los insumos necesarios para la toma de decisiones, con soporte técnico y político, pero los decisores usan su poder discrecionalmente La prospectiva progresivamente se ha orientado hacia una posición de influencia con la planificación estratégica y el análisis de las políticas públicas. Según el proyecto For-Lear de la Comisión Europea, hay 6 funciones de la prospectiva en apoyo a la elaboración de políticas:

- Brindar información calificada para sustentar las políticas, generar perspectivas con relación a las dinámicas de cambio.

- Facilitar la implementación de la política, fomentando la capacidad para enfrentar el cambio de determinados ámbitos.

- Promover la participación de la sociedad civil en el proceso de formulación de políticas.

- Apoyar la definición de políticas, generar los resultados en forma conjunta, traduciendo el proceso colectivo en opciones específicas para la definición e implementación de políticas.

- Reconfigurar el sistema político para aumentar la capacidad de hacer frente a los desafíos de largo plazo.

- Promover la función simbólica e indicar al público que la política se basa en información racional.

En la actualidad uno de los rasgos indiscutibles del entorno mundial es la incertidumbre, la constante trasformación, la abrumadora cantidad y velocidad de cambios. Se necesita contar con nuevas formas de gestión estratégica, que aborden la información y el conocimiento desde diferentes disciplinas para visualizar alternativas de futuro en un contexto global. Se necesita desarrollar marcos de planeamiento estratégico que orienten las políticas públicas, que inciden en la transformación productiva y social de los países.

Estos marcos se basan en 4 funciones básicas:

1. La prospectiva y la visión a largo plazo.

2. La coordinación de políticas públicas.

3. El seguimiento y la evaluación.

4. La concertación o negociación estratégica de las políticas públicas.

La prospectiva es un componente esencial de un nuevo paradigma de planificación. El propósito de relacionar la prospectiva con la política es salir del marco de la situación actual, visualizar un futuro deseado y un proyecto de futuro. Proyectar significa ir hacia adelante, dibujar la visión hacia donde se espera llegar, pero también entender los caminos que pueden lograr el futuro deseado. La prospectiva se vincula con la estrategia y facilita a los gobiernos los procesos de cambio. El proceso prospectivo implica alargar el horizonte de exploración de los futuros, introducir funciones de análisis o examen permanente del entorno y acumulación de conocimientos acerca del futuro.

También significa hacer que la selección de políticas sea más transparente e incorporar mejor el pensamiento estratégico para poder establecer prioridades. La prospectiva induce a pensar en los grandes desafíos de los países y territorios. Permite pensar el papel de la política y le da una base legítima para la intervención pública. La aplicación de la prospectiva a las políticas públicas permite promover las visiones de futuro innovadoras, induce a tener mayor conciencia de la integralidad y el pensamiento sistémico, establecer mejor las prioridades, elaborar estrategias más detalladas. Incorporar una mejor sustentación de las decisiones. La prospectiva eleva el nivel del pensamiento estratégico, saca al decisor de los proyectos puntuales y lo coloca en un contexto integral y sistémico.

Los países que presentan el mayor número de instituciones prospectivas y los más altos niveles de complejidad han sido históricamente los más desarrollados. Esto pone de relieve la importancia estratégica de la planificación a largo plazo con la participación activa de todos los sectores de la sociedad para construir el futuro deseado. Por el nivel de riqueza, se infiere de igual manera que los estudios y proyectos prospectivos se han orientado al desarrollo del sector productivo empresarial. Europa es la región líder tanto en número de organizaciones como en el desarrollo de macro proyectos de largo plazo con enfoque prospectivo. Los EEUU también es uno de los países que ha demostrado su capacidad de orientar sus decisiones estratégicas mediante la prospectiva.

En la comparación internacional se observa que la región de América Latina y el Caribe aparece tardíamente en el contexto mundial y su interés por la prospectiva se caracteriza por altibajos en función de los cambios en el modelo de desarrollo. En las décadas de 1960 y 1970 los países pioneros en temas de prospectiva fueron Argentina, Brasil y México, que emprendieron proyectos, crearon instituciones. Desde la primera década de 2000 hasta la actualidad, Brasil se ha consolidado como el principal promotor de la prospectiva, acompañado por Colombia y el Perú va en ese camino que abordaremos más adelante.

Veamos cómo está organizado el estudio de la prospectiva en un país europeo: Finlandia. El sistema de prospectiva de Finlandia está integrado por alrededor de seis redes. No tiene una estructura vertical, lo que permite generar una fragmentación de las funciones de prospectiva entre muchos actores: públicos, privados, no gubernamentales, internacionales o combinaciones de los anteriores. El sistema de prospectiva finlandés es flexible y tiene la capacidad de llegar a toda la sociedad, pues en él participan muchos de los encargados de la adopción de decisiones, ministerios oficiales, universidades e investigadores, organizaciones empresariales, organismos nacionales de financiación y otros actores clave.

El sistema se compone de los elementos siguientes:

- el informe de prospectiva del Gobierno;

- la red de prospectiva del Gobierno;

- el Comité para el Futuro del Parlamento de Finlandia;

- el consorcio de prospectiva para la fuerza de trabajo, la competencia y las necesidades educativas;

- la red de prospectiva del SITRA,

- la comunidad finlandesa de estudios del futuro.

El sistema de prospectiva estratégica finlandés tiene tres grupos principales de funciones:

- funciones relacionadas con el Parlamento finlandés;

- funciones relacionadas con el Gobierno finlandés, y

- funciones relacionadas con los futuristas, comunidad que funciona fuera del Gobierno.

Se observa que el Gobierno y el Parlamento de Finlandia son las dos entidades principales de organización y coordinación del sistema de prospectiva finlandés. El Gobierno de Finlandia articula las funciones de dicho sistema por medio del Programa de Gobierno; donde se define el plan de prospectiva, supervisado por los institutos de investigación del sector público y los ministerios directamente relacionados con el Consejo Económico (convocado por la Oficina del Primer Ministro). El Consejo Económico es un órgano de gran importancia para la deliberación y adopción de decisiones, y por su función de interlocutor con los ministerios, los representantes del Banco Central y las industrias del país. Su secretaría define los nuevos temas que se estudiarán y ejecuta los estudios en función de las necesidades de los encargados de la adopción de decisiones.

La principal articulación del Gobierno de Finlandia con el Parlamento se realiza por medio del programa de prospectiva del Gobierno, examinado por el Comité para el Futuro, que trabaja directamente con 15 comités encargados de temas legislativos. El Comité para el Futuro es el principal dinamizador de la prospectiva en el Parlamento, pues desempeña las siguientes funciones:

- elaborar los informes agregados de prospectiva del Gobierno al Parlamento;

- elaborar los informes de evaluación tecnológica para el Parlamento;

- desarrollar la investigación asociada con los estudios del futuro, y

- hacer presentaciones a otros comités sobre cuestiones relacionadas con el futuro:

Con esta información, colabora con la comunidad de futuristas; que comprende:

- la Sociedad Finlandesa de Estudios del Futuro;

- la Red de Prospectiva del SITRA;

- el Centro de Investigación de Futuros de Finlandia, junto con la FFA, y

- los actores internacionales como la UE, la OCDE, el IPCC y las comunidades de futuristas.

La principal característica del sistema es el papel de las instituciones de investigación, el Gobierno y demás entidades del sector público como ejes articuladores y dinamizadores de los ejercicios de prospectiva y proyectos que se realizan en Finlandia. Las instituciones públicas lideran los procesos de prospectiva, pero dan espacio a la interlocución con distintos actores, como los gremios y el sector privado.

Volviendo a los marcos de planeamiento estratégico, el punto 4 nos habla de la concertación o negociación estratégica de las políticas públicas. Es absolutamente esencial que las distintas fuerzas políticas de un país, entre otros actores relevantes de la sociedad, deban sentarse alrededor de una mesa para ponerse de acuerdo en pensar un futuro deseado que permita desarrollar un plan estratégico que conforme las políticas de estado para los 20/30 años venideros. Hago especial mención de la dirigencia política ya que hoy el simple hecho de reunirse a pensar y dialogar sobre el bien común es virtualmente imposible, las limitaciones de esta dirigencia es tan contundente que emerge con gran impulso el síndrome de Peter Pan.

Podemos estar de acuerdo que si ni siquiera se pueden reunir y dialogar, mucho menos se podrá implementar nada de lo que se está proponiendo en este libro, lo que ocurre es que otras de las limitaciones es que se desconoce el qué y el cómo darle definitivamente un rumbo a la nación que permita mejorar la calidad de vida de todos sus habitantes, resolviendo de una vez por todas los crónicos problemas a los que volvemos reiteradamente. Otros lo han logrado con complejidades muy superiores y quiero dar un ejemplo que se llama Unión Europea.

La Unión Europea (UE)

Es una entidad geopolítica que cubre gran parte del continente europeo. Es una asociación económica y política única en el mundo, formada por 27 países. A partir de los años 60, Bruselas se ha consolidado como la capital de la UE, dónde se concentran la mayor parte de las instituciones comunitarias y viven la mayoría de los funcionarios y responsables. La UE cuenta con una moneda única, una bandera, un himno y el día de Europa, que se celebra cada 9 de mayo.

En 1951, momento en el que se constituyó la Comunidad Europea del Carbón y del Acero (elementos clave para la guerra), los seis países fundadores -Alemania, Bélgica, Francia, Italia, Luxemburgo y los Países Bajos- comenzaban un proyecto económico, político y social que ha generado paz, estabilidad y prosperidad durante más de medio siglo.

La UE ha contribuido a elevar el nivel de vida de los europeos, ha creado una moneda única y ahora está construyendo progresivamente un mercado único en el que personas, bienes, servicios y capital (las cuatro libertades fundamentales de la UE) circulan entre Estados miembros con la misma libertad que si lo hicieran dentro de un mismo país. Lo que comenzó como una unión puramente económica, ha evolucionado hasta convertirse en una organización activa en todos los frentes, desde la ayuda al desarrollo hasta la política medioambiental.

La UE promueve activamente los derechos humanos y la democracia, y cuenta con los objetivos de reducción de emisiones más ambiciosos del mundo para luchar contra el cambio climático. Gracias a la supresión de los controles fronterizos entre los países de la UE, ahora se puede viajar libremente por la mayor parte de su territorio. También es mucho más fácil vivir y trabajar en otro país de la UE. Tras varias ampliaciones, la UE ha pasado de seis a veintisiete estados miembros tras la incorporación de Croacia en 2013 y hay varios países candidatos a la adhesión (Montenegro, Serbia, Turquía, e Islandia). Cada tratado por el que se admite a un nuevo miembro requiere la aprobación por unanimidad de todos los Estados miembros. La Unión Europea está abierta a todo país europeo que cumpla los criterios democráticos, políticos y económicos de adhesión, denominados criterios de Copenhague.

El euro es la moneda única de la Unión Europea. Doce de los entonces quince Estados miembros la adoptaron para las transacciones no monetarias en 1999 y en el 2002 se emitieron los billetes y las monedas. Dinamarca, Suecia y el Reino Unido no participaron en esta unión monetaria. Los idiomas que se hablan en la UE: alemán, búlgaro, checo, croata, danés, eslovaco, esloveno, español ,estonio, finés, francés, griego, húngaro, inglés, irlandés, italiano, letón, lituano, maltés, neerlandés, polaco, portugués, rumano, sueco

La Unión Europea se rige por un sistema interno en régimen de democracia representativa. Sus instituciones son siete:

• El Parlamento Europeo. Los diputados al Parlamento Europeo son elegidos directamente y representan a los ciudadanos europeos. El Parlamento y el Consejo ejercen la potestad legislativa en igualdad de condiciones, tomando decisiones conjuntas.

• El Consejo Europeo es el principal órgano decisorio de la Unión y su función es dotar a la UE de impulso político en cuestiones fundamentales y establecer las prioridades generales de la UE. El Consejo ejerce funciones de orientación política general y de representación exterior, y nombra a los jefes de las altas instituciones constitucionales.

• El Consejo de la Unión Europea representa a los gobiernos de cada uno de los Estados miembros, que comparten su Presidencia con carácter rotatorio (con la entrada en vigor del Tratado de Lisboa se estableció la figura del Trío de Presidencias).

• La Comisión Europea, o Colegio de Comisarios, representa el interés común de la UE, y es el principal órgano ejecutivo. Aplica el Derecho de la Unión, supervisa su cumplimiento y ejecuta sus políticas, y a ella corresponde en exclusiva la iniciativa legislativa ante el Parlamento y la Comisión; sus miembros son nombrados por los gobiernos nacionales.

• El Tribunal de Justicia de la Unión Europea ejerce las labores jurisdiccionales supremas en el sistema jurídico comunitario.

• El Tribunal de Cuentas supervisa y controla el buen funcionamiento y la adecuada administración de las finanzas y de los fondos comunitarios.

• El Banco Central Europeo dirige y aplica la política monetaria única de la zona euro.

La UE cuenta, además, con otras instituciones y organismos interinstitucionales que desempeñan funciones especializadas: el Comité Económico y Social Europeo representa a la sociedad civil, al sector empresarial y los asalariados; el Comité de las Regiones representa a las autoridades regionales y locales; el Banco Europeo de Inversiones financia proyectos de inversión de la UE y ayuda a las pequeñas empresas a través del Fondo Europeo de Inversiones; el Defensor del Pueblo Europeo investiga las denuncias relativas a una mala gestión por parte de las instituciones y los organismos de la UE.

El Supervisor Europeo de Protección de Datos protege la intimidad de los datos personales de los ciudadanos; la Oficina de Publicaciones publica información sobre la UE; la Oficina Europea de Selección de Personal contrata al personal de las instituciones de la UE y otros organismos; la Escuela Europea de Administración ofrece formación en ámbitos específicos al personal de la UE; el Servicio Europeo de Acción Exterior (SEAE) asiste a la Alta Representante de la Unión para Asuntos Exteriores y Política de Seguridad, que preside el Consejo de Asuntos Exteriores y dirige la Política Exterior y de Seguridad Común, al tiempo que garantiza la coherencia y la coordinación de la acción exterior de la UE.

En resumen, esta unión de 27 países, con 23 idiomas, 447 millones de personas, que generan un PBI de $15,7 billones de euros, se proponen que la misión de Europa en el siglo XXI es: ofrecer paz, prosperidad y estabilidad a sus ciudadanos; superar las divisiones en el continente; "velar por que sus ciudadanos puedan vivir con seguridad; promover un desarrollo económico y social equilibrado y sostenible; hacer frente a los retos de la globalización y preservar la diversidad de los pueblos de Europa; defender los valores compartidos por los europeos, como el desarrollo sostenible y el cuidado del medio ambiente, el respeto de los derechos humanos y la economía de mercado social, y adquirir visibilidad internacional y habar a una sola voz en los principales foros y organismos internacionales".

Es importante recordar que no durante años, sino durante siglos, estos países han estado en guerra, la última la Segunda Guerra Mundial terminó en 1945, o sea hace pocos minutos en el horizonte histórico de quienes estamos hablando. Heridas y grietas se podrían sumar por toneladas, pero sin embargo se han puesto de acuerdo, y podemos observar la cantidad y complejidad de instituciones y organismos interinstitucionales que han conformado y que hacen funcionar, más adelante daremos un ejemplo admirable de la gestión de esta unión para dar respuesta al Covid 19.

Me detuve en este ejemplo de convivencia para que podamos tomar dimensión de este gran y exitoso esfuerzo mancomunado, y lo poco que hace falta hacer para que en nuestra nación generemos un acuerdo para darle finalmente un norte a nuestro país cuyo destino sea una nación desarrollada y ecuánime. Hay que reflexionar que el problema es endémico, somos el problema, hemos generado una relación amigo o enemigo, con un lenguaje más cercano al agravio que a la propuesta fundada en el conocimiento. Esto no tiene que impedir que podamos ver y analizar que hacen otros; y como se han superado es también una forma de aprender, al menos para tomar en cuenta.

12. MEGATENDENCIAS

Una manera de establecer una correcta mirada hacia el futuro, de desarrollar un análisis prospectivo es buscar aquella información que le permita a una región y mucho más a un país, sobre las tendencias imperantes a nivel mundial, ver cuáles de estas tendrán mayor probabilidad de impacto y en qué medida influirán en la organización país, lo que ya he mencionado anteriormente como estudios de futuro.

La Comisión Económica para América Latina y el Caribe CEPAL (UN) y el Diálogo Interamericano, con el apoyo del Banco Interamericano de Desarrollo BID, promocionan el pensamiento regional de largo plazo. Han presentado una investigación de cómo el mundo está construyendo su visión de futuro y cómo impacta en nuestra región. Esta investigación brinda las bases para el diseño de las estrategias de las organizaciones, tanto públicas como privadas.

Sin embargo estamos rezagados en la región en general en cuanto a la visión estratégica, se desconocen los estudios de tendencias mundiales a largo plazo.

El diseño de políticas se adapta a tendencias cortas, sin programas sobre productividad, esta falta de perspectiva reduce la capacidad de reacción ante sorpresas y torna a los países más vulnerables.

Pensar el futuro no significa hacer predicciones, si se pueden explorar hipótesis plausibles de cómo podrían evolucionar las cosas. Los ejercicios de prospectiva parten de la determinación de las tendencias que parecen ser dominantes. La búsqueda y agrupación de diversos escenarios permiten seleccionar entre distintos mundos posibles. El análisis prospectivo es cualitativo y se basa en múltiples consultas a expertos. En el Diálogo Interamericano, se ha logrado reunir un registro de más de 600 estudios mundiales y sectoriales con perspectiva de largo plazo. Al examinar las principales tendencias a largo plazo, permite definir 6 mega tendencias:

1) Tecnologías disruptivas,

2) escasez de recursos naturales,

3) transformaciones demográficas,

4) urbanización y ciudades,

5) cambio climático,

6) gobernabilidad democrática

Tecnologías disruptivas

Los expertos hablan de una aceleración tecnológica aún más rápida que la ocurrida en el campo computacional. Los gobiernos, científicos y expertos están investigando los efectos de estas tecnologías en la vida de las personas. Se analizan el potencial de las novedades y se estima cuando podrían entrar en aplicación, cuál será el ciclo de vida de cada tecnología y su período probable de maduración comercial. Un ejemplo de vanguardia, es la Universidad de la Singularidad, dedicada a la exploración de tecnologías disruptivas. Los temas que más resaltan en esta temática:

A) trascender las limitaciones físicas, extensión y calidad de vida

B) la energía

C) nuevos materiales y procesos industriales, impresión tridimensional, fabricación aditiva con nanomateriales y tecnologías de la información

D) tecnologías que refuerzan la interconexión humana

E) robótica

Otros: celdas fotovoltaicas, cultivos de precisión, información de la nube, inteligencia artificial, tecnologías para la gestión de megaciudades, innovación en nuevos materiales, en especial el grafeno.

Recursos naturales

El crecimiento demográfico y económico hará que en las próximas décadas se expanda velozmente la demanda de la energía, agua, minerales y alimentos. En África, Asia, y América Latina (AL), se elevará el consumo de alimentos y proteínas, bienes duraderos, electricidad y transporte. Si para 2030 las clases medias del mundo crecen de 2000 a 5000 millones de habitantes el impacto será descomunal. La demanda de recursos naturales en los países en desarrollo se disparará. La de acero, electricidad y transporte en un 100% y el número de autos será sustancial. La FAO prevé que la población alcanzará los 9000 mil para 2050.

Esto implica el aumento de la demanda de productos y creación de nuevos hábitos de consumo debido a la rápida urbanización. La demanda de cereales pasará de 2000 millones a 3000 millones de toneladas y el de carne, de 300 a 500 millones. Esta realidad implica una enorme presión sobre los recursos naturales, el agua y la tierra. La tierra cultivable escasea y se calcula que solo cubrirá el 20% de la demanda de productos alimenticios.

El 80% restante deberá provenir de mejores tecnologías y un mayor rendimiento, eficiencia y ahorro. La escases del agua: el 70% del agua consumida se destina a la agricultura, los escenarios muestran que los mayores problemas serán en Arabia Saudita, China, India, Sudáfrica y zonas áridas de otros países. La composición de la oferta exportable de alimentos es una forma indirecta de comercio internacional de agua, para producir un litro de vino se utilizan 870 litros de agua, una manzana de 125 a 150 gr 125 L, 1kg de pollo 4324 L, 1kg de carne vacuna 15415 L.

A su vez la producción de agua requerirá de más energía, ya sea para desalinizarla, bombearla desde profundidades mayores o trasladarla, la relación agua y energía es cada vez más estrecha.

Los desafíos energéticos y AL: el panorama mundial cambia sin pausa, EEUU reducirá su dependencia externa por su propia producción, Iraq prevé aumentar considerablemente su producción, la energía nuclear tiene adeptos en China, Finlandia, India, Corea, construyendo nuevos reactores. Hay un renovado impulso de las energías renovables. Biocombustibles, eólica, solar. La gran demanda de petróleo provendrá del transporte de países emergentes, por el parque automotriz, que antes de 2035 podría llegar a 1700 millones de vehículos.

La demografía

Del mundo que viene. En el pasado el aumento poblacional se consideraba un obstáculo al desarrollo, hoy si se gestiona bien, los países con población joven y educada, representa una doble ventaja que se conoce como dividendo demográfico. Los cambios demográficos alterarán el poder económico de los países y el equilibrio mundial. El envejecimiento poblacional podría contraer el ahorro y afectar la productividad. Las Naciones Unidas han proyectado escenarios demográficos hasta 2050, 2100, 2300. Si la tasa de fecundidad se redujera a 2, la población mundial llega a 9000 millones en 2050, si se mantiene a 2,5, llegaría a 10600 mil, la diferencia es notable.

En todos los escenarios, la población de países desarrollados permanecerá casi constante en 1200 millones, la gran expansión se producirá en África Subsahariana y, Bangladesh, India, Pakistán, o sea el subdesarrollo. En el otro extremo, la población mundial de más de 60 años aumentará de 780 millones a 2000 millones, de 2010 a 2050. Rusia y Japón reducirán su población, en Europa la población disminuirá pero a distinto ritmo. Los EEUU será el único desarrollado que aumentará. China comenzará a disminuir en 2030 por el 4-2-1, habrá niños sin hermanos, primos sin tíos. La India pasará a China en 2030. Las consecuencias son múltiples, pero la educación tendrá un rol preponderante, tomando en cuenta el dividendo demográfico.

Las clases medias motor de desarrollo: el crecimiento económico y el aumento de la cobertura educacional han ampliado el número de familias que salen de la pobreza, con ingresos dignos, todas las proyecciones lo indican. El Banco Mundial define como pertenecientes a esta clase si ganan entre 10 y 50 dólares al día. En la primera década del milenio esta clase en América Latina creció de 100 a 150 millones, llegó al 29% de la población y llegará a 42% en 2030.

La Organización de Cooperación y Desarrollo Económicos (OCDE), en un estudio en que se proyecta un escenario de 145 países, establece que la clase media aumentaría de 1800 millones en 2009 a 3300 en 2020 y 4900 millones en 2030, la demanda global de estas clases medias crecería de 21 billones de dólares en 2009 a 56 billones en 2030. El 80% de ese incremento acontecería en Asia, lo que provocaría un cambio descomunal, pues hacia allí se desplazaría gran parte de la demanda mundial de consumo e inversión. Asia pasará de 23% de clase media en 2009 a 66% en 2030.

El posicionamiento de los países desarrollados de occidente y Japón dependerá de su capacidad de reducir deuda, mejorar productividad, inversión, capital humano avanzado y tecnología, así como recibir inmigración. En cuanto a los países emergentes, dependerá de la mejora de la educación y de las capacidades en matemáticas y lectura, buenas prácticas de gobierno, reformas estructurales para atraer inversiones, estimular la innovación tecnológica y el esfuerzo en protección social. La gravitación de China crecerá, por sus planes educativos, fuerte inversión, absorción tecnológica. No buscará competir militarmente con EEUU, sino expandir el sistema liberal de comercio e inversión internacional.

Ciudad del futuro

Hacia 2030 más de un 80% de la población mundial vivirá en ciudades. Ese año la población urbana de América Latina superará el 90%, o sea será la mayor concentración mundial, en Asia para 2025 llegará a 53%. Entre 2011 y 2050, la población urbana pasaría de 3600 millones a 6300 millones. Las urbes actuales y nuevas deberán asimilar 1400 mil en Asia, 900 en África y 200 en AL, las consecuencias son complejas de prever.

En la actualidad, las mayores 600 ciudades del mundo albergan 1500 millones y generan el 50% del PBI mundial. Los escenarios señalan que para 2025 ese grupo de urbes absorberán a 2000 mil y generarían más del 60% del PBI.

Se pronostica que las ciudades intensificarán la competencia entre las mismas La planificación estratégica de ciudad será la prioridad para dar respuesta a la competencia. En tanto las empresas seleccionen la urbe en que se instalan en función de sus ventajas, las ciudades deberán apuntar a mejorar servicios, la conectividad, abastecimiento de agua, electricidad, niveles de educación, disponer de técnicos y especialistas, un sistema eficiente y confiable, todo esto apunta al concepto de ciudades inteligentes. Todo lo anterior generaría doble beneficio: mejorar la calidad de vida de los ciudadanos y mejorar la competitividad.

Cambio climático

Las alzas de temperaturas, variaciones pluviométricas, elevación del nivel de las aguas costeras, inundaciones, tornados son consecuencias previsibles del cambio climático, así se advierten en los escenarios de riesgos mundiales. Los principales peligros estarían dados por la falta de agua, que incide en la salud y seguridad alimentaria. Aquí influirá el derretimiento de glaciares, el agotamiento de acuíferos. En algunos escenarios hasta 2050 se indica una caída en el rendimiento de las cosechas, la disminución de los rendimientos en tierras de regadío, el aumento de los precios de los productos cárnicos y la disminución de la disponibilidad de calorías.

Las propuestas para hacer frente a estos riesgos serían:

1) detener la deforestación.

2) elevar el rendimiento agrícola, capacitar productores, generar nuevos sistemas de información y tecnología para luchar con las sequías.

3) construir obras de infraestructura, tales como caminos rurales, embalses.

Empoderamiento y gobierno

La conciencia ciudadana también se acrecentaría, esto se debería a que analfabetismo ha bajado, según UNESCO, la población alfabetizada pasaría de 84% en 2010 al 90% en 2030, se prevé un marcado aumento de la educación superior. El uso de internet creció exponencialmente, para 2012 se estima en 2400 millones tenían acceso, Europa 63%, América del Norte 79%, AL 43%, Asia 23%. Habrá una mayor demanda de bienes públicos en lo que respecta a medio ambiente, educación, salud de calidad, ciudades amables, la libertad y la democracia serán aspiraciones dominantes.

El empoderamiento ciudadano se amplificará con el desarrollo de las clases medias, que elevarán sus demandas de participación y bienestar. La gestión democrática de esta complejidad requerirá Estados que posean los recursos y atribuciones regulatorias que limiten los abusos y promuevan un desarrollo productivo competitivo y sostenible, con protecciones sociales. Se agregarán problemas mundiales como la fragmentación, menor gobernabilidad y mayores posibilidades de conflicto. En 2013 hay casi 4 veces más Estados que en 1945.

13. ¿EN QUE LUGAR DEL MUNDO ESTAMOS?

Para poder desarrollar un plan estratégico de país que nos permita tener un norte certero y trocar décadas de fracasos por un horizonte previsible de crecimiento, una de las acciones que hay que generar es un diagnóstico real del estado de situación de la nación, más allá de lo que creemos que somos, de lo que sería una simple postura política donde desde el oficialismo está casi todo bien, y desde la oposición está casi todo mal, de comentarios livianos sin fundamentos, habría que partir de información dura, que se sustente en datos contrastables y siempre con números que nos permitan comparar, clasificar, establecer rankings, y tomando en cuenta investigaciones y estudios internacionales, mejor aún.

Es así que recorreremos informes internacionales que nos ayudan a ver en qué lugar del mundo estamos y por qué, que explican sin mayor trámite qué somos comparados con el resto del planeta.

Población

De los 10 países con más habitantes y Argentina, año 2020

Países	Población
1. China	1 440 959 000
2. India	1 398 496 000
3. Estados Unidos	330 641 000
4. Indonesia	269 856 000
5. Pakistán	222 017 000
6. Brasil	210 688 000
7. Nigeria	209 058 000
8. Bangladés	179 904 000
9. Rusia	146 710 000
10. México	127 187 00
31. Argentina	45 167 000

Países por superficie (de mayor a menor)

Países	Superficie
1. Rusia	17 100 000 km²
2. Canadá	9 970 000 km²
3. China	9 600 000 km²
4. Estados Unidos	9 160 000 km²
5. Brasil	8 515 000 km²
6. Australia	7 690 000 km²
7. India	3 290 000 km²
8. Argentina	2 780 000 km²
9. Kazajistán	2 725 000 km²
10. Argelia	2 382 000 km²

Producto Bruto Interno

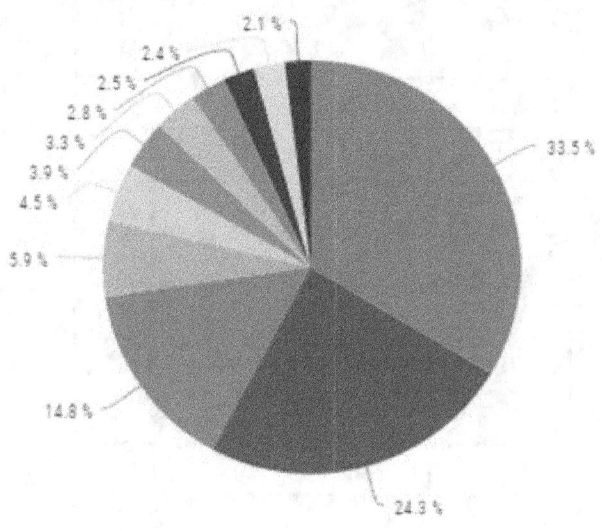

Para noviembre 2020 el PBI pasó a ser U$S 325.000 millones

Inflación y Recesión

Ranking de Inflación		Ranking de Recesión	
País	2019	País	2019
> Venezuela	200.000%	> Venezuela	-35.0%
> Zimbabwe	182.9%	> Libia	-19.1%
> Argentina	57.3%	> Irán	-9.5%
> Sudán	56.9%	> Zimbabwe	-7.1%
> Sudán del Sur	35.9%	> Nicaragua	-5.0%
> Irán	31.1%	> Guinea Ecuatorial	-4.6%
> Liberia	20.6%	> Argentina	-3.1%
> Haití	19.7%	> Sudán	-2.6%
> Angola	17.0%	> Macao	-1.3%
> Uzbekistán	15.6%	> Puerto Rico	-1.1%
> Yemen	15.0%	> Ecuador	-0.5%
> Etiopía	14.5%	> Angola	-0.3%
> Sierra Leona	14.0%	> Namibia	-0.2%
> Turquía	13.5%	> Barbados	-0.1%
> Zambia	12.0%		
> Libia	12.0%		
> Nigeria	11.7%		

Fuente: Ámbito Financiero en base a datos del FMI, octubre 2019

En estos temas en los puestos de vanguardia, inflación 3° y en recesión 7°

Ranking de Competitividad Mundial

El tema de competitividad de una nación ya se ha mencionado incluyendo definiciones de distintos autores de las más variadas procedencias. Se puede decir que fue una primera aproximación teórica, pero con ejemplos muy concretos que avalan los dichos. En este estudio todo lo que se expone son datos basados en información que nos revela en pocas líneas el estado de situación de los países analizados y de la importancia que se le da a la competitividad a nivel mundial, tema que en nuestra agenda nacional no figura en el radar, y por cierto no nos va muy bien que digamos.

El prestigioso Ranking de Competitividad Mundial del IMD (World Competitive Yearbook IMD es elaborado desde 1989 por el Institute for Management Development - IMD, reconocida escuela de negocios ubicada en Suiza. En este ranking se analizan 138 países con una metodología objetiva que prioriza los datos estadísticos y en menor medida los resultados por encuestas, se toman en cuenta 114 índices distribuidos en 12 pilares. Constituye uno de los principales indicadores a nivel mundial sobre la posición competitiva de los países. La publicación anual del IMD ha ganado una reputación a nivel mundial como punto de referencia sobre la competitividad de las naciones. En este ranking se clasifican las economías con respecto a sus niveles de competitividad, es decir, la capacidad que tienen los países de generar prosperidad en su nación al usar todos los recursos disponibles y competencias de su economía.

En el momento que el Informe de Competitividad Global 2016–2017 fue publicado manifiesta lo siguiente: "está siendo lanzado en un momento de creciente desigualdad de ingresos, cada vez mayor tensiones sociales y políticas, y un sentimiento general de incertidumbre sobre el futuro. El crecimiento permanece persistentemente bajo: los precios de los productos básicos han caído, al igual que el comercio externo; los desequilibrios están aumentando; y finanzas del gobierno están estresados.

Crear las condiciones necesarias para reactivar el crecimiento. No podría ser más urgente. Incentivar la innovación es especialmente importante para encontrar un nuevo crecimiento, pero sentando las bases a largo plazo, El crecimiento sostenible requiere trabajar en todos los factores e instituciones identificadas en el Índice Competitividad Global. Aprovechando las oportunidades de la Cuarta Revolución industrial requerirá no solo negocios dispuestos y capaces de innovar, sino también instituciones sólidas, tanto públicas como privadas; infraestructura básica, salud y educación; estabilidad macroeconómica; y que funcione bien, el mercado laboral, financiero y de capital humano. Aunque existe un amplio consenso sobre la importancia de los factores medidos actualmente en el informe, se está emprendiendo un proceso de revisión que busca comprender el impacto de la Cuarta Revolución Industrial sobre medidas de productividad y los motores del crecimiento.

Las herramientas se pueden utilizar para la priorización de políticas. Nos enfrentamos a un gran desafío: cómo construir un mundo más próspero e inclusivo para todos. Como un esfuerzo emblemático de la Iniciativa del Sistema del Foro sobre Crecimiento Económico e inclusión social, y la competitividad global. El informe sirve como herramienta para la colaboración público-privada en agendas de competitividad a largo plazo que contribuyen a este objetivo, el Informe de Competitividad Global 2016–2017 se ha beneficiado de la dedicación y colaboración de 160 institutos asociados en todo el mundo.

La metodología del "IMD World Competitive Yearbook tiene como base una amplia investigación que utiliza literatura económica, fuentes internacionales, nacionales y regionales, comentarios de la comunidad empresarial, agencias gubernamentales y académicos.

Las variables seleccionadas son revisadas y actualizadas de manera regular a medida que nuevas teorías, investigaciones y datos están disponibles. De estas variables, el 76% son usadas para calcular el ranking global de competitividad. El 24% restante son presentadas como información histórica. Los indicadores son de base estadísticos que analizan la competitividad (como por ejemplo el PBI Real), y resultados de encuestas realizadas a gerentes de cómo perciben la competitividad y la economía del país. La clasificación de los indicadores es la siguiente:

• Información estadística (55%): las estadísticas provienen de organizaciones internacionales (FMI, Banco Mundial, OECD, OIT, etc.), instituciones privadas (CB Richard Ellis, Mercer HR Consulting, PriceWaterhouseCoopers. etc) y fuentes públicas y nacionales que son recogidas a través de las instituciones socias.

• Resultados de encuestas (45%): Conformado por la encuesta anual que se les pregunta a los ejecutivos empresariales de niveles medio o alto para evaluar la situación de sus países originales respondiendo a un cuestionario.

El rendimiento de cada economía se evalúa para cada criterio utilizando el Método de Desviación Estándar (SDM en sus siglas en inglés). En la mayoría de los casos, un valor más alto es mejor, por ejemplo, para el Producto Interno Bruto. La economía con el valor estandarizado más alto se clasifica primero mientras que la que tiene el valor más bajo es la última. Sin embargo, en algunos criterios el valor más bajo es el más competitivo, como es el caso de la inflación de precios al consumidor. En estos casos se usa una clasificación inversa: la economía con el valor estandarizado más alto se clasifica en último lugar y la que tiene el valor más bajo es la primera.

Los doce pilares de la competitividad.

Definimos competitividad, dice el IMD, como el conjunto de instituciones, políticas y factores que determinan el nivel de productividad de un país. El nivel de productividad, a su vez, establece el nivel de prosperidad que puede alcanzar una economía. El nivel de productividad también determina las tasas de rendimiento obtenidas por inversiones en una economía, que a su vez son los impulsores fundamentales de su crecimiento. En otras palabras, una economía más competitiva es una que probablemente crezca más rápido con el tiempo. Los componentes se agrupan en 12 categorías, los pilares de la competitividad:

1° pilar: Instituciones

El entorno institucional de un país depende de la eficiencia y el comportamiento de los sectores público y privado y las partes interesadas El marco legal y administrativo dentro del cual interactúan individuos, empresas y gobiernos determina la calidad de las instituciones públicas de un país y tiene una fuerte influencia en la competitividad y el crecimiento. Influye en las decisiones de inversión y en la organización de la producción y juega un papel clave en las formas en que las sociedades distribuyen los beneficios y soportan los costos de las estrategias y políticas de desarrollo.

2° pilar: Infraestructura

Una infraestructura extensa y eficiente es crítica para asegurar el funcionamiento efectivo de la economía. Modos de transporte efectivos, incluyendo alta calidad, carreteras, ferrocarriles, puertos y transporte aéreo: habilita a los empresarios para llevar sus bienes y servicios a comercializar de manera segura y oportuna y facilitar el movimiento de los trabajadores hacia los trabajos más adecuados.

Las economías también dependen de los suministros de electricidad que no deben sufrir interrupciones y escasez para que las empresas y las fábricas puedan funcionar sin obstáculos. Finalmente, una sólida y extensa red de telecomunicaciones permite un flujo de información rápido y libre, que aumenta la eficiencia de la económica general al ayudar a asegurar que las empresas pueden comunicarse y se toman decisiones por actores económicos teniendo disponible toda la información relevante.

3° pilar: entorno macroeconómico

La estabilidad del entorno macroeconómico es importante para los negocios y, por lo tanto, es importante para la competitividad general de un país. Aunque es claramente cierto que la estabilidad macroeconómica por sí sola no puede aumentar la productividad de una nación, también se reconoce el desorden macroeconómico perjudica a la economía. El gobierno no puede proporcionar servicios de manera eficiente si tiene que pagar altos intereses de sus deudas pasadas. El déficit fiscal limita la capacidad futura del gobierno de reaccionar ante los ciclos de los negocios. Las empresas no pueden operar eficientemente cuando la inflación está fuera de control. En resumen, la economía no puede crecer de manera sostenible a menos que el entorno macro sea estable.

4° pilar: salud y educación primaria

Una fuerza laboral saludable es vital para la competitividad de un país y productividad. Los trabajadores enfermos no pueden funcionar a su potencial y será menos productivo. Una salud pobre conlleva costos significativos para las empresas, ya que si están enfermos los trabajadores, a menudo están ausentes u operan en niveles más bajos de eficiencia. Además de la salud, este pilar toma en cuenta la cantidad y calidad de la educación básica recibida por la población, que es cada vez más importante en la economía de hoy. La educación básica aumenta la eficiencia de cada trabajador individual.

5° pilar: educación superior y formación

La educación y formación superior de calidad es crucial para economías que quieren ascender en la cadena de valor más allá de procesos de producción y productos simples. En particular, La economía globalizada de hoy requiere que los países cuiden grupos de trabajadores bien educados que pueden realizar tareas complejas y adaptarse rápidamente a su cambio de entorno y las necesidades cambiantes de la producción sistema.

Este pilar mide las tasas de matriculación secundaria y terciaria, así como la calidad de la educación según lo evaluado por los líderes empresariales. El alcance del personal, la formación también se tiene en cuenta debido a la importancia de la educación profesional y continua en el trabajo, que se descuida en muchas economías, para asegurar una mejora constante de las habilidades de los trabajadores.

6° pilar: eficiencia del mercado de bienes

Los países con mercados de bienes eficientes están bien posicionados para producir la combinación correcta de productos y servicios dada su oferta y demanda particulares, así como para garantizar que estos bienes puedan ser comercializados más efectivamente en la economía. La competencia, tanto nacional como extranjera, es importante para impulsar la eficiencia del mercado y, por lo tanto, la productividad empresarial. Los bienes demandados por el mercado, son aquellos que prosperan. La eficiencia del mercado también depende de las condiciones de la demanda, como la orientación al cliente y la sofisticación del comprador.

Por razones culturales o históricas, los clientes pueden ser más exigentes en algunos países que en otros. Esta puede crear una importante ventaja competitiva, ya que obliga a las empresas a ser más innovadoras y orientadas al cliente y, por lo tanto, impone la disciplina necesaria para eficiencia a alcanzar en el mercado.

7° pilar: eficiencia del mercado laboral

La eficiencia y flexibilidad del mercado laboral son críticos para asegurar que los trabajadores sean asignados de manera más efectiva en la economía y provisto de incentivos para dar su mejor esfuerzo en sus trabajos. Por lo tanto, los mercados deben tener la flexibilidad para cambiar trabajadores de una actividad económica a otra rápidamente y a bajo costo, y para permitir fluctuaciones salariales sin mucha interrupción social.

Mercados laborales eficientes también deben garantizar incentivos claros y fuertes para los empleados y promover la meritocracia en el lugar de trabajo, y debe proporcionar equidad en el entorno empresarial entre mujeres y hombres. Tomados en conjunto estos factores deben tener un efecto positivo en el desempeño del trabajador y el atractivo del país para el talento, dos aspectos del mercado laboral que cada vez es más importante. La escasez de talento se vislumbra en el horizonte.

8° pilar: desarrollo del mercado financiero

Un sector financiero eficiente asigna los recursos ahorrados por la población de una nación, así como por aquellos que ingresan a la economía desde el extranjero, al emprendedor o proyectos de inversión con las tasas de rendimiento más altas esperadas.

La inversión empresarial es crítica para la productividad. Por lo tanto las economías requieren mercados financieros sofisticados que puede poner a disposición capital para la inversión del sector privado de fuentes tales como préstamos de una banca sólida, bolsas de valores bien reguladas, y otros productos financieros. Para cumplir todas esas funciones, el sector bancario necesita ser confiable y transparente, y, como se ha hecho tan claro recientemente: los mercados financieros necesitan regulación para proteger a los inversores y otros actores en la economía en general.

9° pilar: preparación tecnológica

El pilar de preparación tecnológica mide la agilidad con el cual una economía adopta las tecnologías existentes para mejorar la productividad de sus industrias, con énfasis en su capacidad para aprovechar completamente la información y tecnologías de la comunicación (TIC) en las actividades diarias y procesos de producción para aumentar la eficiencia y permitiendo la innovación para la competitividad.

Si la tecnología utilizada ha sido desarrollada o no en las fronteras nacionales son irrelevantes por su capacidad para mejorar productividad. El punto central es que las empresas que operan en el país necesitan tener acceso a productos avanzados y planos y la capacidad de absorberlos y usarlos. Entre las principales fuentes de tecnología extranjera, la IED a menudo juega un papel clave, especialmente para países con menos etapa avanzada de desarrollo tecnológico.

10° pilar: tamaño del mercado

El tamaño del mercado afecta la productividad ya que los mercados grandes permiten a las empresas explotar las economías de escala. Tradicionalmente, los mercados disponibles para las empresas han sido limitados por las fronteras nacionales. En la era de la globalización, los mercados internacionales se han convertido en un sustituto de mercados internos, especialmente para países pequeños.

Así las exportaciones pueden considerarse como un sustituto de la demanda nacional para determinar el tamaño del mercado para las empresas de un país. Al incluir tanto mercados nacionales como extranjeros en nuestra medida del tamaño del mercado, damos crédito a economías orientadas a la exportación y áreas geográficas (como la Unión Europea) que se dividen en muchos países pero tienen un mercado común único.

11°: sofisticación empresarial

La sofisticación empresarial se refiere a dos elementos que están intrínsecamente vinculados: la calidad general de las redes comerciales de un país y la calidad de las empresas individuales, operaciones y estrategias. Estos factores son especialmente importantes para los países en una etapa avanzada de desarrollo. La calidad de las redes comerciales de un país y las industrias de apoyo, según lo medido por la cantidad y la calidad de los proveedores locales y el alcance de su interacción, es importante por una variedad de razones. Cuando las empresas y proveedores de un sector en particular son interconectados en grupos geográficamente próximos, la eficiencia es mayor, son mayores las oportunidades de innovación en procesos y productos que se crean, y las barreras de entrada para nuevas empresas son menores.

12°: innovación.

El último pilar se centra en la innovación. La innovación es particularmente importante para las economías a medida que se acercan las fronteras del conocimiento. En estas economías, las empresas deben diseñar y desarrollar productos y procesos de vanguardia para mantener una ventaja competitiva y avanzar aún más en actividades de valor agregado. Esta progresión requiere un entorno propicio para la actividad innovadora y con el apoyo de los sectores público y privado.

En particular, significa una inversión suficiente en investigación y desarrollo (I + D), especialmente por parte del sector privado; la presencia de instituciones de investigación científica de alta calidad que puede generar el conocimiento básico necesario para construir las nuevas tecnologías; amplia colaboración en investigación y desarrollos tecnológicos entre universidades e industria; y la protección de la propiedad intelectual.

La interrelación de los 12 pilares.

Aunque informamos los resultados de los 12 pilares de competitividad por separado, es importante tener en cuenta que no son independientes: tienden a reforzarse mutuamente y una debilidad en un área a menudo tiene un impacto negativo en los demás.

El Índice de Competitividad Global 2016–2017 Rankings

Posición	País
1	Suiza
2	Singapur
3	Estados Unidos
4	Países Bajos
5	Alemania
6	Suecia
7	Reino Unido
8	Japon
9	Hong Kong
10	Finlandia
104	Argentina

¿Dónde estamos? En el puesto 104°.

En América Latina y el Caribe estamos en el puesto 17°

En el siguiente cuadro lo que vemos es que lugar estamos en cada uno de los 12 pilares

Índice de Competitividad Global	104
Subíndice A: Requisitos básicos	110
1er pilar: Instituciones	130
2do pilar: Infraestructura	85
3er pilar: Ambiente macroeconómico	130
4to pilar: salud y educación primaria	63
Subíndice B: potenciadores de la eficiencia	82
5to pilar: La educación y la formación superior	40
6to pilar: Eficiencia del mercado de bienes	135
7mo pilar: Eficiencia del mercado laboral	130
8vo pilar: eficiencia del mercado financiero	127
9no pilar: preparación tecnológica	69
10mo pilar: Tamaño de mercado	28
Subíndice C: Factores de innovación y sofisticación	87
11vo pilar: sofisticación empresarial	88
12vo pilar: Innovación	81

Factores más problemáticos para hacer negocios

El informe hace una clara clasificación de los factores que
más impactan con la debida ponderación y como vemos es

una radiografía de los temas que hacen a nuestro fracaso de los últimos 70 años.

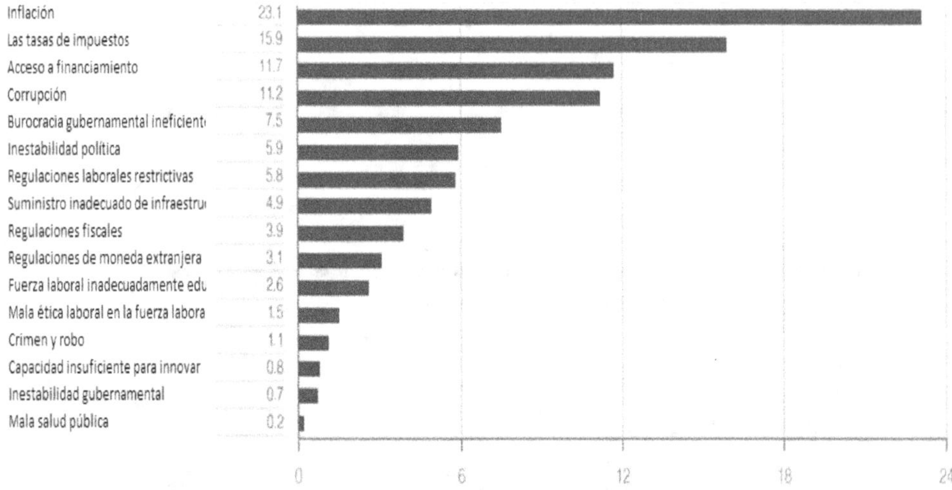

Ranking mundial de talento

Otro trabajo que elabora el Centro de Competitividad Mundial del IMD, es el ranking mundial de talento, en el que sus especialistas consideran la capacidad de 63 economías de todo el mundo para desarrollarlo, retenerlo, y atraer a la fuerza laboral internacional. Para elaborar este listado utilizan un amplio conjunto de indicadores que miden diferentes aspectos de la economía, los niveles de empleo, el costo de vida, las tasas impositivas. La Argentina estuvo incluida en la investigación, que arrojó para el país una conclusión esperada, ya que se mantiene en el último cuarto de la tabla.

154

El ranking se basa en el desempeño de los países en tres grandes categorías: inversión y desarrollo; calidad y costo de vida; preparación o formación. Para cada una de estas áreas se asigna un puntaje y, con el promedio de las tres, se obtiene el resultado final. Es así que la Argentina obtuvo el puesto 48, siendo los primeros los siguientes: Suiza, Dinamarca, Suecia, Austria, Luxemburgo, Noruega, Islandia, Finlandia, Holanda, Singapur, Alemania, EE.UU. Como suele suceder el primero de Latinoamérica es Chile.

El recurso de inversión y desarrollo, mide los recursos comprometidos para cultivar capital humano de cosecha propia. Como podemos ver en este ítem quedamos en el puesto 43. Aquí se contempla el gasto público total en educación, la cantidad de maestros que hay por cada estudiante, el nivel de aprendizaje, la capacitación laboral y la infraestructura en salud. El factor de calidad y costo de vida evalúa hasta qué punto un país atrae talento local y extranjero.

Quedamos en el puesto 50, se contempla la capacidad de las empresas para atraer a estos talentos, la motivación para los egresados en permanecer en el país, la remuneración de los profesionales y el respeto a los derechos de la propiedad. Finalmente, el factor de preparación, cualifica la calidad de las habilidades y competencias disponibles de un país, nuestra posición 52. Aquí se incluye el crecimiento de la fuerza laboral, el nivel del sistema de educación actual, el nivel de ciencia de la escuela, la capacidad de hablar otros idiomas y los asesoramientos a nivel educacional.

En definitiva de 63 países, estamos en el puesto 48°

Rango General 2019		cambio de un año	puntaje general 2019	Rangos de Factores 2019		
				Inversión y Desarrollo	Apelación	Preparación
31	Eslovenia	- 1	64.16	22	42	30
32	España	- 1	63.59	35	22	41
33	Rep. de Corea	-	62.54	19	41	34
34	Letonia	+ 1	62.08	12	48	40
35	Japón	- 6	61.59	30	26	49
36	Italia	- 4	60.79	31	38	37
37	Polonia	+ 1	58.83	27	46	45
38	Kazajstán	+ 2	57.98	39	39	38
39	República Checa	- 2	56.92	40	45	39
40	Grecia	+ 4	54.77	37	51	44
41	Indonesia	+ 4	54.47	51	24	42
42	China continental	- 3	54.02	42	55	31
43	Tailandia	- 1	53.84	49	30	43
44	Ucrania	+ 4	52.67	18	60	51
45	Hungría	+ 4	50.28	33	56	57
46	Chile	- 3	49.97	50	34	46
47	Rusia	- 1	49.20	45	59	36
48	Argentina	- 1	49.10	43	50	52

El Informe sobre Desarrollo Humano 2019

Constituye la edición 2019 de la serie de Informes sobre Desarrollo Humano publicados a escala mundial por el Programa de las Naciones Unidas para el Desarrollo (PNUD) desde 1990. Estos informes ofrecen una explicación independiente, analítica y basada en datos empíricos sobre los principales problemas, tendencias y políticas en el ámbito del desarrollo.

El desarrollo humano puede entenderse como la expansión de las capacidades de las personas y de sus libertades reales, es decir la ampliación de sus alternativas de vida. Este es un concepto más abarcador que los conceptos convencionales de desarrollo. Durante mucho tiempo, el crecimiento del ingreso per cápita de los países ha sido la principal preocupación de las políticas, las teorías y las mediciones del desarrollo. Sin embargo, el foco comenzó a cambiar paulatinamente a partir de 1990 con la adopción del enfoque del desarrollo humano por parte del Programa de las Naciones Unidas para el Desarrollo (PNUD), un enfoque basado principalmente en el trabajo del premio Nobel de economía Amartya Sen.

Según el enfoque del desarrollo humano, el bienestar de las personas es más que su nivel de ingresos. El bienestar incluye otros aspectos, como tener una buena nutrición y servicios médicos que permitan gozar de una vida larga y saludable; una mejor educación que posibilite más conocimientos; buenas condiciones de trabajo y tiempo de descanso gratificante; protección contra la violencia, y un sentimiento de participación en la comunidad de pertenencia.

Todas estas dimensiones también hacen al desarrollo humano. En otras palabras, más allá del ingreso y los bienes a los que puede acceder una persona, el desarrollo de sus capacidades —es decir, qué puede hacer, lograr o alcanzar a través del acceso a los bienes— influirá en gran medida en su nivel de bienestar.

Es importante recordar que en todo momento a partir de desarrollar un Plan Estratégico de País, de pensar estratégicamente, estamos abarcando todas las áreas que hacen a la vida de una nación, es per se un abordaje sistémico y con un horizonte de mediano y largo plazo. Entre nosotros los argentinos hemos hablado por décadas de planes económicos que en sus planteos teóricos pregonaban que por efecto cascada, o derrame, o por el mercado, o porque Dios es argentino todo lo demás se acomodaba para bien, casi mágicamente.

Si bien el desarrollo humano es un concepto complejo, su indicador más conocido, el Índice de Desarrollo Humano (IDH), considera tres dimensiones básicas: gozar de una vida larga y saludable (salud), acceder al conocimiento necesario para un buen desempeño social y laboral (educación), y tener un nivel de vida decente (ingreso).

Una vida larga y saludable es una de las aspiraciones elementales de todo ser humano; los planes y ambiciones de una persona dependen de que pueda vivir lo suficiente, y suficientemente bien, para desarrollar sus capacidades y talentos y materializar sus proyectos. A su vez, la educación es imprescindible para ampliar las oportunidades de las personas y formar sus capacidades.

Para que una persona pueda efectivamente elegir su modo de vida, se requiere también de habilidades como poder leer, comprender y expresarse, y una cantidad creciente de conocimientos básicos para llevar adelante una vida productiva en la sociedad moderna, así como para desarrollar capacidades que estimulen y amplíen la reflexión, la creatividad y el pensamiento crítico. Por último, para conseguir un nivel de vida decente, las personas deben tener acceso a un conjunto de bienes y servicios que les permitan alimentarse, educarse, transportarse, y tener un techo bajo el que vivir. En las sociedades modernas, el nivel de ingreso determina en gran medida el acceso a bienes y servicios, y dicho ingreso depende de la capacidad productiva del país.

Considero que esta mirada integradora que tiene el concepto Desarrollo Humano debería estar más que presente en la agenda nacional como una condición sine qua non, y nosotros como sociedad demandar a nuestros referentes políticos a que lo tomen como propia y trabajen en función del mismo.

En este índice estamos en el puesto 48°

Índices de desarrollo humano

	Índice de Desarrollo Humano	IDH ajustado por la Desigualdad			Índice de Desarrollo de Género		Índice de Desigualdad de Género		Índice de Pobreza Multidimensional[a]			
	Valor	Valor	Pérdida total (%)	Diferencia respecto a la clasificación en el IDH	Valor	Grupo[b]	Valor	Puesto	Valor	Recuento (%)	Intensidad de la privación (%)	Año y encuesta[c]
Clasificación según el IDH	2018	2018	2018	2018	2018	2018	2018	2018	2007-2018[d]	2007-2018[d]	2007-2018	2007-2018[d]
DESARROLLO HUMANO MUY ALTO												
1 Noruega	0,954	0,889	6,8	0	0,990	1	0,044	5	..	..	..	
2 Suiza	0,946	0,882	6,8	-1	0,963	2	0,037	1	..	..	..	
3 Irlanda	0,942	0,865	8,2	-6	0,975	2	0,093	22	..	..	..	
4 Alemania	0,939	0,861	8,3	-7	0,968	2	0,084	19	..	..	..	
4 Hong Kong, China (RAE)	0,939	0,815	13,2	-17	0,963	2	..	..	..	..	..	
6 Australia	0,938	0,852	8,1	-4	0,975	1	0,103	25	..	..	..	
6 Islandia	0,938	0,885	5,7	4	0,966	2	0,057	9	..	..	..	
8 Suecia	0,937	0,874	6,7	2	0,982	1	0,040	2	..	..	..	
9 Singapur	0,935	0,810	13,3	-14	0,988	1	0,065	11	..	..	..	
10 Países Bajos	0,933	0,870	6,8	2	0,967	2	0,041	4	..	..	..	
11 Dinamarca	0,930	0,873	6,1	4	0,980	1	0,040	2	..	..	..	
12 Finlandia	0,925	0,876	5,3	7	0,990	1	0,050	7	..	..	..	
13 Canadá	0,922	0,841	8,8	-4	0,989	1	0,083	18	..	..	..	
14 Nueva Zelandia	0,921	0,836	9,2	-4	0,963	2	0,133	34	..	..	..	
15 Reino Unido	0,920	0,845	8,2	0	0,967	2	0,119	27	..	..	..	
15 Estados Unidos de América	0,920	0,797	13,4	-13	0,991	1	0,182	42	..	..	..	
17 Bélgica	0,919	0,849	7,6	3	0,972	2	0,045	6	..	..	..	
18 Liechtenstein	0,917	..	..	..	..	..	..	..	..	..	..	
19 Japón	0,915	0,882	3,6	15	0,976	1	0,099	23	..	..	..	
20 Austria	0,914	0,843	7,7	3	0,963	2	0,073	14	..	..	..	
21 Luxemburgo	0,909	0,822	9,5	1	0,970	2	0,078	16	..	..	..	
22 Israel	0,906	0,809	10,8	-3	0,972	2	0,100	24	..	..	..	
22 República de Corea	0,906	0,777	14,3	-9	0,934	3	0,058	10	..	..	..	
24 Eslovenia	0,902	0,858	4,8	11	1,003	1	0,069	12	..	..	..	
25 España	0,893	0,765	14,3	-13	0,981	1	0,074	15	..	..	..	
26 Chequia	0,891	0,850	4,6	12	0,983	1	0,137	35	..	..	..	
26 Francia	0,891	0,809	9,2	1	0,984	1	0,051	8	..	..	..	
28 Malta	0,885	0,815	8,0	6	0,965	2	0,195	44	..	..	..	
29 Italia	0,883	0,776	12,1	-4	0,967	2	0,069	12	..	..	..	
30 Estonia	0,882	0,818	7,2	9	1,016	1	0,091	21	..	..	..	

		Índice de Desarrollo Humano	IDH ajustado por la Desigualdad				Índice de Desarrollo de Género		Índice de Desigualdad de Género		Índice de Pobreza Multidimensional[a]			
		Valor	Valor	Pérdida total (%)	Diferencia respecto a la clasificación en el IDH[b]	Valor	Grupo[c]	Valor	Puesto	Valor	Recuento (%)	Intensidad de la privación (%)	Año y encuesta[d]
Clasificación según el IDH		2018	2018	2018	2018	2018	2018	2018	2018	2007-2018[e]	2007-2018[e]	2007-2018	2007-2018[e]
DESARROLLO HUMANO MUY ALTO													
31	Chipre	0,873	0,788	9,7	1	0,983	1	0,086	20	..	..	..	
32	Grecia	0,872	0,766	12,2	-5	0,963	2	0,122	31	..	..	..	
32	Polonia	0,872	0,801	8,1	4	1,009	1	0,120	30	..	..	..	
34	Lituania	0,869	0,775	10,9	-1	1,028	2	0,124	33	..	..	..	
35	Emiratos Árabes Unidos	0,866	..	..		0,965	2	0,113	26	..	..	..	
36	Andorra	0,857	..	..		..	..	..	..	..	..	..	
36	Arabia Saudita	0,857	..	..		0,879	5	0,224	49	..	..	..	
36	Eslovaquia	0,857	0,804	6,2	8	0,992	1	0,190	43	..	..	..	
39	Letonia	0,854	0,775	9,1	3	1,030	2	0,169	40	..	..	..	
40	Portugal	0,850	0,742	12,7	-6	0,984	1	0,081	17	..	..	..	
41	Qatar	0,848	..	..		1,043	2	0,202	45	..	..	..	
42	Chile	0,847	0,696	17,8	-14	0,962	2	0,288	62	..	..	..	
43	Brunei Darussalam	0,845	..	..		0,987	1	0,234	51	..	..	..	
43	Hungría	0,845	0,777	8,0	8	0,984	1	0,258	56	..	..	..	
45	Bahrein	0,838	..	..		0,937	3	0,207	47	..	..	..	
46	Croacia	0,837	0,768	8,3	4	0,989	1	0,122	31	..	..	..	
47	Omán	0,834	0,725	13,1	-3	0,943	3	0,304	65	..	..	..	
48	Argentina	0,830	0,714	14,0	4	0,988	1	0,354	77	..	..	..	
49	Federación de Rusia	0,824	0,743	9,9	1	1,015	1	0,255	54	..	..	..	
50	Belarús	0,817	0,765	6,4	6	1,010	1	0,119	27	..	..	..	
50	Kazajstán	0,817	0,759	7,1	4	0,999	1	0,203	46	0,002[f]	0,5[f]	35,6[f]	2015[M]
52	Bulgaria	0,816	0,714	12,5	0	0,993	1	0,218	48	..	..	..	
52	Montenegro	0,816	0,746	8,6	5	0,966	2	0,119	27	0,002[f]	0,4[f]	45,7[f]	2013[M]
52	Rumania	0,816	0,725	11,1	2	0,966	1	0,316	69	..	..	..	
55	Palau	0,814	..	..		..	..	..	..	..	..	..	
56	Barbados	0,813	0,675	17,0	-10	1,010	1	0,256	55	0,009[g]	2,5[g]	34,2[g]	2012[M]
57	Kuwait	0,808	..	..		0,993	1	0,245	53	..	..	..	
57	Uruguay	0,808	0,703	13,0	0	1,016	1	0,275	59	..	..	..	

Doing Business

Doing Business 2020, una publicación insignia del Grupo Banco Mundial, es la 17ª edición de una serie de estudios anuales que evalúan las regulaciones que favorecen o restringen la actividad empresarial. Se compone de indicadores cuantitativos sobre las regulaciones empresariales y la protección de los derechos de propiedad que se pueden comparar en 190 economías, desde Afganistán hasta Zimbabue, a través del tiempo.

Doing Business analiza las regulaciones que afectan 12 áreas del ciclo de vida de una empresa. Diez de estas áreas están incluidas en el puntaje y la clasificación sobre la facilidad para hacer negocios: apertura de una empresa, manejo de permisos de construcción, obtención de electricidad, registro de propiedades, obtención de crédito, protección de los inversionistas minoritarios, pago de impuestos, comercio transfronterizo, cumplimiento de contratos y resolución de insolvencia. También mide la regulación del mercado laboral y las contrataciones con el gobierno, estas áreas no están incluidas en el puntaje y la clasificación de este año sobre la facilidad para hacer negocios.

Al documentar cambios regulatorios en 12 áreas de la actividad empresarial, en 190 economías, analiza regulaciones que fomentan la eficiencia y la libertad de hacer negocios. Los datos recopilados abordan tres preguntas sobre los gobiernos. Primero, ¿cuándo cambian los gobiernos la regulación para desarrollar su sector privado? Segundo, ¿cuáles son las características de los gobiernos que implementan reformas? Tercero, ¿cuáles son los efectos del cambio regulatorio en diferentes aspectos de la actividad económica y de la inversión? Responder estas preguntas aumenta el conocimiento sobre desarrollo.

¿Qué se mide en Doing Business?

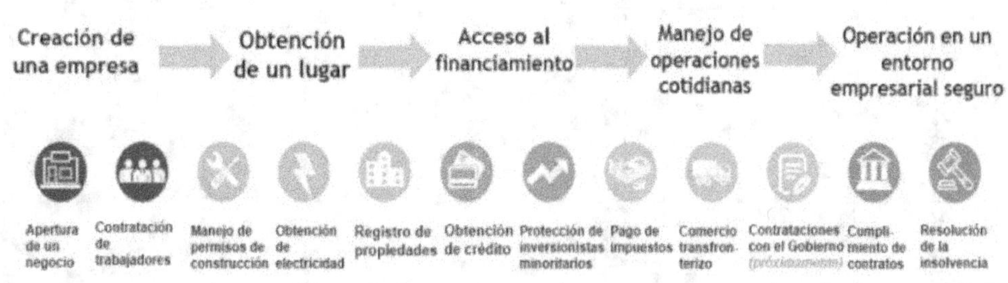

Rank	Economy	DB score	Rank	Economy	DB score	Rank	Economy	DB score
1	New Zealand	86.8	65	Puerto Rico (U.S.)	70.1	128	Barbados	57.9
2	Singapore	86.2	66	Brunei Darussalam	70.1	129	Ecuador	57.7
3	Hong Kong SAR, China	85.3	67	Colombia	70.1	130	St. Vincent and the Grenadines	57.1
4	Denmark	85.3	68	Oman	70.0	131	Nigeria	56.9
5	Korea, Rep.	84.0	69	Uzbekistan	69.9	132	Niger	56.8
6	United States	84.0	70	Vietnam	69.8	133	Honduras	56.3
7	Georgia	83.7	71	Jamaica	69.7	134	Guyana	55.5
8	United Kingdom	83.5	72	Luxembourg	69.6	135	Belize	55.5
9	Norway	82.6	73	Indonesia	69.6	136	Solomon Islands	55.3
10	Sweden	82.0	74	Costa Rica	69.2	137	Cabo Verde	55.0
11	Lithuania	81.6	75	Jordan	69.0	138	Mozambique	55.0
12	Malaysia	81.5	76	Peru	68.7	139	St. Kitts and Nevis	54.6
13	Mauritius	81.5	77	Qatar	68.7	140	Zimbabwe	54.5
14	Australia	81.2	78	Tunisia	68.7	141	Tanzania	54.5
15	Taiwan, China	80.9	79	Greece	68.4	142	Nicaragua	54.4
16	United Arab Emirates	80.9	80	Kyrgyz Republic	67.8	143	Lebanon	54.3
17	North Macedonia	80.7	81	Mongolia	67.8	144	Cambodia	53.8
18	Estonia	80.6	82	Albania	67.7	145	Palau	53.7
19	Latvia	80.3	83	Kuwait	67.4	146	Grenada	53.4
20	Finland	80.2	84	South Africa	67.0	147	Maldives	53.3
21	Thailand	80.1	85	Zambia	66.9	148	Mali	52.9
22	Germany	79.7	86	Panama	66.6	149	Benin	52.4
23	Canada	79.6	87	Botswana	66.2	150	Bolivia	51.7
24	Ireland	79.6	88	Malta	66.1	151	Burkina Faso	51.4
25	Kazakhstan	79.6	89	Bhutan	66.0	152	Mauritania	51.1
26	Iceland	79.0	90	Bosnia and Herzegovina	65.4	153	Marshall Islands	50.9
27	Austria	78.7	91	El Salvador	65.3	154	Lao PDR	50.8
28	Russian Federation	78.2	92	San Marino	64.2	155	Gambia, The	50.3
29	Japan	78.0	93	St. Lucia	63.7	156	Guinea	49.4
30	Spain	77.9	94	Nepal	63.2	157	Algeria	48.6
31	China	77.9	95	Philippines	62.8	158	Micronesia, Fed. Sts.	48.1
32	France	76.8	96	Guatemala	62.6	159	Ethiopia	48.0
33	Turkey	76.8	97	Togo	62.3	160	Comoros	47.9

#			#			#		
34	Azerbaijan	76.7	98	Samoa	62.1	161	Madagascar	47.7
35	Israel	76.7	99	Sri Lanka	61.8	162	Suriname	47.5
36	Switzerland	76.6	100	Seychelles	61.7	163	Sierra Leone	47.5
37	Slovenia	76.5	101	Uruguay	61.5	164	Kiribati	46.9
38	Rwanda	76.5	102	Fiji	61.5	165	Myanmar	46.8
39	Portugal	76.5	103	Tonga	61.4	166	Burundi	46.8
40	Poland	76.4	104	Namibia	61.4	167	Cameroon	46.1
41	Czech Republic	76.3	105	Trinidad and Tobago	61.3	168	Bangladesh	45.0
42	Netherlands	76.1	106	Tajikistan	61.3	169	Gabon	45.0
43	Bahrain	76.0	107	Vanuatu	61.1	170	São Tomé and Príncipe	45.0
44	Serbia	75.7	108	Pakistan	61.0	171	Sudan	44.8
45	Slovak Republic	75.6	109	Malawi	60.9	172	Iraq	44.7
46	Belgium	75.0	110	Côte d'Ivoire	60.7	173	Afghanistan	44.1
47	Armenia	74.5	111	Dominica	60.5	174	Guinea-Bissau	43.2
48	Moldova	74.4	112	Djibouti	60.5	175	Liberia	43.2
49	Belarus	74.3	113	Antigua and Barbuda	60.3	176	Syrian Arab Republic	42.0
50	Montenegro	73.8	114	Egypt, Arab Rep.	60.1	177	Angola	41.3
51	Croatia	73.6	115	Dominican Republic	60.0	178	Equatorial Guinea	41.1
52	Hungary	73.4	116	Uganda	60.0	179	Haiti	40.7
53	Morocco	73.4	117	West Bank and Gaza	60.0	180	Congo, Rep.	39.5
54	Cyprus	73.4	118	Ghana	60.0	181	Timor-Leste	39.4
55	Romania	73.3	119	Bahamas, The	59.9	182	Chad	36.9
56	Kenya	73.2	120	Papua New Guinea	59.8	183	Congo, Dem. Rep.	36.2
57	Kosovo	73.2	121	Eswatini	59.5	184	Central African Republic	35.6
58	Italy	72.9	122	Lesotho	59.4	185	South Sudan	34.6
59	Chile	72.6	123	Senegal	59.3	186	Libya	32.7
60	Mexico	72.4	124	Brazil	59.1	187	Yemen, Rep.	31.8
61	Bulgaria	72.0	125	Paraguay	59.1	188	Venezuela, RB	30.2
62	Saudi Arabia	71.6	126	Argentina	59.0	189	Eritrea	21.6
63	India	71.0	127	Iran, Islamic Rep.	58.5	190	Somalia	20.0
64	Ukraine	70.2						

Los datos de Doing Business 2020 están actualizados al 1 de mayo de 2019.

¿En qué lugar estamos? 126°

Los mercados emergentes más riesgosos

La influyente revista The Economist en su flamante edición online elaboró un ranking de 66 países que ubica a la Argentina como el décimo de mayor riesgo, sólo superado en nivel de riesgo por Venezuela (al fondo de la tabla), Líbano (que ya entró en default por el no pago de un Eurobono),

Bahrein, Angola, Sierra Leona, Túnez, Mongolia y Omán. De los países sudamericanos, además de Perú, que aparece en el cuarto lugar del ranking de mercados seguros, los países considerados de menor riesgo son Paraguay y Bolivia, que aventajan por varios cuerpos al lote siguiente, integrado por México, Colombia, Brasil, Chile y, un poco más atrás, Uruguay.

Se consideran cuatro variables: deuda pública total, deuda en moneda extranjera, el costo de financiamiento y la cobertura de reservas. Curiosamente, para el caso argentino, el nivel de deuda pública total (en pesos y en dólares) le alarma más que la deuda en moneda extranjera, y la señal negativa que más destaca es el costo financiero, esto es, el llamado riesgo-país.

Con la pandemia de coronavirus en pleno proceso de destrucción, la pregunta en los círculos económicos y financieros es quién será el próximo en pedir ayuda, dice The Economist, y precisa que más de 100 países ya la pidieron al FMI, que aprobó 40 créditos de rápido desembolso para "desastres naturales".

 Algunos países (como Angola, Bahrein e Irak) tienen deudas que superan el 100% del PBI, pero en la mayoría de los 30 coleros la deuda es inferior al 60% del PBI. En tanto, 16 países (entre ellos, por cierto, la Argentina) tienen niveles de riesgo-país por arriba del 10% (mil puntos básicos) mientras que en otros 20 el riesgo-país es inferior a los 400 puntos.

En 2020, los 66 países del listado deben cubrir 4 billones (millones de millones) de dólares servicios de deuda y déficit en cuenta corriente, incluyendo 1,1 billones corresponden a China y tienen 8 billones de reservas internacionales (de las que 3 billones son de China). La mitad del listado tiene suficiente para cubrir todos los compromisos, mientras que a 27 de los últimos 30 del listado (incluida la Argentina) le estarían faltando unos USD 500.000 millones.

El de peor situación es Turquía, que gastó sus reservas para sostener su moneda, la lira turca. Cálculos de ese tipo, reconoce The Economist, no tienen en cuenta el riesgo de fuga de capitales de los propios ciudadanos de un país. A su vez, asumen que los países no atraerán inversión extranjera, algo que tal vez sea demasiado pesimista. De hecho, precisa, 11 economías emergentes colocaron USD 44.000 millones en bonos y hasta Panamá, hiper endeudado y corto de reservas, emitió bonos a un costo inferior a los 400 puntos básicos.

Economías emergentes seleccionadas clasificadas en cuatro medidas de fortaleza financiera

1=Mas fuerte

País (con rango)	Deuda publica % del PBI, 2020*	Deuda extranjera	Costo del endeuda-miento	Cobertura de reserva	País (con rango)	Deuda publica % del PBI, 2020*	Deuda extranjera	Costo del endeuda-miento	Cobertura de reserva
1 Botsuana					34 Croacia				
2 Taiwán					35 Qatar				
3 Corea del Sur					36 Kazajstán				
4 Perú					37 Egipto				
5 Rusia					38 Namibia				
6 Filipinas					39 Uganda				
7 Tailandia					40 Costa Rica				
8 Arabia Saudita					41 Etiopía				
9 Bangladesh					42 Kenia				
10 China					43 Pakistán				
11 Guatemala					44 Turquía				
12 Vietnam					45 Irak				
13 Polonia					46 Senegal				
14 Nigeria					47 Sudáfrica				
15 Trinidad y Tob.					48 Ghana				
16 Indonesia					49 Hungría				
17 EAU					50 Jordán				
18 India					51 Panamá				
19 Rep. Checa					52 Gabón				
20 Paraguay					53 Ucrania				
21 Bolivia					54 Ecuador				
22 Kuwait					55 El Salvador				
23 Azerbaiyán					56 Jamaica				
24 Costa de Marfil					57 Argentina				
25 Malasia					58 Omán				
26 Marruecos					59 Mongolia				
27 Rumania					60 Túnez				
28 México					61 Sri Lanka				
29 Colombia					62 Angola				
30 Brasil					63 Bahréin				
31 Chile					64 Zambia				
32 Rep. Dom.					65 Líbano				
33 Uruguay					66 Venezuela				

Fuentes: EIU; FMI; JPMorgan Chase; iShares; The Economist; bancos centrales; Haver Analytics; Banco Mundial; Finanzen. neto.

Rendimiento previsto de los bonos en moneda fuerte o rendimiento real de los bonos locales Reservas de divisas, en relación con los pagos de la deuda externa y el déficit en cuenta corriente de 2020

Entre los mercados emergentes de 66, estamos cerca del fondo de la tabla, 57°

Índice de Atracción Global 2020

Ranking de sostenibilidad (The European House-Ambrosetti, elaboración de datos 2020). Se presentó en la localidad de Cernobbio, en la Lombardía italiana, la edición 2020 –la quinta– del "Global Attractiveness Index" ("Índice de Atracción Global", GAI por la sigla en inglés), elaborado por el grupo The European House-Ambrosetti, con el apoyo de algunas grandes empresas privadas. El GAI se presenta como un mapa de 144 economías del mundo, que busca medir y comparar cuánto potencial tienen en términos de inversión y desarrollo productivo.

Los investigadores a cargo de la confección del índice le asignan un puntaje a las economías teniendo en cuenta diversas variables agrupadas en cuatro dimensiones: apertura, innovación, talento y eficiencia. Pero el puntaje es relativo: le asignan 100 a la mejor –que por tercer año consecutivo es Alemania–, y estiman cuán lejos están las otras de ella. "En 2015, The European House-Ambrosetti lanzó el GAI, un indicador de países que tiene por objeto medir y evaluar el atractivo de 144 economías mundiales desde una perspectiva más amplia que el mero atractivo económico. El atractivo de un país es, de hecho, un concepto que depende de una pluralidad de factores económicos, pero también sociales, culturales, de innovación, de eficiencia, de capacidad de apertura y diálogo con países extranjeros y del talento de cada uno", sostiene el informe.

Índice de Atracción Global 2020: Las diez economías más atractivas. Puntaje:

Países	Puntaje
Alemania	100
Estados Unidos	99.6
Singapur	90.5
Japón	90.1
Reino Unido	89.2
Hong Kong	87.9
China	82.1
Canadá	80.8
Corea del Sur	80.1
Países Bajos	79.9

Alemania ha consolidado su posición como número 1 en el GAI, tanto en términos de ranking como de puntuación. Los Estados Unidos, que hasta 2017 era el líder, pasó al segundo puesto, pero está muy cerca del primero, ya que suma 99,61 puntos. Los demás, en cambio, están bastante más lejos. Por ejemplo, el tercero es Singapur, con una puntuación de 90,51.

Solo hay seis economías más catalogadas como de "Atracción Alta" por los autores del informe: Japón (90,06), Reino Unido (89,17), Hong Kong (87,89), China (82,13), Canadá (80,75) y Corea del Sur (80,06). El top ten del ranking lo completan los Países Bajos, que por tener 79,86 puntos –más de 20 por debajo de Alemania–, pasan a la categoría siguiente: "Atracción Buena".

Muy lejos de esas posiciones están los países latinoamericanos. Apenas tres de los 19 evaluados están entre los 50 más atractivos del mundo: Brasil, que ocupa el puesto 41, con 44,74 puntos; México, que está 43, con 43,46 puntos; y Chile, que está 46, con una puntuación de 39,80, más de 60 puntos menos que Alemania. Son los únicos tres de la región, que llegan a ser considerados de "Atracción Media". Todos los demás son de "Atracción Baja", lo que significa que pocas empresas están interesadas en invertir su dinero en ellos.

Índice de Atracción Global 2020: América Latina

Posición en el ranking mundial

Países	Ranking Mundial
Brasil	41
México	43
Chile	46
Uruguay	66
Panamá	70
Rep. Dominicana	74
Perú	82
Ecuador	84
Costa Rica	88
Colombia	91
Argentina	92
Paraguay	95
Guatemala	104
Bolivia	116
Honduras	120
El Salvador	122
Nicaragua	130
Venezuela	137
Haití	141

Nueve se ubican entre los puestos 50 y 100: Uruguay (66º, 27,56), Panamá (70º, 26,87), República Dominicana (74º, 26,46), Perú (82º, 24,87), Ecuador (84º, 24,42), Costa Rica (88º, 23,17), Colombia (91º, 22,51), Argentina (92º, 22,15) y Paraguay (95º, 20,32). El resto está entre los peor puntuados de todo el mundo: Guatemala (104º, 16,87), Bolivia (116º, 12,36), Honduras (120º, 11,13), El Salvador (122º, 10,88),

Nicaragua (130°, 9,34), Venezuela (137°, 5,74) y Haití (141°, 4,35).

Solo hay tres economías menos atractivas que la haitiana: Guinea (3,22), Burundi (2,05) y Sierra Leona (0,14). Y además de esas cuatro, solo hay otras tres en peores condiciones que la venezolana: Gambia (5,61), Malawi (5,29) y Yemen (4,41). Se trata de países históricamente pobres e inestables, atravesados por todo tipo de conflictos políticos y armados desde su independencia. Ninguno era una democracia relativamente próspera como lo era Venezuela hace 20 años.

América Latina no es la única región en problemas. El informe destaca que la Unión Europea (UE) está experimentando un proceso de disminución de su atractivo. En los últimos cinco años, el 75% de sus miembros han estado disminuyendo o se han mantenido estables en el ranking, y en la última década, el porcentaje europeo de la torta mundial de Inversión Extranjera Directa ha disminuido del 43,7% al 30,7 por ciento. En este contexto, el coronavirus vino a agravar muchos problemas preexistentes en gran parte de las economías mundiales. El GAI intenta captar los posibles efectos de la pandemia de COVID-19 en el rediseño del mapa de atracción, mientras continúa la incertidumbre sobre la capacidad de recuperación a mediano y largo plazo.

A corto plazo, los autores creen que hay que mirar detenidamente lo que pueda suceder con el crecimiento de las desigualdades sociales, el aumento del desempleo y el impacto de la crisis en las finanzas públicas y en los salarios. Estas dificultades reducirán el atractivo de las economías más vulnerables en particular, pero también representan un gran desafío para las más sólidas.

Sin embargo, los investigadores advierten que la pandemia podría tener algunas consecuencias positivas en ciertos ámbitos del desarrollo y la competitividad. Las cuarentenas tuvieron tres efectos que no dejan de ser interesantes: fomentaron el uso de herramientas digitales, contribuyeron a reducir las emisiones de gases contaminantes y bajaron el consumo de materias primas. Claro, son tendencias que se revertirán si no están acompañadas de reformas transformadoras y sostenidas en el tiempo. Pero este puede ser el mejor momento para avanzar en esa dirección. Argentina, ¿dónde estamos? en el puesto 92°.

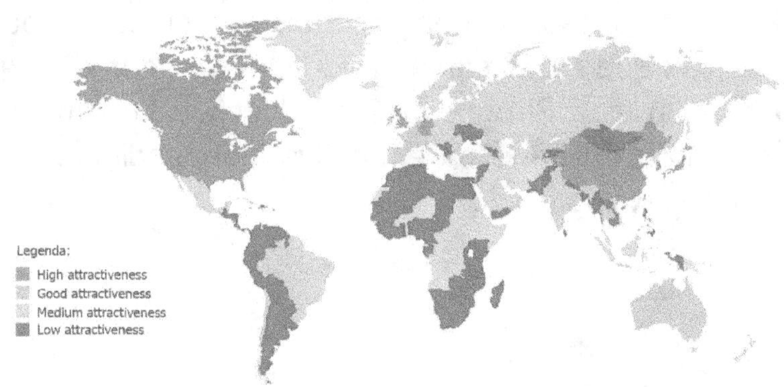

El Índice de Prosperidad

El índice que elabora el Instituto Legatum es uno de los estudios más exhaustivos que existen para medir las condiciones de vida en el mundo. A partir de 300 indicadores, clasificados en 12 pilares, estima el nivel de prosperidad en 167 países, en los que vive cerca del 99% de la población global. "La prosperidad implica mucho más que la riqueza: va más allá de lo financiero para llegar a lo político, a lo judicial y al bienestar y al carácter de una nación. Se trata de crear un entorno en el que una persona pueda alcanzar su pleno potencial. Un país es próspero cuando cuenta con instituciones eficaces, una economía abierta y personas capacitadas que están sanas, educadas y seguras", explica la baronesa Philippa Stroud, CEO del Instituto Legatum, que es una organización benéfica educativa independiente con sede en Londres, Reino Unido.

Los 10 países más prósperos del mundo

Puesto	País	Puntaje
1º	Dinamarca	84
2º	Noruega	84
3º	Suiza	83,6
4º	Suecia	83
5º	Finlandia	82,4
6º	Holanda	82,2
7º	Nueva Zelanda	81,2
8º	Alemania	81,1
9º	Luxemburgo	81
10º	Islandia	80,7

Países de Prosperidad Media

54º	Macedonia del Norte	61,1
55º	Trinidad y Tobago	61
56º	Perú	61
57º	China	60,8
58º	Bahrein	60,6
59º	Argentina	60,5
60º	Omán	60,3
61º	Armenia	60,1
62º	Kuwait	60,1
64º	Indonesia	60
65º	Jamaica	59,9

Los 10 países menos prósperos del mundo

167º	Sudán del Sur	29,8
166º	Yemen	31,1
165º	Rep. Centroafricana	31,7
164º	Chad	32,9
163º	Afganistán	33,5
162º	Rep. Dem.del Congo	33,6
161º	Somalia	34
160º	Eritrea	35,5
159º	Burundi	36,2
158º	Sudán	36,7

Dinamarca primero, segundo Noruega (84), Tercero Suiza (83,6), cuarto quedó Suecia (83), seguido de Finlandia (82,4), Holanda (82,2) y Nueva Zelanda, el único no europeo en el tope, con 81,2 puntos. Completaron los primeros lugares del ranking Alemania (81,1), Luxemburgo (81) e Islandia (80,7). En el último lugar quedó Sudán del Sur, con solo 29,8 puntos. Apenas por encima quedaron Yemen (31,1), República Centroafricana (31,7), Chad (32,9), Afganistán (33,5), República Democrática del Congo (33,6), Somalia (34), Eritrea (35,5), Burundi (36,2) y Sudán 36,7. El denominador común en estos países africanos —y de Medio Oriente en el caso de Afganistán— es la combinación de conflictos armados internos, regímenes autoritarios y pobreza extrema.

Argentina 59°

Para entender lo que busca captar el índice hay que desentrañar los 12 pilares que lo componen. El primero es Seguridad y mide el grado en que la guerra, el terrorismo y el crimen afectan la vida de los individuos. El segundo es Libertad Personal y estima el respeto de los derechos individuales básicos y el grado de tolerancia social. El tercero es Gobierno y captura la existencia de controles y restricciones al poder, además de la transparencia y la eficacia de los gobernantes.

El cuarto es Capital Social y mide la fuerza de las relaciones interpersonales, la confianza institucional y la intensidad de la participación ciudadana. El quinto es Entorno de Inversión y se fija si las inversiones están adecuadamente protegidas y son accesibles. El sexto es Condiciones para Emprender y mide el grado en que las regulaciones permiten que las empresas nazcan, compitan y se expandan.

El séptimo es Acceso al Mercado e Infraestructura, y estima la calidad de las redes físicas y virtuales para el comercio, y la existencia de distorsiones en el mercado de bienes y servicios. El octavo es Calidad Económica y calcula cuán bien equipada está la economía para generar riqueza de manera sostenible. El noveno es Condiciones de Vida y mide el acceso a los recursos materiales, la vivienda, los servicios básicos y la conectividad necesarios para una buena calidad de vida. El décimo es Salud, y mide el grado en que las personas están saludables y tienen acceso a los servicios necesarios para mantener una buena salud. El onceavo es Educación, y mide la matricula, los resultados y la calidad en cuatro etapas de la educación (preprimaria, primaria, secundaria y terciaria, y el doceavo y último es el que mide el Entorno Natural, y mide los aspectos del entorno físico que tienen un efecto directo en las personas en su vida diaria.

Índice Mundial de Innovación

Líderes mundiales de la innovación en 2019. Cada año, el Índice Mundial de Innovación clasifica los resultados en innovación de casi 130 economías de todo el mundo. En su correspondiente clasificación anual de las economías del mundo en cuanto a capacidad y producción en materia de innovación, el Índice muestra una estabilidad interanual en los primeros puestos, pero también un desplazamiento gradual hacia Oriente de los polos de innovación, ya que un grupo de economías asiáticas –en particular China, Filipinas, la India y Vietnam– han progresado considerablemente en la clasificación con el paso de los años.

Suiza, Suecia, los Estados Unidos de América, el Reino Unido y los Países Bajos encabezan la clasificación sobre innovación, y una segunda economía asiática –la República de Corea– se une por primera vez a los diez primeros puestos (Singapur es el número 8), que están dominados por los países de altos ingresos. A lo largo de los años, la India, China, Filipinas y Vietnam son las economías que más han avanzado en la clasificación del Índice Mundial de Innovación. Las cuatro se encuentran ahora entre las 50 primeras. Las economías con mejores resultados en el Índice siguen siendo casi exclusivamente del grupo de ingresos altos, mientras que China (14°) sigue siendo la única economía de ingresos medios que figura en entre los 30 primeros puestos del Índice. Le sigue Malasia (33°).

La India (48°) y Filipinas (50°) se sitúan entre los 50 primeros puestos por primera vez. Filipinas alcanza su mejor clasificación (en 2014 estaba en el 100° lugar). Liderando el grupo de ingresos medios bajos, Vietnam ocupa el puesto 42 por segundo año consecutivo (desde el 71° en 2014). Indonesia (85°) se une a los 10 primeros de este grupo. Tanzanía encabeza el grupo de ingresos bajos (88°). En América Latina tenemos a Chile en el puesto (54°), Brasil (62°), Colombia (68°), Uruguay (69°), Argentina aparece recién el puesto 80° a nivel mundial

El índice es una publicación conjunta de la INSEAD, la Universidad Cornell y la Organización Mundial de la Propiedad Intelectual (OMPI, organismo especializado de las Naciones

Unidas). Publicado anualmente desde 2007, es actualmente uno de los principales instrumentos de análisis comparativo de que disponen los directivos de empresas, los encargados de la formulación de políticas y otras personas interesadas en conocer mejor la situación de la innovación en todo el mundo. Responsables políticos, líderes empresariales y otras partes interesadas recurren al Índice Mundial de Innovación para evaluar el avance logrado.

El Índice Mundial de Innovación es fundamentalmente una clasificación de las capacidades y los resultados en el ámbito de la innovación en las economías de todo el mundo. En él se tienen en cuenta la función fundamental de la innovación como motor del crecimiento económico y la prosperidad, así como la necesidad de que exista una amplia visión de la innovación aplicable a las economías desarrolladas y emergentes; además, se incluyen indicadores que van más allá de los indicadores tradicionales empleados para medir la innovación, tales como el nivel de investigación y desarrollo.

Para fomentar el debate mundial sobre innovación, orientar las políticas y destacar las mejores prácticas es necesario disponer de un sistema de medición que permita evaluar los resultados de la innovación y el impacto de las políticas. El Índice Mundial de Innovación crea un entorno en el que se evalúan continuamente los factores de la innovación, en particular:

- 131 perfiles de país/economía, con inclusión de datos, clasificación y aspectos sobresalientes y deficientes;

- 80 cuadros de datos correspondientes a indicadores de más de 30 fuentes internacionales de los sectores público y privado, 58 de los cuales contienen datos primarios, mientras que en 18 se reúnen indicadores compuestos y, en 4, preguntas de encuestas;

- Una metodología de computación transparente y replicable, con un intervalo de confianza del 90% por cada clasificación (Índice Mundial de Innovación y subíndices de resultados y aportaciones), que incluye un análisis de los factores que inciden en los cambios que se observan en las clasificaciones de un año a otro.

El Índice Mundial de Innovación de 2020 se calcula a partir del promedio de dos subíndices.

Con el subíndice de aportaciones a la innovación se evalúan elementos de la economía nacional que comprenden actividades innovadoras agrupadas en cinco pilares:

1) Instituciones, 2) Capital humano e investigación, 3) Infraestructura, 4) Sofisticación de los mercados y 5) Sofisticación empresarial. El subíndice de los resultados de la innovación refleja datos reales de dichos resultados y se divide en dos pilares: 6) producción de conocimientos y tecnología y 7) producción creativa. El Índice es objeto de una auditoría estadística independiente a cargo del Centro Común de Investigación de la Comisión Europea.

Tasa Impositiva Corporativa

Según el Banco Mundial la tasa total de impuestos y contribuciones pagados por los actores económicos como porcentaje de sus ganancias muestra a Argentina como la segunda mayor del mundo la primera es la de Comoros.

Esa carga en Argentina es -en este registro- de 106,3%. Los dos citados son los únicos que arrojan tasas de tres dígitos. Y esto ocurre cuando en el mundo el promedio mundial es hoy 40,3%; y en el tiempo más o menos reciente en el planeta ha venido reduciéndose desde aquel 55% observado a inicios del siglo presente.

Creo que Comoros nuestro vecino en este menester merece un párrafo aparte. La Unión de las Comoras o simplemente las Comoras o Comores, antiguamente República Federal Islámica de las Comoras, es un país formado por tres islas en el sureste de África, situado al extremo norte del canal de Mozambique en el océano Índico, entre el norte de Madagascar y el este de Mozambique. La situación del país ha sido muy volátil desde su independencia en 1975 ya que ha tenido más de 20 golpes de Estado. Su población es de un poco más de 800.000 habitantes y su PBI es el 178° de mundo.

En nuestra región los que siguen a Argentina en mayor carga a las empresas son Bolivia (83,7%), Venezuela (73,3%), Colombia (71,2%) y Brasil (65,1%); y los que menos carga generan a las empresas son Uruguay (41,8%), Perú (36,8%), Paraguay (35%), Ecuador (34,4%) y Chile 34%). Por otro lado, se destacan en el mundo por tasas más bajas Singapur,

Luxemburgo, Canadá, Israel y Tailandia. Los países compiten entre sí para atraer y alentar inversiones, empresas, proyectos productivos. Los países pujan internacionalmente por hacerse más atractivos entre sí y lo hacen a través de diversos medios, entre los que pueden destacarse cuatro:

1- La celebración de tratados comerciales de apertura recíproca, hay vigentes 303 en el planeta;

2- Los acuerdos de protección recíproca de inversiones, hay 389 en acción en el mundo;

3- Los procesos de reducción de intervenciones distorsivas y regulaciones varias que al ser menguadas atenúan costos burocráticos y regulativos y flexibilizan el contexto emprendedor, el Banco Mundial detecta en su última medición -por 12 meses- 294 reformas regulatorias funcionales implementadas en todo el mundo en 115 jurisdicciones.

4- La referida atenuación de la carga tributaria a las empresas.

Argentina padece enormes y variados problemas económicos como efecto de sus desarreglos varios, ocurre ahora que sostener la elevada carga impositiva genera un retroceso en la búsqueda de mayor y especialmente mejor actividad económica; especialmente en los actuales contextos, la economía local que no crece desde hace muchos años, a nivel internacional, países que incentivan a empresas a través de facilitaciones varias.

La alícuota del impuesto a las ganancias no es el único referente para analizar en esta materia.

En Argentina por caso las empresas están además fuertemente gravadas por otros tributos federales llamados nacionales, provinciales, municipales y en frontera. A través de evaluaciones y comparaciones internacionales se constata una tendencia global: según la Tax Foundation la tasa de impuesto sobre la renta corporativa legal promedio mundial medida en 176 países es del 24,18 % sustancialmente más baja que la vigente en Argentina.

Mientras en 1980 las tasas de impuestos corporativos en todo el mundo promediaban el 40,38%; desde ese momento los países -que han reconocido el impacto que tienen las altas tasas impositivas corporativas en las decisiones de inversión empresarial- han procedido en su enorme mayoría a bajas paulatinas y graduales pero sostenidas; de modo que han llegado a que en 2019 el promedio mundial sea ya del citado 24,18 por ciento.

A su vez, en la actualidad y según esta medición, analizando los promedios regionales, América del Sur tiene la tasa impositiva corporativa legal promedio más alta 27,6% y Europa tiene el impuesto sobre la renta corporativo legal promedio ponderado más bajo 20,2% en el planeta. Y todas las regiones experimentaron una disminución neta en las tasas estatutarias promedio entre 1980 y 2019.

El promedio disminuyó más en Europa, desde 1980 con 44.6 % hasta caer al 20.27% actual, lo que representa una reducción de la tasa de casi el 55 %. América del Sur ha experimentado la disminución más pequeña en el planeta, con el promedio solo disminuyendo en un 25 %, del 36,66 % en 1980 al 27,63 % en 2019.

Y analizando países individualmente, la mayoría de ellos siguen la tendencia y computando las jurisdicciones medidas en el trabajo citado en todo el mundo solo seis países han aumentado sus tasas de impuesto sobre la renta corporativa entre 2000 y 2019, mientras que diecinueve no han cambiado sus tasas, y más de 100 las han reducido.

14. FRACASÓ LA LUCHA CONTRA LA POBREZA

¿Y si la pelea fuera a favor de crear riqueza? Desde 2009 la pobreza subió en Argentina y Venezuela y bajó en el resto de la región. Los datos que se conocieron ratifican que la pobreza es un problema estructural. Hay que aclarar que en este estudio estamos hablando del período 2009 al 2019. La Argentina es el único país de la región -junto a Venezuela, desde ya- que no ha logrado reducir la pobreza ni la indigencia durante la última década. La pandemia y la cuarentena apenas acentuaron un problema que viene de largo. En relación a 2009, en Argentina la pobreza está hoy 7 puntos porcentuales arriba y la indigencia creció más de 2,2 puntos. El Centro de Estudios Distributivos y Laborales (CEDLAS-UNLP)) miró cómo estaba cada uno de los países de la región en 2009 en términos de pobreza y cómo estaban en 2019, tomando datos oficiales de cada país.

¿Qué pasó en la región? En los últimos diez años la pobreza cayó 7% en Brasil; 16% en Bolivia; 13% en Perú; y 18% en Paraguay. El desastre argentino solo es superado por Venezuela: en la última década allí la pobreza subió 16 puntos y la indigencia 2 puntos. El balance de la lucha contra la pobreza permite preguntarse si no se podría considerar un nuevo enfoque. Tal vez sea hora de sumar esfuerzos en la lucha a favor de la riqueza, de la creación de riqueza. Imprescindible para ello, además de un entorno económico razonable, la educación, ya que hablamos de 60 % de niños pobres.

En 2019 se pagaron 21 millones de cheques con la billetera del Gobierno. El doble que en 2012. Este año serán 33 millones, destinados a 27 millones de personas, el 60% de la población total de la Argentina. Como el tamaño de la torta no crece, el PBI está en niveles similares a los de hace 10 años el Estado alimenta cada vez a más bocas, pero de una torta que no crece.

Pobreza e indigencia en la Región

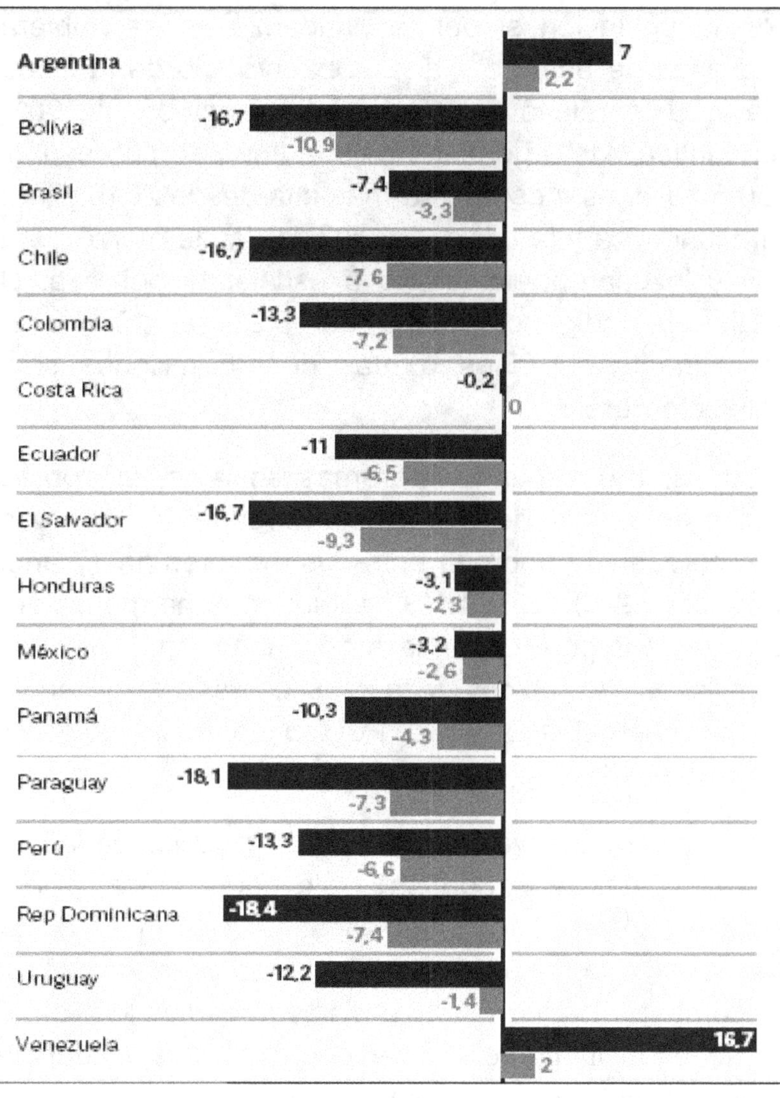

La pobreza llegó al 45,3% según datos de principios de mayo 2021 que informa el INDEC, 3 millones de personas cayeron debajo de la línea de pobreza en el último año y el 62,9% de los menores de 14 años viven en hogares pobres y son 6,8 millones de chicos que la padecen. La cifra habría sido de 53,1% de la población si por la pandemia no se hubieran aplicado planes de emergencia. El Observatorio de la Deuda Social de la UCA relevó que, entre julio y octubre de 2020, escaló la cantidad de argentinos bajo la línea de pobreza. Ya son de 20,5 millones y es la cifra más alta desde 2010. Por la recesión económica y la crisis, agudizada desde marzo por la pandemia y la cuarentena, volvió a escalar la pobreza. De esos totales la indigencia subió del 8,9% al 10,1%: 4,1 millones indigentes urbanos o más de 4,5 millones si se incluye al sector rural.

Sin los bonos, IFE y otros programas sociales, la pobreza hubiera sido del 53,1% de la población urbana. Y por grupos de edad, sobresale la pobreza entre los menores de 17 años, que subió del 59,5% al 64,1% reflejando "una persistente infantilización de la pobreza en la Argentina urbana". Son más de 7,5 millones de chicos y adolescentes que viven en hogares con carencias básicas. Por su parte, la indigencia subió del 14,8 al 16%.

Los datos son del Observatorio de la Deuda Social, de la UCA (Universidad Católica Argentina) relevados entre julio y octubre de 2020 y son los más altos de toda la serie que arranca en 2010. Corresponde a la "pobreza de ingresos" que surge de comparar los ingresos de los hogares con los valores de la canasta de indigencia y de pobreza. "Las evidencias presentadas en este informe confirman que bajo el escenario de crisis Covid-19, las capacidades monetarias de los hogares experimentaron un deterioro abrupto y pronunciado, con efecto regresivos sobre la pobreza y la indigencia. El nuevo escenario paralizó aún más la inversión, los consumos y la demanda de empleo en la economía formal, a la vez que frenó toda expectativa de reactivación, afectando especialmente a la pequeña y mediana empresa, profundizando la relación entre informalidad económica, pobreza y exclusión social".

Salvia, director del Observatorio, explicó que entre los que están desocupados o con sub empleo, la pobreza sube con mucha fuerza en los segmentos de trabajadores marginales e integrados y en el Conurbano Bonaerense. "Entre estos grupos, la pobreza crece casi ininterrumpidamente desde 2013-2014 y evidencia un nuevo salto en el contexto de pandemia. La indigencia también aumenta, afectando más a los segmentos marginal e integrado de trabajadores y es transversal a todas las regiones urbanas, aunque con mayor fuerza en el conurbano bonaerense".

El director señaló "que el efecto COVID no fue "democrático", no afectó a todos por igual: entre los sectores de abajo se acentuó el deterioro social, mientras la cúpula de la pirámide está ahora más concentrada y protegida". Durante los últimos años de la década, incluyendo el escenario Covid-19, los indicadores sociales muestran un aumento en la pobreza y en las desigualdades estructurales. Las brechas productivas, sociales y en la calidad del empleo no han disminuido sino que incluso parecen agravarse.

El informe de la UCA concluye que la situación ha empobrecido aún más a un cada vez más extendido sector micro-informal de subsistencia (economía social) de muy baja productividad, precariedad y concentración urbana. Y si bien hubo mejoras durante la década, la desigualdad estructural ha aumentado, expresándose en mayores déficits y brechas en materia de inseguridad alimentaria, mala calidad del hábitat y déficit en el acceso a agua, energía, servicios de saneamiento y a una vivienda digna. La segmentación social también opera sobre servicios públicos universales: educación, salud, protección social y seguridad ciudadana.

Así, de los 20 millones de pobres a nivel país, casi un tercio son chicos. Esto significa que 1 de cada 3 pobres es un menor de 14 años. En promedio, según el INDEC en los hogares indigentes y pobres viven 4 personas, o sea, una típica familia tipo. La pobreza infantil viene en ascenso ininterrumpido desde el segundo semestre de 2017 cuando arrojó un 39,7%. Esta dimensión de la pobreza infantil es un factor de reproducción de la pobreza. Porque el chico que nace y se desarrolla con privaciones alimentarias, de vivienda, salud o educación tiene un futuro comprometido. Y también toda la sociedad. Además, la mayoría de esos chicos vive en hogares sostenidos por desocupados, trabajadores formales precarios e informales, sub ocupados y cuentapropistas que también se desempeñan en la informalidad, sin la cobertura de la seguridad social y que son mayoría entre los que en los últimos meses perdieron el empleo. Todo lo cual amplía la persistencia y la dimensión de la pobreza.

Del dato oficial indica que de chicos viven en hogares indigentes se sufren de "inseguridad alimentaria" o directamente hambre. Esto explica la proliferación y la mayor afluencia de familias con niños a los comedores y merenderos populares. Aunque los menores de 14 años sobresalen por tener la mayor proporción de pobres, también aumentó la pobreza entre los restantes grupos de edad. El chico que nace y se desarrolla con privaciones tiene un futuro comprometido.

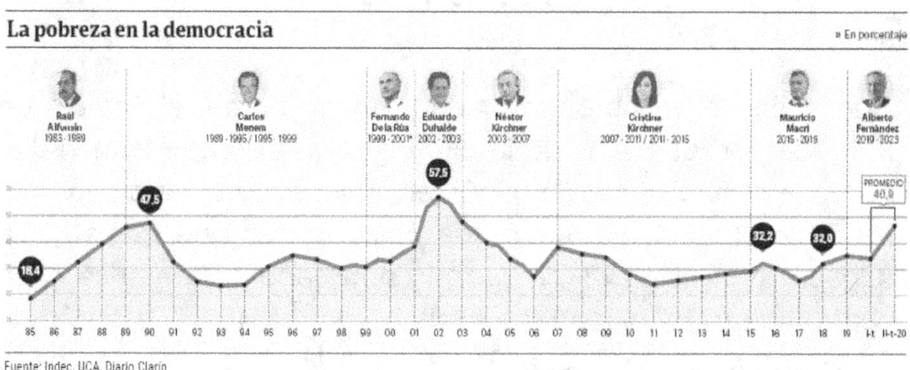

En solo tres años el Conurbano sumó más de dos millones de nuevos pobres. El conurbano bonaerense es un "polvorín social". No solo porque cruzando el Riachuelo y la General Paz, hay cerca de 6 millones de personas pobres. Los indicadores del Gran Buenos Aires lo dicen todo. Están 6,6 puntos por arriba de la pobreza promedio nacional, según informa el INDEC.

En relación a la primera mitad de 2017, la recesión, inflación, pérdida de empleos, incremento de la desocupación y subocupación golpearon muy fuerte a los 24 partidos del Gran Buenos Aires: en apenas 3 años, se sumaron 2 millones de nuevos pobres, de los cuales más de 700.000 son nuevos indigentes. También los partidos bonaerenses son un "polvorín" no solo porque sus habitantes no tienen los ingresos suficientes como para adquirir la canasta mínima de alimentos. Debido a las paupérrimas condiciones de vida, sanitarias, laborales, de vivienda y las dificultades para el acceso a los servicios básicos sus condiciones de vida son acuciantes. Una alta proporción tiene problemas de falta de vivienda, o residen en viviendas precarias o en condiciones de hacinamiento crítico, cerca de basurales y sin acceso a los servicios básicos.

Con todo, el conurbano quedo relegado en el índice de pobreza por los datos de la ciudad entrerriana de Concordia, que con el 52,2% marcó el número más alto del país según la medición del INDEC. Luego se ubica la zona de Resistencia (Chaco) con el 48,7%, luego el conurbano bonaerense y en cuarto lugar la ciudad de Salta, con el 45,5%. Según el Observatorio de la Deuda Social de la UCA, en el Conurbano a fines de 2019, casi la mitad de las viviendas bonaerenses no tenían conexión a la red cloacal y agua corriente.

Una tercera parte eran viviendas inadecuadas sin servicio sanitario ni espacio suficiente para la convivencia de tres o más personas. Además, más de un tercera parte de estos asentamientos están ubicados cerca de basurales, fábricas contaminantes o espejos de agua contaminadas. Y la falta de ingresos determinó que el 23,6% de las familias padecieran de "inseguridad alimentaria" lo que explica la proliferación de comederos y merenderos populares.

Con empleos informales y sin acceso a la Seguridad Social, estaba el 38% de los bonaerenses activos. Y el 14,4% de entre 4 y 17 años no asistieron a la escuela o mayores de 18 años presentaron rezago educativo. De la Encuesta Permanente de Hogares (EPH) del INDEC del primer trimestre de 2020, surge que el 37% (4,5 millones de personas) de los bonaerenses no tenían cobertura médica ni de prepagas ni de obras sociales, por falta de ingresos o falta de empleos formales de los mayores, debiendo recurrir a los hospitales públicos. En esa situación, entre los niños menores de 5 años, trepaba al 54,6% y entre 6 y 10 años, al 43,8%. Se estima que los padres de un millón de chicos bonaerense cobran la AUH. Sin esas ayudas el deteriorado cuadro social sería muy superior.

A continuación, cifras de fines de 2019

Regiones más pobres

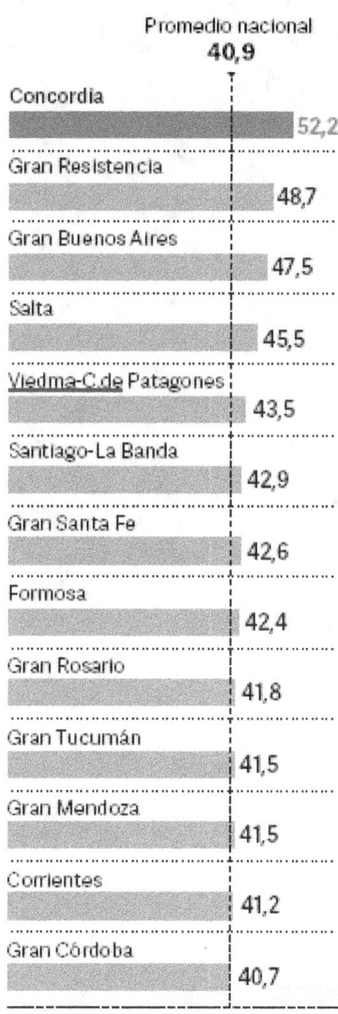

Cuarta Parte

Hay gente que piensa

15.   COMO HACEN LOS QUE HACEN

En esta sección del libro vamos a recorrer que es lo que están haciendo otras naciones con la planificación estratégica, si se puede aplicar el concepto de primero pensar y luego hacer, si se puede salir de la actividad diaria para reunirse entre los distintos actores políticos, sociales, empresariales, del tercer sector para ponerse de acuerdo y propiciar un futuro mejor, pero no desde la insufrible dialéctica nacional, sino desde las ideas plasmadas en un documento, e implementadas desde la praxis real del día a día. Si bien ya he mencionado a países desarrollados como Noruega, Finlandia, que siempre nos da la sensación que viven en otro planeta, o tal vez somos nosotros que perdimos el tren. También se pudo apreciar como a partir de 1945 salieron desde las cenizas Alemania y Japón, como consolidó su supremacía EE.UU, los increíbles últimos 40 años de China para transformarse en la segunda potencia mundial. Pero claro siempre sentimos que estos países, esta gente, está muy lejos, nos resulta distante, casi ajena, más adelante sobrevolaremos algunos de estos países, pero primero visitemos a los vecinos.

Vamos a empezar entonces este recorrido por los amigos sudamericanos, recordando que dentro de nuestro imaginario nos muestra tan simpáticos y queridos entre Latinoamérica, nuestro posicionamiento siempre fue que estamos muy por arriba de estos vecinos. Un viejo chiste que se conoce en toda la región dice, que el mejor negocio es comprar un argentino por lo que vale y venderlo por lo que dice que vale.

16.   PERÚ, EL PLAN DEL BICENTENARIO: EL PERÚ HACIA EL 2021

En Perú se reunieron, trabajaron, se pusieron de acuerdo y dieron inicio el Plan del Bicentenario: El Perú hacia el 2021. Pero nuestros vecinos también tienen los problemas que nuestra región suele tener, llámese corrupción, inestabilidad política, padeció la dictadura, pero tiene su plan funcionando, veamos que les pasó en los últimos años. Todos los presidentes que tuvo en los últimos treinta años están o estuvieron en la cárcel.

No puede asombrar que el sistema político se enfrente a una encrucijada, enfrentamiento entre poder ejecutivo y legislativo, a pesar que el país ha progresado económicamente. En las elecciones de 1990 Alberto Fujimori derrotó a Mario Vargas Llosa. Luego el presidente de origen japonés devino dictador y clausuró el Congreso. Permaneció en el poder hasta 2000. En la actualidad Fujimori purga una condena a veinticinco años de prisión por homicidio y secuestro. Además, fue condenado a siete años por peculado.

A Fujimori lo sucedió Alejandro Toledo del partido Perú Posible, gobernó entre 2001 y 2006, y ahora está preso en una cárcel de San Francisco, Estados Unidos. Entre 2006 y 2010 gobernó Alan García, del APRA, quien el 19 de marzo de 2019 se pegó un tiro en la cabeza cuando la policía ya estaba en la puerta de su casa de Miraflores, Lima, para llevárselo preso por corrupción y lavado de dinero.

Entre 2011 y 2016 el presidente fue Ollanta Humala del partido Gana Perú, quien en 2017 estuvo nueve meses en la cárcel por corrupción y lavado de dinero, junto con su esposa y secretaria privada Nadine Heredia. Ambos siguen en prisión domiciliaria. En 2016 a Humala lo sucedió Pedro Kuczynski, del partido Peruanos por el Cambio, renunció para no ser imputado y fue reemplazado por Martín Vizcarra que asumió el 23 de marzo de 2018. Kuczynski en marzo de 2019 fue detenido por lavar dinero y recibir sobornos, al cumplir 80 años, goza de prisión domiciliaria.

El presidente Vizcarra fue destituido por el Congreso el 9 de noviembre de 2020, fueron 105 votos de un total de 130 congresistas en lo que fue un segundo juicio político relámpago por incapacidad moral, según las acusaciones recibió coimas en 2014 cuando era gobernador de la región sureña de Moquegua. Asumió el presidente del congreso Manuel Merino, es el tercer presidente desde 2016. Al parecer los fundamentos de estas acusaciones eran muy endebles lo que generaron cinco días de protestas cuyos principales actores fueron jóvenes. Hubo una fuerte represión policial que generaron dos muertes de manifestantes. Dos días después el 15 de noviembre de 2020 Merino renuncia.

El centrista Francisco Sagasti juró el 17 de noviembre como nuevo presidente de Perú, con el desafío de poner fin a la crisis política que sacude el país andino y conducirlo a las elecciones de abril del 2021. Este ingeniero y académico de 76 años es el tercer presidente que asume en ocho días de crisis política. Muchos peruanos esperaron con expectativa que se convierta en una expresión de cambio tras la bochornosa destitución de Martín Vizcarra por parte de la oposición política en el Congreso.

Como si esto fuera poco hay que agregar que Keiko Fujimori, líder del partido opositor Fuerza Popular, también está procesada por corrupta y lo mismo le sucede a Susana Villarán, alcaldesa de Lima entre 2011 y 2014, ambas permanecen detenidas en el penal de Santa Mónica, en Chorrillos, el nombre no puede ser más apropiado.

Diversos procesos judiciales le han permitido a Fuyimori presentarse a elecciones presidenciales cuya segunda vuelta se desarrolló el 6 de junio de 2021, siendo elegido presidente el izquierdista del partido Perú Libre Pedro Castillo, aventajando a la representante de la derecha de origen japonés 50,2% a 49,8%. Esta mínima diferencia propició que se denunciaran irregularidades varias en actas electorales, en esos días febriles el fiscal José López encargado de la investigación contra la candidata a presidente pidió a la justicia que retorne a prisión, el fiscal ha pedido 30 años y 10 meses por haber recibido U$S17,3 millones de contribuciones ilegales, entre ellas de la constructora brasileña Odebrecht. Está claro que para Keiko haber perdido tiene doble significación y para Perú empieza otra etapa.

Primera reflexión, no nos tenemos que asustar de nada, segunda reflexión, es lógico suponer que un país que vive semejante desastre político estaría sumido en graves problemas económicos. Sin embargo, Perú no ha dejado de desarrollarse, y en 2018 creció más que cualquier país de América Latina, incluyendo a Chile. El crecimiento del PBI fue del 4,2. El índice de pobreza viene disminuyendo y está ahora en 20%, mientras que la inflación anual es 2,5%

El Plan Bicentenario: El Perú hacia el 2021, recoge dos años de trabajo durante los cuales se ha revisado y analizado amplia información, y llevado a cabo diversas reuniones con expertos, autoridades, dirigentes políticos y representantes de la sociedad civil.

Los criterios empleados en el Plan Bicentenario se sustentan en la Declaración Universal de los Derechos Humanos, en el desarrollo concebido como libertad y en las Políticas de Estado del Acuerdo Nacional. El Acuerdo Nacional y las 31 Políticas de Estado suscribieron las fuerzas políticas y sociales en 2002. Este foro es uno de los logros más importantes del proceso de recuperación de la democracia en el país.

Los partidos políticos, los gremios patronales y laborales y los grupos religiosos fueron convocados para trazar políticas que consoliden el proceso de democratización. Una de esas políticas, la quinta, propuso la creación del Centro Nacional de Planeamiento Estratégico, CEPLAN, y de un Sistema Nacional de Planeamiento Estratégico, SINAPLAN, para diseñar y hacer el seguimiento de las propuestas.

En este documento se definen seis ejes estratégicos:

1. Derechos fundamentales y dignidad de las personas.

2. Oportunidades y acceso a los servicios.

3. Estado y gobernabilidad.

4. Economía, competitividad y empleo.

5. Desarrollo regional e infraestructura.

6. Recursos naturales y ambiente.

Perú da inicio a la implementación del plan en 2011 planteando un primer horizonte de 10 años hasta llegar al 2021 donde se cumplen los 200 años de la independencia del país. Lo que sigue son partes del informe publicado por el mismo CEPLAN. Es de hacer notar que el plan original ha sido actualizado y el nuevo horizonte de planeamiento es el 2050.

El Plan Bicentenario: El Perú hacia el 2021 es un plan de largo plazo que contiene las políticas nacionales de desarrollo que deberá seguir el Perú en los próximos diez años. El Plan Bicentenario se sustenta en los pronósticos de las principales variables macroeconómicas que definen un escenario probable o tendencial, tomando como base el estudio de los ciclos económicos de larga duración de la economía peruana manifiestos entre el año 1896 y el 2009. En todo documento de trabajo que hable de estrategia tiene que plantear cuál es su visión, vale decir que es lo que desea que sea en un futuro concreto, en este caso se define la visión de toda una nación:

Visión compartida de futuro para el siglo XXI "Somos una sociedad democrática en la que prevalece el Estado de derecho y en la que todos los habitantes tienen una alta calidad de vida e iguales oportunidades para desarrollar su máximo potencial como seres humanos. Tenemos un Estado moderno, descentralizado, eficiente, transparente, participativo y ético al servicio de la ciudadanía. Nuestra economía es dinámica, diversificada, de alto nivel tecnológico y equilibrada regionalmente, con pleno empleo y alta productividad del trabajo. El país favorece la inversión privada y la innovación, e invierte en educación y tecnología para aprovechar competitivamente las oportunidades de la economía mundial. La pobreza y la pobreza extrema han sido erradicadas, existen mecanismos redistributivos para propiciar la equidad social Un requisito fundamental para alcanzar los objetivos señalados es lograr una economía competitiva que permita la generación masiva de empleos con alta productividad"

No se podría seguir trabajando si no se toma en cuenta que es lo que pasa a nuestro alrededor y cómo hablamos del futuro hay que considerar las tendencias mundiales, aquí enumeramos las que tomó Perú para sí:

Megatendencias

1) La globalización. 2) Las telecomunicaciones y la masificación del uso de internet. 3) El surgimiento de nuevas potencias económicas.4) La Cuenca del Pacífico, nuevo eje del comercio mundial. 5) El envejecimiento demográfico y la migración internacional. 6) Crecimiento de megaciudades. 7) El cambio climático. 8) La preocupación por el ambiente y la preferencia por los productos naturales.

Todo plan estratégico tiene que tener objetivos concretos a alcanzar y cómo tales tienen que ser cuantificables para luego poder ser contrastados y evaluados, esto es lo que plantea el documento del plan:

Ejes estratégicos. En términos cuantitativos, el logro de los objetivos estratégicos nacionales del Plan Bicentenario deberá traducirse en los siguientes índices.

- Una población de 33 millones de peruanos sin pobreza extrema, desempleo, desnutrición, analfabetismo ni mortalidad infantil.

- Un ingreso per cápita entre US$ 8000 y US$ 10 000.

- Un producto bruto interno duplicado entre 2010 y 2021.

- Un volumen de exportaciones cuadruplicado entre 2010 y 2021.

- Una tasa de crecimiento anual promedio cercana al 6% anual.

- Una tasa de inversión anual promedio cercana al 25%.

- Una mejora de la tributación promedio anual en 5 puntos respecto del PBI.

- Una reducción de la pobreza a menos del 10% de la población total.

Tomaremos como ejemplo Eje 4 y veremos cómo el plan va yendo a temas más puntuales, terminando en planes de acción, ya que en estrategia es tan importante el diseño cómo la implementación donde se dice: cómo, cuándo, quien, con qué presupuesto.

Eje estratégico 4: economía, competitividad y empleo. El Plan Bicentenario sustenta una política económica estable y previsora que aliente el crecimiento económico sostenido mediante la inversión privada y pública en actividades generadoras de empleos dignos. De acuerdo con el Plan Bicentenario, son condiciones indispensables para este objetivo la reducción del subempleo y el desempleo, la mejora de la competitividad, la inversión y la presión tributaria, y la mayor estabilidad macroeconómica

4.2. Competitividad y estructura económica. Según el ranking de competitividad del World Economic Forum, el Perú se ubica en el puesto 78 entre 133 países, con un puntaje de 4,0. Los determinantes de la competitividad económica entre las naciones, y de la competitividad microeconómica, se sintetizan básicamente en los siguientes factores: • Grado de homogeneidad en el desarrollo de los mercados • Alta productividad • Dotación de capital humano altamente calificado • Economías de escala • Las empresas cuentan con una infraestructura de soporte a los sistemas productivos generada por el Estado.

4.5. Objetivos. a) Objetivo nacional: Economía competitiva con alto nivel de empleo y productividad, b) Lineamientos de política: Política económica

Ejemplo: 1. Asegurar la credibilidad y predictibilidad de la política económica, garantizando la estabilidad monetaria y de precios, así como de las reglas de juego para la inversión privada.

Veamos cómo ha sido el impacto de la inflación anual en Perú donde podemos apreciar que los guarismos que se producen en un año, en nuestro país los solemos tener en un mes.

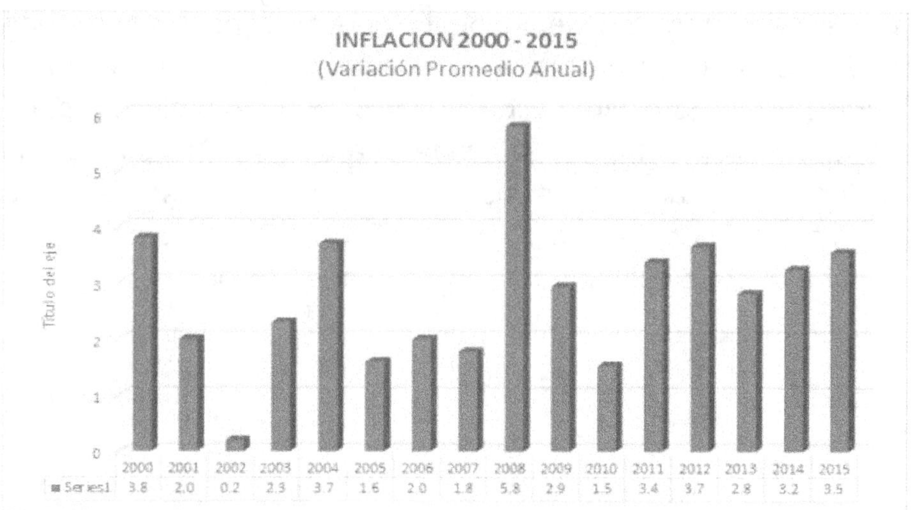

Relación del crecimiento del PBI y la reducción de la pobreza

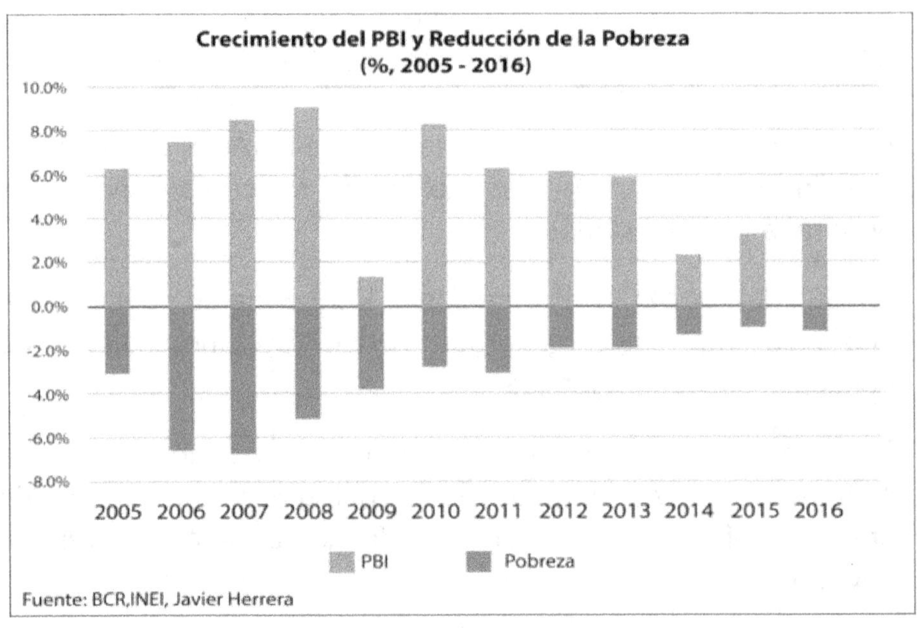

Fuente: BCR,INEI, Javier Herrera

El trabajo que esta realizando Perú es notable. La descripción breve pero muy elocuente de los pesares políticos no han podido destruir una tarea que dio comienzo en 2001 con una mirada de largo plazo y llegar a acuerdos estratégicos a partir de la creación del CEPLAN, toda una decisión política. Están teniendo resultados positivos, pero no todos los esperados ya que la política no se ha comprometido como corresponde en llevar a cabo la implementación de lo desarrollado.

17.   COLOMBIA, PND 2018-2022

La Constitución de 1991 establece a Colombia como una República Unitaria que se divide administrativa y políticamente en 33 divisiones: 32 departamentos, los cuales son gobernados desde sus respectivas ciudades capitales y un distrito capital, Bogotá. Los departamentos forman regiones geográficas, culturales y económicas. En Colombia los recursos pasan de la nación al departamento y de este al municipio; a excepción de Bogotá, que como distrito capital, recibe directamente de la nación.

El Plan Nacional de Desarrollo 2018-202; Pacto por Colombia, pacto por la equidad tiene lugar en el bicentenario de la proclamación de la independencia, que dio lugar al nacimiento de la República de Colombia. Doscientos años de construcción de país en medio de múltiples adversidades que han probado una y otra vez la increíble resiliencia del pueblo colombiano y su capacidad para implementar el desarrollo económico y social.

 Hace apenas unas décadas, la mayor parte de la población colombiana permanecía en la pobreza y una parte considerable sufría las terribles consecuencias de la pobreza extrema. En lo corrido de este siglo, Colombia ha tenido uno de los mayores avances de su historia luego de haber escapado, sobrellevando los senderos de la ilegalidad, la violencia y la ausencia de control del territorio.

Entre 2002 y 2017 la pobreza cayó de 49,7 % a 27 %, con un aumento sostenido de la clase media, que pasó de 16,3 % a 31,0 % en el mismo periodo. Colombia es hoy la cuarta economía más grande de América Latina, con un ingreso anual cercano a los 7.000 dólares por habitante. Se destaca, además, porque sus logros económicos y sociales los ha alcanzado manteniendo un comportamiento histórico de estabilidad y responsabilidad macroeconómica y fiscal.

El documento plantea lo siguiente: "Doscientos años después de la proclamación de la Independencia, los colombianos debemos preguntarnos a dónde queremos llegar, ya no en los próximos doscientos años, sino en las próximas décadas, qué objetivos queremos lograr, qué país queremos tener. Queremos tener un país de oportunidades, donde se cierren las brechas sociales, donde el lugar de origen o el nivel socioeconómico de la familia donde se nace no determine las oportunidades en la vida de las personas, donde cada uno pueda vivir y realizar sus proyectos de vida en una sociedad libre y abierta.

Queremos un país donde prevalezca la cultura de la legalidad y donde el crimen en cualquiera de sus formas sea perseguido, castigado por una justicia efectiva y reprobado por la sociedad. Aspiramos a que Colombia alcance un ingreso per cápita superior a los 25.000 dólares anuales, que nos ubique en el grupo de países de ingresos altos. Para alcanzar dicha meta, debemos lograr que el crecimiento potencial de la economía aumente desde los niveles actuales, de alrededor del 3,3 % por año, a tasas mayores al 4 % o 5 %, y mantener dichas tasas para las próximas dos décadas.

El Plan de Desarrollo 2018-2022, Pacto por Colombia, pacto por la equidad traza el camino para lograr el país que queremos. Por esta razón es un plan de desarrollo que trasciende un gobierno y se constituye en una propuesta de país construida de manera participativa, que recoge las aspiraciones de las regiones y está alineado con los Objetivos de Desarrollo Sostenible a 2030. El Plan de Desarrollo 2018-2022 busca que entre todos construyamos un pacto por Colombia, un pacto por la equidad, un pacto para construir entre todo el país que queremos. El PND 2018-2022 implica ponerse de acuerdo en un gran pacto en el cual concurren las inversiones públicas y privadas y los esfuerzos de los diferentes niveles de gobierno para que, como Estado, definamos el conjunto de prioridades que generarán la verdadera transformación. El Plan Nacional de Desarrollo no es la acción desarticulada de los diferentes ministerios y sectores que conforman el Gobierno; sí es, en cambio, la creación de espacios de coordinación que permiten sumar esfuerzos, remar para el mismo lado y generar de esta manera el verdadero cambio social, dinamizar el crecimiento económico y alcanzar el mayor desarrollo del país y de sus regiones."

Pactos transversales y habilitadores para la equidad.

El Pacto por Colombia, incluye, un conjunto de pactos transversales que operan como habilitadores, conectores y espacios de coordinación que hacen posible el logro de una mayor equidad de oportunidades para todos. También son dinamizadores del desarrollo y ayudan a enfrentar los riesgos que se pueden presentar en nuestra apuesta por la equidad de oportunidades. Dichos pactos transversales y habilitadores son:

- Pacto por la sostenibilidad: producir conservando y conservar produciendo

- Pacto por la ciencia, la tecnología y la innovación: un sistema para construir el conocimiento de la Colombia del futuro

- Pacto por el transporte y la logística para la competitividad y la integración regional

- Pacto por la transformación digital de Colombia: Gobierno, empresas y hogares conectados con la Era del Conocimiento

- Pacto por la calidad y eficiencia de servicios públicos: agua y energía para promover la competitividad y el bienestar de todos

- Pacto por los recursos minero-energéticos para el crecimiento sostenible y la expansión de oportunidades

- Pacto por la protección y promoción de nuestra cultura y desarrollo de la economía naranja.

- Pacto por la construcción de paz: víctimas, reintegración, estabilización y reconciliación.

- Pacto por una gestión pública eficiente y de servicio al ciudadano.

- Consistencia macroeconómica, fiscal y de resultados económicos y sociales.

"Lo que lograremos. El Plan Plurianual de Inversiones para los próximos cuatros años ascenderá a un valor de 1.100 billones de pesos de 2018, de los cuales cerca del 50 % estará dirigido al Pacto por la Equidad. Estas inversiones son la gran apuesta para que, entre todos como Estado, Gobierno nacional y gobiernos territoriales, junto con el sector privado logremos incrementos en la formación de capital y aumentos de la productividad multifactorial, lo cual se reflejará en una ampliación del crecimiento potencial de nuestra economía, pasando del 3,3 % en la actualidad al 4,1 % en los próximos años, y tasas de crecimiento que deben llegar al 4,5 % al final del cuatrienio.

Este aumento en el crecimiento de largo plazo es una condición esencial para el logro de nuestros objetivos en equidad social, la reducción de la pobreza, la obtención de mayores ingresos para nuestros ciudadanos y la generación de empleo formal y de calidad. Es decir, un crecimiento inclusivo con oportunidades para todos. Gracias a estos resultados será posible reducir la población en condiciones de pobreza extrema en 2,9 millones de personas, con lo cual la tasa de pobreza monetaria pasará del 27 % en la actualidad al 21 % en 2022; la población en pobreza extrema se reducirá en 1,5 millones de personas (del 7,4 % actualmente al 4,4 % en 2022); la población en pobreza multidimensional disminuiría en 2,5 millones de personas (del 17 % al 11,9 % en 2022), y se generarán 1,6 millones de empleos adicionales durante este periodo. El Pacto por Colombia, pacto por la equidad es la propuesta de unir a Colombia en una agenda de políticas y reformas que nos permitirán lograr un país más productivo y con mayor equidad."

Con el propósito de cumplir el primer objetivo específico del estudio Plan de Desarrollo Prospectivo y Estratégico de la región Caribe colombiana se plantea: "Analizar los planes de desarrollo de los 8 departamentos de la región Caribe colombiana, sus ciudades capitales, y el plan nacional de desarrollo, identificando los principales aspectos comunes, así como también los grandes aspectos diferenciadores ", se realizó un análisis comparativo de los planes de desarrollo.

Para realizar el análisis comparativo de los ocho planes de desarrollo departamentales y de las siete ciudades capitales de la región Caribe, se inició con una revisión del Plan Nacional de Desarrollo, la cual se utilizó para identificar temas principales abordados en los planes. Esta división de temas principales sirvió como base del trabajo y la identificación de programas formulados en los planes.

Se dividieron los temas principales entre los investigadores y cada uno progresó con una revisión de los contenidos de los planes departamentales, relacionados a su tema principal. Se trabajó en manera transversal tras los planes de los ocho departamentos, lo que significa que el mismo investigador revisó el contenido de todos los planes para un Tema Principal, con el fin de permitir el máximo nivel de exactitud en la comparación entre departamentos.

La Constitución Política de Colombia, de 1991 en el artículo 339, del capítulo 2 "De los planes de desarrollo", Título XII "Del régimen económico y de la hacienda pública", establece lo siguiente: «Habrá un Plan Nacional de Desarrollo conformado por una parte general y un plan de inversiones de las entidades públicas del orden nacional. En la parte general se señalarán los propósitos y objetivos nacionales de largo plazo, las metas y prioridades de la acción estatal a mediano plazo y las estrategias y orientaciones generales de la política económica, social y ambiental que serán adoptadas por el Gobierno. El plan de inversiones públicas contendrá los presupuestos plurianuales de los principales programas y proyectos de inversión pública nacional y la especificación de los recursos financieros requeridos para su ejecución, dentro de un marco que garantice la sostenibilidad fiscal».

A partir de una revisión inicial del Plan Nacional de Desarrollo, se dividió el contenido de los planes en los siguientes once Temas Principales:

1) Salud, 2) Educación, 3) Población Vulnerable, 4) Seguridad Alimentaria y Nutricional, 5) Medio Ambiente y Riesgo 6) Cultura y Deporte 7) Infraestructura 8) CTeI 9) Competitividad y Desarrollo Económico 10) Seguridad y Convivencia 11) Administración y Finanzas Públicas.

Tomaré como ejemplo el Tema Principal 9: Competitividad y Desarrollo Económico, y dentro del mismo cómo se va desarrollando el tema de lo general a lo particular. Con este tema se hace referencia a todos los elementos o factores que determinan la capacidad de la región de generar altas tasas de crecimiento de manera sostenida y mantener procesos de acumulación del capital que permitan generar riqueza, a fin de promover y mantener la prosperidad o bienestar económico y social de sus habitantes.

Sub-Tema 2: Desarrollo económico y empresarial.

Bajo este nombre se agrupan los distintos programas relacionados con la provisión de las condiciones necesarias para la creación o localización de empresas en el territorio, o el incremento de su productividad y competitividad, con el fin de general mayor valor agregado y oportunidades de empleo para los habitantes del territorio.

Los actores representantes de la violencia que asecharon este país fueron muchos, poderosos y muy destructivos. Las FARC, Fuerzas Armadas Revolucionarias de Colombia, estuvieron activas en el conflicto armado interno desde 1964 hasta 2016 cuando se desmovilizan por los Acuerdos de paz y en 2017 conforman el partido Fuerza Alternativa Revolucionaria del Común.

Según el Centro Nacional de Memoria Histórica hubo 262.197 muertos en Colombia por el conflicto armado interno entre 1958 y 2018. Pero hubieron otros grupos: los paramilitares, los carteles de la droga, los Pepes, perseguidos por Pablo Escobar, y la corrupción en las fuerzas policiales y militares ya que la cocaína siempre genera mucho dinero. Hubo muchas grietas, por décadas y extremadamente sangrientas, pero lo superaron.

El trabajo de Colombia no solo se remite a un plan de desarrollo nacional sino que se plantean visiones regionales y de ciudades que tienen que estar en consonancia con la construcción nacional. También vemos un gran respaldo político a estos emprendimientos.

18.   BRASIL

El proceso de Brasil. Este país inició en 2004 un proceso de prospectiva estratégica con el proyecto Brasil 3 tiempos (Br3T), continuado posteriormente a través de Brasil 2022, formulado en 2010. Con Br3T se retomó la práctica de la planeación de largo plazo, abandonada durante las décadas precedentes debido a los problemas macroeconómicos y la inestabilidad monetaria. Según el Presidente Lula arribó al poder con una nueva visión de país, coincidentes con condiciones de equilibrio monetario y estabilidad económica que crearon un ambiente favorable a la elaboración de un plan de desarrollo de largo plazo.

Se elaboró una visión nacional de largo plazo con metas temporales para 2007, 2015 y 2022. El 2007 por ser el año de finalización del primer Gobierno del Presidente Lula; 2015 por coincidir con el plazo final de las metas del milenio propuestas por Naciones Unidas; y 2022 por conmemorarse el bicentenario de la independencia de Brasil.

En su inicio estuvo a cargo del Núcleo de Asuntos Estratégicos (NAE), entidad adscrita a la Secretaría de Comunicación del Gobierno y Gestión Estratégica de la Presidencia de la República, quien realizó la conducción ejecutiva del proyecto. Su coordinación estuvo a cargo de un Consejo de Ministros integrado por el Ministro Jefe de la Casa Civil de la Presidencia de la República, el Ministro Jefe de la Secretaria General de la Presidencia de la República, Ministro de la Secretaria de Desenvolvimiento Económico y Social de la Presidencia de la República, el Ministro de la Secretaria de Comunicación de Gobierno y Gestión Estratégica de la

Presidencia y el Ministro de Planeación, Presupuesto y Gestión.

En 2006 el NAE se integró a la oficina de la Presidencia de la República y en 2008 pasó a denominarse Secretaría de Asuntos Estratégicos (SAE). Es destacable el progresivo peso institucional obtenido por este tema. Apoyándose en Br3T, en 2010, la SAE elaboró el Plan de desarrollo de largo plazo Brasil 2022.

Cronología

- 2003 Elección de Luíz Inácio Lula Da Silva como Presidente de la República, representante del Partido de los Trabajadores, después de dos gobiernos del presidente Cardoso (1994-2001) del partido de la Social Democracia Brasileña.

- 2004 Formulación proyecto de largo plazo Brasil 3 tiempos (Br3T).

- 2005-6 Ejecución del proyecto Br3T

- 2007 Reelección del Presidente Lula.

- 2008. Creación de la Secretaria de Asuntos Estratégicos (SAE) mediante la Ley 11754, que tiene nivel de ministerio y tiene entre sus funciones asesorar al Presidente de la República en la planeación de largo plazo, las opciones estratégicas de país y la articulación entre gobierno y sociedad para formular la estrategia nacional de desarrollo de largo plazo. La SEA reemplaza la NAE.

- 2009 El Presidente Lula promueve la formulación del Plan de lago plazo para Brasil.

- 2009- 2010 SAE formula el Plan de largo Plazo Brasil 2022 y precisa la visión de largo plazo del país. Se publica Brasil 2022.

Br3T adoptó un enfoque prospectivo, orientado por el concepto de construcción compartida de futuro, con amplio despliegue de las capacidades de la sociedad para la construcción de una visión consensuada y contó con el apoyo metodológico del Centro de Gestión de Estudios Estratégicos (CGEE). Se organizó en cuatro etapas: diagnóstico, solución estratégica, validación y evaluación, y gestión de futuro.

El diagnóstico se abordó en siete dimensiones, cada una a cargo de un equipo de especialistas de diversas universidades y centros de investigación. En la etapa de solución estratégica se convocó la participación social a través de consultas Delphi a grupos representativos, consultas web Delphi a individuos, y encuestas individuales por Internet.

Se definieron y priorizaron cincuenta temas estratégicos y se definieron los criterios para seleccionar los escenarios, entre ellos el preferido. Entre las herramientas usadas se resalta el diseño de escenarios probables, las matrices de impacto cruzado y las matrices FODA (fortalezas, oportunidades, debilidades y amenazas). En la etapa de gestión de futuro se realizaron estudios sobre temas estratégicos previamente priorizados. Esta parte del proceso se realizó entre 2004 y 2007.

Este proceso prospectivo ha logrado instalar en la nación la práctica del análisis estratégico y de construcción de futuros, lo que se refleja en el hecho que diversas instancias políticas del país como el Congreso y los ministerios colocan los estudios de largo plazo en un sitio central de las decisiones del país. También motivó a establecer dentro de la academia grupos de investigación en diversos temas con visión prospectiva y análisis de futuros, así como en el sector empresarial y sindical.

Intervención del Estado en la economía. De hoy al 2022, el documento no prevé cambios en la vigencia del capitalismo en la economía mundial, aunque se considera que, de país a país, variará el grado de participación del Estado en la economía. Se estima que el Estado debe participar en dos áreas decisivas: defensa y alta tecnología; las que jamás deberán ser dejadas en manos del mercado y su sistema de precios. Se afirma que el país es subdesarrollado, y se considera que la intervención pública planificada es esencial para:

1. Eliminar los cuellos de botella del sistema productivo y estimular la mejor organización territorial de la economía y la sociedad, para lo cual debe prever la asignación estratégica de recursos.

2. Elaborar un plan de desarrollo científico y tecnológico con recursos crecientes y estables, en las áreas de punta, que es la base de la evolución autónoma de la economía en una sociedad internacional muy competitiva y restrictiva.

3. Asignar recursos para programas destinados a la creación de un mercado de masas, con la integración de enormes contingentes poblacionales hoy excluidos, en una economía altamente productiva, sustentable y justa.

4. Definir metas estratégicas a ser alcanzadas, por ejemplo los objetivos del milenio, las que, al ser definidas permiten trazar una trayectoria de Brasil rumbo hacia un Estado y economía desarrollada.

5. Establecer objetivos de crecimiento en el contexto de un plan de largo plazo, inducir la inversión privada, interna y externa, y contribuir en gran a medida a determinar su ubicación geográfica y su volumen. En términos de intervención pública se toma a China como ejemplo internacional. Se identifica la planeación pública, así como la regulación a la actividad empresarial, como las bases de su éxito, entendido este último tanto en términos de localización geográfica de las inversiones, como por los compromisos de transferencia de tecnología, de nacionalización y de exportaciones.

Brasil se visualiza como un Estado soberano, con participación en condiciones de igualdad en los mecanismos de gobernanza mundial y regional. Sociedad justa y progresista. No se hace alusión a la equidad sino a una sociedad justa y progresista, entendida como aquella donde todos los ciudadanos tienen igual acceso a los bienes públicos de salud, de educación, saneamiento, transporte, habitación, justicia y cultura.

Crecimiento y desarrollo económico. Brasil se propone la meta de llegar a ser la quinta mayor economía del mundo, con empresas de acción internacional, tanto exportadoras como inversoras en todos los continentes, con amplia participación en el comercio mundial y con un mercado interno en expansión.

Se señala además que, debido a sus dimensiones territoriales y demográficas, así como debido a sus extraordinarios recursos naturales, tendría posibilidades de influir cada vez más sobre el sistema internacional (ámbitos políticos, económicos, militares, tecnológicos y sociales). También se afirma que lo que pase en el sistema internacional será relevante más no determinante. Por tanto, se espera influir sobre las principales tendencias internacionales para volverlas más favorables e impedir la preservación de los privilegios de las grandes potencias.

Al 2022 se visualiza como una economía con un crecimiento acelerado y sostenible, que cada año reduce la distancia que lo separa de los países desarrollados. Inserción en la economía mundial Se resalta el aumento, en los últimos 20 años, de la distancia entre países desarrollados y subdesarrollados.

Hacia el futuro se identifican nueve mega tendencias: aceleración de la transformación tecnológica (nanotecnología, biotecnología y tecnología militar); agravamiento de la situación ambiental-energética; agravamiento de las desigualdades sociales y la pobreza; migración, racismo y xenofobia; continuidad de la globalización de la economía mundial; multipolarización económica y política; concentración del poder; normatización internacionales de las relaciones entre Estados, empresas e individuos; y, definición internacional de parámetros de políticas domésticas para Estados subdesarrollados. En ese panorama internacional, Brasil se vislumbra protagonista, pues considera que por sus dimensiones territoriales, demográficas y por sus extraordinarios recursos naturales tiene posibilidades de influir cada vez más sobre el sistema internacional.

A nivel económico, se visualiza como la quinta economía mundial, con mega empresas nacionales que industrializan la explotación de sus recursos naturales y tienen acceso a recursos naturales de otros países, principalmente de América Latina y África. Brasil supone que se mantendrá la multipolarización global. No desea incorporarse a los bloques ya conformados en el plano internacional, porque eso afectaría su capacidad de ejecutar políticas de desarrollo con base en su capital y mano de obra nacional.

Brasil es un gigante complejo, lleno de contrastes con enormes diferencias sociales y económicas, con un nordeste muy pobre donde la esperanza de vida es notablemente menor a los nacidos desde Rio de Janeiro hacia el sur, teniendo al estado de San Pablo con casi la misma población de Argentina, como la gran locomotora nacional. La violencia y el racismo siguen conviviendo en la sociedad con mucha fuerza, pero como podemos apreciar trabajan con pensamiento estratégico para construir su destino.

La novedad más reciente que tendrá un importante impacto para el mediano y largo plazo es la reciente alianza entre los ex presidentes Henrique Cardoso y Lula Da Silva. Esta envidiable tolerancia cívica que es algo común en Chile o Uruguay no lo es tanto en el gigante del sur pero parece que Bolsonaro lo ha logrado.

19. MÉXICO. VISIÓN 2030. EL MÉXICO QUE QUEREMOS

"El porvenir de una nación democrática no es resultado de la casualidad; es producto de la libertad, la unidad, el entendimiento, la inteligencia y la determinación de sus ciudadanos. Más que un resultado fortuito, el éxito de un país está determinado por lo que su sociedad y su gobierno son capaces de planear, prever y decidir. Por eso, si pretendemos conducir a México al futuro, necesitamos definir una visión común del país que queremos para las próximas décadas y ponernos a trabajar con determinación para hacerla realidad.

Por eso hemos convocado a todos los sectores de la sociedad a participar en este ejercicio de reflexión y prospectiva que hemos llamado Visión México 2030. Para el Gobierno de la República es fundamental tomar decisiones pensando no sólo en el presente de los mexicanos, sino también en su futuro. Visualizar el país que ambicionamos es un requisito indispensable para construir políticas públicas que respondan verdaderamente a los intereses de la sociedad

La Visión México 2030 es una apuesta en común del México que anhelamos. Una descripción del México deseable y posible por encima de diferencias de partido, región o religión. Debe ser por lo mismo el mayor consenso activo de nuestra sociedad para construir el país que anhelamos. Todas las metas que se presentan aquí son alcanzables, son viables, porque expresan no sólo nuestra voluntad, sino también nuestro compromiso de tener un país mejor, un México ganador"

Así da inicio el documento "México, visión 2030, el México que queremos" y continúa explicando cuál es su visión a largo plazo: "México es nuestro proyecto común, nuestra misión colectiva. La generación de mexicanos de hoy tenemos el deber de construir una visión común de la nación que queremos para las próximas décadas y encaminarnos resueltamente al logro de ese objetivo. Debemos decidir cómo queremos ver a nuestro país en lo político, en lo económico, en lo social, en lo ambiental. Cómo imaginamos su economía, cómo queremos verlo inscrito en el mundo del siglo XXI en todos los aspectos de la vida diaria y ponernos en la ruta correcta para lograrlo.

Actuar con miras al futuro implica una planeación seria y acorde con la realidad que vive hoy nuestro país, así como el diseño de estrategias que nos lleven a consolidar ese México de oportunidades que queremos para todos. El reto impostergable es edificar aquí y ahora el porvenir que imaginamos, es tomar las riendas de nuestro propio destino".

La Visión México 2030 es un proyecto de país de largo alcance y una propuesta que da certeza sobre el destino que queremos alcanzar como nación; tiene como propósito identificar objetivos compartidos para el futuro del país y ofrecer una metodología para evaluar los avances en el logro de esos objetivos. Lograr que todos los mexicanos cuenten con una mejor calidad de vida a la vuelta de poco más de dos décadas es una responsabilidad compartida. Por ello, para conformar la Visión México 2030 se convocó a distintos sectores de la sociedad a fin de conocer sus percepciones, diagnósticos y propuestas particulares, en un espacio de diálogo plural e incluyente en el que se privilegió la búsqueda de consensos.

Este trabajo se estructuró en torno a cinco ejes:

1) Estado de Derecho y Seguridad

2) Economía Competitiva y Generadora de Empleos

3) Igualdad de Oportunidades

4) Sustentabilidad Ambiental

5) Democracia Efectiva y Política Exterior Responsable

La convocatoria y conjunción de las distintas visiones se desarrolló en las siguientes fases:

I. Consulta ciudadana.

II. Análisis de documentos.

III. Integración de la información.

La construcción de esta visión de largo plazo abrió un amplio espacio para la confluencia y la integración de puntos de vista; fue una tarea colectiva, sin distinción de preferencia política, religión, origen étnico, género, nivel de ingreso, posición social o lugar de residencia. El objetivo de este proceso es que todos los mexicanos puedan hallar en esta Visión México 2030 la expresión de sus anhelos y necesidades acerca del país en el que vivirán, cuando sean adultos, los mexicanos que nacen hoy.

El México que queremos:

Visión 2030 Hacia el 2030, "los mexicanos vemos a México como un país de leyes, donde nuestras familias y nuestro patrimonio están seguros, y podemos ejercer sin restricciones nuestras libertades y derechos; un país con una economía altamente competitiva que crece de manera dinámica y sostenida, generando empleos suficientes y bien remunerados; un país con igualdad de oportunidades para todos, donde los mexicanos ejercen plenamente sus derechos sociales y la pobreza se ha erradicado; un país con un desarrollo sustentable en el que existe una cultura de respeto y conservación del medio ambiente; una nación plenamente democrática en donde los gobernantes rinden cuentas claras a los ciudadanos, en el que los actores políticos trabajan de forma corresponsable y construyen acuerdos para impulsar el desarrollo permanente del país; una nación que ha consolidado una relación madura y equitativa con América del Norte, que ejerce un liderazgo en América Latina y mantiene una política exterior activa en la promoción del desarrollo, la estabilidad y la seguridad nacional e internacional".

Las metas para el 2030, aquí tomo en cuenta lo que habla el documento sobre la competitividad y la generación de empleo: "Los mexicanos queremos alcanzar una mejora sustancial en nuestra calidad de vida, que entre otras cosas significa tener un mejor ingreso para satisfacer las necesidades básicas de nuestras familias. El PIB per cápita en 2006 fue de 8,020 dólares. Para 2030 queremos que sea de 29,000 dólares. (Meta 6) La única forma de erradicar la pobreza y la desigualdad que padecen millones de mexicanos es mediante la generación de empleos dignos y bien remunerados. Actualmente, la tasa de desempleo abierto es del 4%.

Para 2030 queremos que en México se generen 900 mil empleos al año. (Meta 7) México debe tener la capacidad de competir y ganar a nivel internacional. El Foro Económico

Mundial nos ubica actualmente en el lugar 58 de 125 países en el Índice Global de Competitividad. Para 2030 queremos estar dentro del 20% de los países mejor evaluados según este índice. (Meta 8) Queremos un México donde la sociedad aproveche las ventajas que brinda la tecnología.

En 2005 el Índice de Disponibilidad Tecnológica del Foro Económico Mundial ubicó a México en el lugar 56 entre 125 naciones en cuanto a su desarrollo tecnológico y el acceso de la población a ella. Para el año 2030 queremos ubicarnos en el 20% de los países mejor evaluados por este índice. (Meta 9)

Requerimos garantizar mejores condiciones para atraer inversión y hacer negocios en México. De acuerdo con el reporte de competitividad del Foro Económico Mundial, México tiene un Índice de Infraestructura de 3.41, en una escala de 1 a 7, lo que nos coloca en el lugar 64 de 125. Para 2030 queremos mejorar significativamente en este rubro, y ubicarnos dentro del 20% de los países líderes en infraestructura. (Meta 10).

México tiene una enorme vocación turística que debemos traducir en más y mejores empleos y mayores ingresos para el país. Durante 2006, 21.4 millones de turistas extranjeros visitaron nuestra nación y se calcula que gastaron 9 mil 560 millones de dólares. Queremos que México fortalezca su sector turístico para recibir, en 2030, a 46 millones de turistas por año que generen un ingreso de 39 mil millones de dólares para el país. (Metas 11 y 12)"

México tiene una lucha feroz con los carteles mexicanos de la droga que han crecido en su poder de fuego y en su potencial para corromper y tener de vecino al principal consumidor de drogas del mundo como lo es EE. UU con una frontera común de 3170 kilómetros lo hace todo más complicado. Los carteles no solo obtienen enormes ganancias que provienen de su vecino sino también armamento que muchas veces superan al de las fuerzas policiales y militares locales.

Claro está que mucha de su economía está condicionada con la relación estratégica que conforma el bloque Canadá, EE. UU, y México, TMEC, o UMSCA con las siglas en inglés, que reemplaza al NAFTA, y que representa un intercambio comercial de U$S1,2 billones. Paralelamente el país piensa en su planificación hacia el 2030.

20.   NORUEGA, LOS NÓRDICOS Y EL AMIGO EINAR

El Índice de Desarrollo Humano (IDH), presentado por el Programa de las Naciones Unidas para el Desarrollo (PNUD) ubica a Noruega en el primer lugar del mundo, tema que hemos abordado con bastante información. Pero hay algo que se pierde: cuán bien o mal distribuidos están esos recursos en la sociedad. Para capturar esto, el PNUD ofrece un segundo índice, que es el IDH ajustado por desigualdad. En éste, por citar un ejemplo, Estados Unidos no entra en el top 15, a pesar de estar 15º en el IDH. Noruega también lidera el ranking de desarrollo con igualdad, con un puntaje de 0.898. Lo siguen Islandia (0.868), Australia (0.861), Holanda (0.861) y Alemania (0.859). No obstante, estos índices sólo miden dimensiones objetivas del bienestar, nada dicen acerca de los aspectos más subjetivos.

Por eso desde hace algunos años se popularizó el ranking de la felicidad, también auspiciado por la ONU. Este estudio combina dos indicadores objetivos (PIB per cápita y esperanza de vida), con cuatro subjetivos, estimados a partir de una encuesta global: el apoyo social recibido cuando algo sale mal, la libertad para poder elegir sobre la propia vida, y las percepciones de corrupción y generosidad que hay en la sociedad.

La conclusión del Reporte de la Felicidad 2017 es que Noruega es el país más feliz del mundo, con un puntaje de 7.537. Supera a Dinamarca (7.522), Islandia (7.504), Suiza (7.494), Finlandia (7.469) y Holanda (7.377).

Las razones por las que algunos países son más felices que otra muestra que una saludable expectativa de vida y el ingreso per cápita juegan roles importantes. Por eso no sorprende que los mismos países estén arriba en los dos rankings. Pero como el IDH le da mayor importancia al ingreso, los beneficios petroleros de Noruega explican mejor su lugar en ese índice que en el de felicidad. Éste depende más de cómo las personas ven el contexto social en el que viven, de cómo se preocupan unos por otros, de cómo se conectan. Noruega no está al frente del ranking de felicidad por sus ganancias petroleras, sino porque las comparte con otros, especialmente con las generaciones futuras.

Lo primero que hay que decir de esta nación ubicada en el extremo norte de Europa es que es sumamente rica. Tiene el sexto PBI per cápita del mundo, estimado en 68.430 dólares. Esto se debe en gran medida a que conjuga en un mismo territorio todos los avances organizativos y educativos del modelo escandinavo, con recursos naturales extraordinarios. Es uno de los mayores productores mundiales de petróleo, y además tiene abundantes reservas minerales, gasíferas y pesqueras.

Noruega es un país muy igualitario, con mucha equidad de género, de salarios y social. Eso incrementa el sentimiento de ser parte del mismo barco y de trabajar para propósitos colectivos. Los servicios públicos son muy buenos, lo que facilita que las personas estén dispuestas a pagar impuestos y a contribuir. La gente no tiene que abonar para ir al hospital o a la universidad, sino que todo se paga a través de los impuestos. Además, tiene un sistema tributario muy redistributivo, que reparte de los ricos a los más necesitados.

Con una población de apenas 5.2 millones de habitantes, que en su mayoría profesan la fe luterana, Noruega tiene además mínimos niveles de corrupción, que lo ubican sexto en el ranking de Transparencia Internacional. Este se debe en parte a la notable estabilidad de su sistema político, una monarquía parlamentaria que funciona. Los cambios entre una administración y otra no son profundos, ya que la mayor parte de las políticas de estado están consensuadas.

En Noruega hay una colaboración tripartita en el mercado de trabajo, entre empleadores, empleados y el gobierno, por la que los asalariados tienen mucha influencia en su propio ámbito laboral. La alta autonomía se combina con la elevada productividad, También se destacan las particularidades de la estructura familiar, que es muy igualitaria, más de trabajo en equipo que jerárquica y autoritaria, lo que hace a los niños más autónomos, armoniosos y satisfechos, Noruega no es un caso aislado.

Los cinco países nórdicos (Dinamarca, Finlandia, Islandia, Suecia y Noruega) suelen encabezar todos los rankings de calidad de vida gracias a un modelo de bienestar compartido que les ha traído muy buenos resultados. Los países nórdicos tienen economías pequeñas y abiertas. La apertura económica estimula la productividad y la eficiencia. La corrupción y el patronazgo son muy limitados, y las reglas formales son las reglas reales en los negocios y en los asuntos públicos.

Otra característica compartida es un sistema de seguridad y asistencia social amplia y generosa. Así aquellos que pierden en la competencia global puedan mantener la atención sanitaria, educación gratuita, buenas jubilaciones (aunque la edad jubilatoria es 67 años), servicios de rehabilitación y mucho más. Todo esto mejora la predictibilidad en la vida cotidiana de la gente.

Entre las cosas más destacadas por los consultados en una encuesta realizada por el banco SEB sobresalen el sistema de pensión, la igualdad en el acceso a todos los servicios, la salud pública y el apoyo a los desempleados. Esta confianza contrasta, por ejemplo, con la insatisfacción manifestada por los suecos respecto de lo que ganan los jubilados, de la ayuda a quienes no tienen trabajo y de la desigual cobertura de los servicios esenciales.

Sin embargo, las diferencias entre los cinco países de la región son muy sutiles, y que lo verdaderamente único es el modelo de sociedad que comparten, y que los diferencia del resto. Einar Øverbye, profesor de trabajo social en el Colegio Universitario en Ciencias Aplicadas de Oslo y Akershus manifiesta, "me gustaría halagar a mi país, pero como cientista social debo decir que no somos realmente diferentes de nuestros vecinos nórdicos. Noruega no es excepcional. El verdadero enigma es por qué estos países (más Suiza y Holanda) rankean tan bien. Es cierto que nuestro PBI per cápita es más alto que el del resto, pero eso se debe a la suerte: tenemos abundante poder hidroeléctrico, petróleo en el Mar del Norte y largos fiordos para establecer franjas pesqueras. Si cualquiera de las otras naciones nórdicas tuviera esos recursos naturales, tendría nuestro PIB".

Yo le diría al estimado Einar, con gran humildad, que se puede tener una empresa petrolera (YPF), y que de pérdida, claro que hay que venderla y comprarla algunas veces, tener poder hidroeléctrico, y grandes franjas pesqueras, entre otras bondades y tener a la mitad de la población viviendo entre pobre y míseramente, o sea no es suerte. Le diría tómese Einar un año sabático y venga a vivir esos doce meses a la Argentina y verá como el concepto de suerte tiene otras connotaciones.

De todas las fortalezas que tienen las sociedades de esta región, Øverbye eligió una por sobre las otras: la cultura política. "Los políticos son percibidos como bienintencionados, sanos y honestos, sin importar su color partidario. El sentido de predictibilidad en la vida cotidiana está relacionado con que nuestra vida económica y política es estable y predecible". Einar querido sobre estos tópicos con seis meses le alcanzan y le sobran.

"Aún a riesgo de sonar petulante (algo que a los noruegos nos enseñan de chicos que es el colmo de la vulgaridad), es difícil pensar que algo pueda salir seriamente mal en la economía o en la política, al menos en la próxima década. Ciertamente tenemos muchos pequeños problemas, pero ninguno realmente importante. Por ejemplo, tenemos dificultades con el consumo de drogas, con tasas de muerte por sobredosis inaceptablemente altas, aunque la situación era aún peor en los 90", dijo Øverbye. Deja Einar, no vengas.

21. CHINA. LA NUEVA RUTA DE LA SEDA, SU PLAN ESTRATÉGICO MUNDIAL

La ruta de la seda es en realidad, una red de caminos comerciales que conectaron desde el siglo I a.C. las diversas regiones de Asia con Europa. Su nombre, acuñado por el geógrafo alemán Ferdinand Freiherr von Richthofen, hace referencia a la mercadería más prestigiosa que circulaba entre ambos continentes, pero también se comerciaba con metales preciosos, telas de lana o lino, ámbar, marfil, especias, etc.

Esta ruta goza de muy buena salud actualmente ya que el comercio entre los países asiáticos y Europa sigue siendo enorme. Eurasia se está uniendo rápidamente en un mercado que cubre más del 65% de la población, el 75% de los recursos energéticos y el 40% del PBI mundial. Las mercaderías siguen recorriendo el mismo camino, pero hoy en día el tránsito ferroviario es más rápido que el marítimo. Un puerto en Portugal, el de Simes. Una ruta de tren en Madrid. Un gasoducto en Kazajistán. Una urbanización en Malasia.

Todos son proyectos integrados en la Nueva Ruta de la Seda o iniciativa de la Franja y la Ruta, Yi day yi lu, en mandarín, BRI por sus siglas en inglés, es el Plan Estratégico Mundial de China repartido por los cinco continentes que puede costar un billón de dólares. El mismo tiene ramificaciones geopolíticas y económicas, criticado por algunos como un instrumento para dominar el mundo, y alabado por otros como un plan Marshall del siglo XXI que ayudará a desarrollar regiones olvidadas.

China le da una importancia supina a tal punto que en 2018 ha sido incluido en la Constitución del Partido Comunista. En sus comienzos cuando el líder chino Xi Jinping presentó la idea en 2013, la propuesta se ceñía a los países vecinos y su propósito era principalmente la infraestructura. Actualmente, según Pekín, están adheridos más de 100 países en todo el mundo, en occidente hablan de 65, y abarca casi cualquier área. Tiene componentes comerciales, financieros, de seguridad y culturales. También incluye normas y estándares, aduanas, tribunales, comercio electrónico.

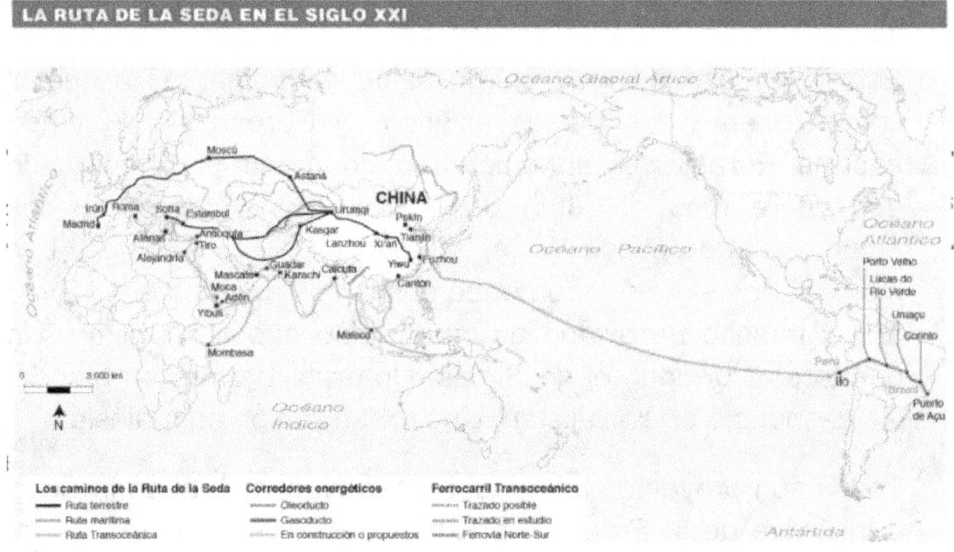

Fuente: Xinhua, Esglobal, Wall Street Journal y Folha De S. Paulo

Para China, los beneficios son importantes: ampliar vías hacia el oeste le permite desarrollar sus regiones occidentales más empobrecidos, estimula sus sectores industriales en momentos en los que su economía entra en una etapa de menor crecimiento. Facilita que otros países adopten sus estándares tecnológicos, por ejemplo, la telefonía 5G, y en general expande su presencia e influencia internacional.

Para los países beneficiarios, las ventajas son también obvias. Asia necesitará cerca de 1,7 billones de dólares en inversiones en infraestructura hasta 2030 para mantener su crecimiento, según el Banco Asiático de Desarrollo. Bien, las inversiones de China llegan sin preguntas sobre derechos humanos o la naturaleza del Gobierno en el poder, entre otras cuestiones es porque ellos mismos no podrían contestar esas preguntas en el gigante asiático.

Hasta el momento aseguran haber invertido 53.000 millones de euros, desde occidente dicen que la cifra sería la mitad. El punto es que el número de proyectos supera el millar. Algunos países, especialmente los que tienen acceso difícil a los mercados internacionales, han aceptado con entusiasmo la chequera china.

Claro está que hay críticas de distintos países, especialmente de EEUU, ya que con éste en el fondo lo que se juega es la supremacía mundial. En el mes de marzo de 2019 el presidente chino visitó Italia obteniendo una gran victoria geopolítica al firmar un acuerdo marco que incorpora a Italia en la megainiciativa. Italia es la primera de las siete potencias capitalistas del G7 (los otros 6 son, EEUU, Japón, Alemania, Francia, Gran Bretaña y Canadá) que sube a bordo de la Nueva Ruta de la Seda. También es el primer país fundador de la Unión Europea que da el gran paso. Otros países han firmado la adhesión a la Ruta de la Seda: Portugal, Malta, Bulgaria, Grecia, Croacia, República Checa, Hungría, Estonia, Lituania, Letonia, Eslovaquia y Eslovenia

La presión norteamericana, que incluyó claras amenazas, más la hostilidad de los socios europeos, obligó a los italianos a redimensionar el Memorándum. Uno de los temas excluidos fue el de telecomunicaciones, por el temor a que los italianos abrieran a China las puertas del sistema 5G de internet veloz a través de la empresa Huawei. Los acuerdos firmados representan inversiones por 7000 millones de euros que podrían llegar a 20.000. El grupo Ansaldo y el grupo Danieli suscribieron acuerdos con contrapartes chinas para fabricar turbinas y una planta siderúrgica en Azerbaiyán por valor de 1100 millones. La petrolera italiana ENI buscará nuevas reservas de petróleo en ese país. Estos son algunos ejemplos. Lo extraño del caso es que las inversiones de Pekín en Gran Bretaña, Alemania y Francia son mucho mayores que en la península.

El caso de Sri Lanka es emblemático en relación a las críticas. Este país ha recibido créditos chinos por valor de 9.000 millones de euros, lo que lo convierte en el tercer receptor de fondos de la BRI, solo por detrás de Pakistán y Rusia. Su fuerte endeudamiento, no solo con Pekín, le ha llevado a ceder a una empresa china el uso de su puerto de Hambantota y ha colocado en una situación de debilidad al gobierno.

China replica que sus proyectos generan empleo en los países y favorecen el empleo y sus créditos no son los causantes de los problemas de deuda de los países en problemas. Xi también ha rechazado las acusaciones que afirman que su plan tenga fines geoestratégicos ni militares, ni tiene objeto lograr la hegemonía de China. "No es un club de China" comentó el presidente. Ni el mismo señor Xi cree realmente en estas palabras. La dinámica del magaproyecto incluye inevitablemente el dominio de rutas terrestres, marítimas y ferroviarias, de puertos y de empresas con altas tecnologías que pueden ser transferidas bajo el control del régimen comunista de Pekín.

Wade Shepard ha recopilado en Forbes, los cinco proyectos que asegura van a cambiar el comercio de esta zona del mundo:

El puerto del Pireo. El mayor puerto marítimo de Grecia. Ante los problemas económicos del país se ha visto obligado a ponerlo a la venta. Cosco, la naviera estatal china compró en 2016 el 51% del puerto. En el primer año de operación, las ganancias se dispararon y la facturación aumentó un 53%. El corredor económico Chino-Pakistán. China ha presupuestado 50.000 millones de dólares para potenciar la conexión con Pakistán.

La iniciativa busca conectar el puerto chino de Gwadar con el norte de Pakistán por carretera y ferrocarril, además de llevar energía a la zona. Además de esto se están desplegando nuevos proyectos de energía por un valor estimado de 33.000 millones de dólares, para combatir la escasez de energía endémica de Pakistán.

Desarrollo del centro y oeste de China. Este enorme país ha tenido siempre un problema de distribución de la población que históricamente, se ha concentrado en el este del país. Una de las razones por las que China promueve el desarrollo de una nueva ruta de la seda es porque ayudará al desarrollo del oeste del país. Desde que comenzó la política de expansión hacia el oeste en la década del 2000, China ha construido más de 60.000 kilómetros de nuevas autopistas, más de 25.000 kilómetros de líneas ferroviarias de alta velocidad y más de 100 nuevos aeropuertos.

China e Irán sellaron el 27/3/21 un multimillonario acuerdo que consolida su alianza estratégica y disuelve el poder de las sanciones occidentales con el país persa. El vínculo se extenderá por 25 años, donde se intercambiará un plan de infraestructura en la República Islámica a cambio del abastecimiento a China de petróleo y gas, centro de la riqueza iraní. Esto implica otro paso de la influencia china sobre Asia a pesar de estar hablando de una nación ultra religiosa con una potencia comunista atea. El pacto prevé inversiones chinas de 400.000 millones de dólares en los sectores iraníes de energía y las infraestructuras, según los medios estatales de Irán. A cambio Irán garantiza un suministro estable de petróleo y gas a precios competitivos.

Para China los países de América Latina y el Caribe forman parte de la extensión natural de la Ruta de la Seda Marítima. Así quedó reflejado en la declaración final de la segunda reunión del Foro que reunió al gabinete asiático y a la Comunidad de Estados Latinoamericanos y Caribeños (CELAS) en Santiago de Chile en enero de 2018.

Para la región es una oportunidad para aumentar la financiación bilateral desde China y reducir al mismo tiempo la dependencia de los commodities y permitir una focalización en el estímulo de la productividad y el agregado de valor a sus productos. China estaría dispuesta a financiar una porción mayor de los proyectos.

Xi Jinping ha planteado un esquema de colaboración con la región, bajo el concepto "1+3+6". El 1 es un único plan de cooperación, 3 a los motores de esa relación: el comercio, la inversión, y las finanzas. Y el 6, son las áreas estratégicas a las que apunta el país asiático: infraestructura, energía y recursos, cultura, industria manufacturera, innovación científica y tecnología, tecnología informática.

Veamos algunos ejemplos. Uno de los primeros en levantar las manos fue Juan Carlos Varela de Panamá, que no dudó en romper relaciones históricas con Taiwán. Casualmente se han iniciado las obras del nuevo puerto de contenedores en la isla Margarita, en la provincia panameña de Colón, un enorme proyecto que permitirá atender buques conocidos como neo-panamax, y super post-panamax, con una inversión de 1100 millones de dólares a cargo del grupo chino Landbridge.

Otro de los proyectos es el Corredor Ferroviario Bioceánico Central (CFBC), que unirá el puerto brasileño de Santos, en el océano Atlántico con la terminal portuaria de Ilo, en la costa peruana del Pacífico. Con un total de 3755 kilómetros se estima reducir de 67 a 42 días los tiempos de transporte de mercaderías de Brasil a China. El tercer proyecto es el futuro Túnel Internacional de Agua Negra, una vía de interconexión binacional entre la provincia de San Juan y la región chilena de Coquimbo. La obra de 13,9 kilómetros permitirá el paso de autos y camiones de carga todo el año.

En diciembre de 2017 año, Eric Schmidt, CEO de Google comentó que «para 2020 China se habrá puesto al día en inteligencia artificial, para 2025 serán mejores que nosotros y para 2030 dominarán la industria». Las quejas norteamericanas que China plantea quitarle el dominio tecnológico incluye la iniciativa «Hecho en China 2025», que propone crear entidades de ese país para competir en robótica y otros campos y convertir al país asiático en líder tecnológico mundial. China transformada en superpotencia en los últimos cinco años, cede ahora el primer lugar. La regla en el capitalismo dice: el poder económico no garantiza el liderazgo político, pero no hay liderazgo político e iniciativa estratégica, sin un renovado poderío económico.

La respuesta de China a los embates que ha tenido desde la administración de Donald Trump y ahora también recibe otro tipo de embates desde la administración de Joe Baden, consiste en cooperar con EEUU de manera tal de obtener los logros de sus objetivos estratégicos que son dos: 1) crear un área de libre comercio global con los países de capitalismo avanzado, con arancel cero, sin subsidios, sobre la base de ventajas comparativas, 2) colaborar en el liderazgo estratégico militar norteamericano, rechazando la hegemonía y no disputando el primer lugar, aunque cada año se le destina más presupuesto a las fuerzas armadas chinas.

Hay especialistas internacionales que afirman que la ruta de la seda está en pleno retroceso, que no ha tenido la repercusión que se esperaba, que muchos de los préstamos que otorgó el imperio central serán irrecuperables, pero hay que repasar la historia china que ha sido continuamente invadida, atacada, que ha tenido un gran período de auge transformándose en la primera potencia mundial, para caer profundamente y generando un retroceso fenomenal, cerrándose tanto económicamente y culturalmente, para luego pasar al actual período comunista/capitalista ya analizado.

Hoy no solo está en un auge fenomenal y de gran velocidad con escalas monumentales, poniendo sus pies en todo el mundo, puede ser que trastabille en algunos momentos o en algunos lugares, pero su estrategia es mundial e imparable, además China sabe esperar, 5000 años de historia así lo confirman.

22.   LA PEOR ESTRATEGIA ES NO TENER ESTRATEGIA

Ejemplos de países que construyen un camino propio. En los últimos años se constata un veloz cambio de los países en la jerarquía mundial basada en el nuevo paradigma tecnológico y una preocupación creciente sobre la capacidad para competir en este proceso de transición hacia nuevas estructuras económicas basadas en el conocimiento y la innovación.

Organismos internacionales como el Banco Mundial, la Organización para la Cooperación y el Desarrollo Económico, el Banco Interamericano de Desarrollo, el Plan Naciones Unidas para el Desarrollo, la Comisión Económica para América Latina y la Corporación Andina de Fomento, entre otras, han hecho estudios sobre aspectos relacionados, como la calidad de la inserción internacional, la aceleración del crecimiento económico, las brechas tecnológicas y educativas, la innovación en una economía del conocimiento y sus implicaciones para los sistemas educativos y del aprendizaje, etc.

Este creciente interés se expresa igualmente en la experiencia de la Unión Europea, Francia, Brasil, China y otros países, quienes han elaborado en los últimos años sendos informes encaminados (Manual de prospectiva y decisión estratégica: bases teóricas e instrumentos para América Latina y el Caribe) a establecer un balance de su situación frente a la economía de conocimiento.

Lo fundamental en esta perspectiva es que los diferentes países se responsabilizan por diseñar estrategias deliberadas que faciliten un cambio en el patrón de especialización del sector productivo hacia sectores dinámicos en el mercado mundial y con mayor valor agregado. A diferencia de hace algunos años, la evidencia constata que los países que han cambiado su patrón de especialización han diseñado y realizado movimientos estratégicos con base en líneas definidas y conceptos guía.

No han dejado su aparato productivo a la inercia, el azar o el ensayo y el error. Han tenido una posición activa que ha llevado a los gobiernos a trazar una trayectoria definida. De acuerdo con los estudios de Mario Cimoli, "la convergencia internacional requiere que en el largo plazo las economías sean capaces de transformar su estructura productiva, pasando de un patrón de crecimiento basado en las rentas derivadas de la abundancia de algún factor de producción a otro basado en las rentas generadas por el conocimiento y el aprendizaje.

En esa transformación los sectores difusores de conocimiento deben alcanzar un peso creciente en la industria. Los efectos de arrastre de los sectores, así como su relación virtuosa con la inversión en tecnología y con la competitividad externa, son necesarios para combinar el rápido crecimiento de la productividad con tasas elevadas de empleo en la economía, reduciendo así la heterogeneidad estructural. En economías con poco cambio estructural, incrementos localizados de la productividad son de poca ayuda para reducir la informalidad y la heterogeneidad". Los siguientes son algunos ejemplos relevantes de países que pretenden lograr una transición hacia una economía con conocimiento.

Francia

Estrategia maestra: Afrontar la dinámica de la globalización de las actividades de innovación, basada en una organización cognitiva del país enfocada en la excelencia tecnológica como factor crítico para reforzar la ventaja competitiva.

Líneas estratégicas relevantes: Mejorar el desempeño global de Francia en términos de PBI por habitante, atractividad del territorio para captar inversión extranjera directa, y resultados de comercio exterior. Revisión de las políticas de investigación pública, ciencia y tecnología, educación y formación. Políticas explícitas de desarrollo de los territorios, cooperación y aprovechamiento de redes para obtener acceso al saber y las competencias claves.

Movimientos estratégicos: Garantizar acceso universal y permanente a la educación y la formación. Definir orientaciones estratégicas de la investigación pública y de las políticas tecnológicas. Liderazgo europeo en la reflexión sobre propiedad intelectual. Promover el desarrollo de conocimientos y de competencias en todas las regiones. Mejorar la gestión del conocimiento y de las competencias en todas las organizaciones. Aprender a manejar y desarrollar las alianzas estratégicas. Adaptar el sistema productivo a la medida de la economía del saber.

Singapur

Estrategia maestra: Competencia basada en Infraestructura de transportes y comunicaciones de clase mundial para aprovechar su posición geoestratégica.

Líneas estratégicas relevantes: Servirse eficientemente del conocimiento global a través del comercio y las inversiones extranjeras directas. Convertirse en centro educacional regional para la demanda asiática de calidad global

Movimientos estratégicos: Atracción de multinacionales con foco en: Operaciones de fabricación avanzadas. Servicios de alto valor agregado (financieros, logística, consultoría). Alta Inversión en educación y entrenamiento a través de Fondo especial. Preparación deliberada para aprovechar la revolución de las TICs.

Corea

Estrategia maestra: Avance progresivo en el nivel tecnológico de sus exportaciones, formación de industria interna orientada a la exportación.

Líneas estratégicas relevantes: Estrategia de crecimiento hacia fuera basada en la formación de conglomerados (Chaebol) y el fomento de las exportaciones. Alta Inversión en investigación y desarrollo, con alta participación del sector privado. Iniciativa para reconversión de Corea en una economía de conocimiento desde la crisis de 1997, misiones de organizaciones globales de consultoría y los 10 principales centros de investigación nacionales.

Movimientos estratégicos: Formación de recursos humanos de alto nivel. Ingeniería de reversa y licenciamiento de tecnologías extranjeras. Producción de patentes propias. Construcción de infraestructura de información. Lanzamiento como economía intensiva en conocimiento.

Irlanda

Estrategia maestra: Software y equipamientos electrónicos. Estrategia de creación de oportunidades como reacción a la guerra civil.

Líneas estratégicas relevantes: Reforma educativa desde los años sesenta en la educación superior y para provisión de educación secundaria gratuita. Alianzas sociales para la modernización de los salarios y el recorte del gasto público en los años ochenta.

Movimientos estratégicos: Atracción de inversiones extranjeras directas y de capital humano avanzado. Fundación de Colegios Técnicos Regionales. Expansión de la educación superior centrada en la producción de técnicos en computación, ciencias e ingenierías.

Me voy a detener más en este pequeño país europeo que tiene solo 4,8 millones de habitantes, más 1,8 millones de Irlanda del Norte, con un PBI de 347.000 millones de euros, con un sorprendente PBI per cápita de 86.750 euros, inflación de 1,1% anual y un desempleo del 5%, sus exportaciones fueron de 152 mil millones, su crecimiento del PBI es superior al promedio europeo, todos estos datos tomando en cuenta el año 2019.

Los tópicos más importantes en que se basó la estrategia del país son los siguientes

- Economía de mercado

- Pertenencia a la UE

- Énfasis en las personas

- Incentivos fiscales

Pero estos cuatro puntos están enmarcados en dos conceptos vitales: la producción de sinergia entre en Estado, la academia, y las empresas, por un lado, y la estabilidad y continuidad en las políticas públicas.

La idea de economía de mercado se cristaliza al presentar Irlanda 74 acuerdos que evitan la doble imposición, y tiene un ecosistema amigable con los negocios ya que tiene una fuerte cultura emprendedora y de innovación. En febrero de 2019 la OCDE dijo que los trabajadores irlandeses son los más productivos de Europa. Hay más de 1400 empresas internacionales que emplean al 10% de la fuerza laboral e invierten 19 mil millones de euros en el país, y 2/3 de los impuestos corporativos provienen de la inversión extranjera directa.

Tienen un muy bajo impuesto corporativo 12,5% y un crédito fiscal de 25% para I+D. Está claro que las empresas con base en este territorio acceden al mercado de la UE que es de 450 millones de personas. Mucho del éxito del desarrollo tiene que ver con el nivel educativo de su fuerza laboral y al mismo tiempo tiene la población más joven de la UE, ya que más de un tercio de su población tiene menos de 25 años. El 56,3% de la población entre 30 y 34 años tiene estudios terciarios, el promedio de Europa es de 40,7%.

La inversión en I+D en 2017 fue de 1,24% del PBI o sea 3.700 millones de euros, y en los últimos 25 años se multiplicó por 10 la inversión en I+D.

Así se desarrolla un país.

23. LOS DESAFÍOS DEL NUEVO CONTEXTO BASADO EN EL CONOCIMIENTO

El hecho es que ninguno de los países que ha cambiado su patrón de especialización ha hecho la transición pensando y haciendo lo mismo de antes. Es evidente que para dar un salto del cuadrante del menor desarrollo tecnológico y la menor transformación productiva hacia otros escenarios se requieren nuevas capacidades, nuevos modelos mentales y nuevas formas de tomar decisiones. ¿Por qué ya no nos sirve más de lo mismo? Porque el nuevo paradigma productivo se basa en reglas de juego que premian a los jugadores que las comprenden y aplican, y castiga a aquellos jugadores que las pasan por alto.

La evidencia empírica en el entorno internacional demuestra que, si es posible generar el cambio del patrón de especialización, la transformación productiva y social en países de bajo y medio desarrollo, bajo y medio ingreso, con y sin conflicto social. Pero este logro no se alcanza mediante el azar, la inercia o el ensayo y error. La competencia internacional demuestra que la peor estrategia es no tener estrategia. Los países bajo estudio constituyen ejemplos de cómo se genera una transición hacia una sociedad y una economía del conocimiento.

Varios son los desafíos que comportan estas reglas de juego, a saber:

- Ganar velocidad.

- Cambiar con dinamismo.

- Desarrollar una capacidad superior de aprendizaje para dinamizar sectores estratégicos.

- Producir competitividad sistémica y desarrollo social.

- Pensar en el costo de oportunidad.

- Desarrollar instituciones capaces de lograr una escala global de actuación.

La necesidad de estrategias de cambio, aprendizaje y construcción de futuros

Con el mismo perfil educativo, productivo y social no puede aspirar a competir en igualdad de condiciones con países que construyen estrategias deliberadas hacia la sociedad y la economía del conocimiento. Salir de la caja del menor desarrollo tecnológico y la menor transformación productiva requiere el aprendizaje de nuevas destrezas y habilidades. Por ejemplo, ir hacia el escenario de agregar valor a los recursos naturales exige, por lo menos, superiores capacidades en biotecnología y gerencia, para construir una cadena de valor completa y efectiva. El caso de la agroindustria chilena es importante por su capacidad de penetración del mercado mundial y de mejoramiento tecnológico, logístico y organizativo de las compañías exportadoras.

De otra parte, avanzar hacia el escenario de la inserción basada en fuerzas exógenas requiere de una gran capacidad de interlocución con las firmas globales. Exige formación de alto nivel del capital humano y un gobierno capaz de garantizar seguridad jurídica, estabilidad macroeconómica y derechos de propiedad intelectual. Estos factores no son simples elementos burocráticos que pueden forjarse mediante la firma de un tratado internacional. Son aprendizajes que implican tiempo, esfuerzo, inteligencia y motivación. Por ejemplo, aprender a captar y retener inversión extranjera directa conlleva conocer en detalle el funcionamiento de las multinacionales, el flujo de inversiones globales, el comportamiento de las élites y la cultura de los negocios de los diferentes países.

La experiencia internacional indica que mediante el incremento de las capacidades de prospectiva un país puede consolidar sectores estratégicos a largo plazo, acompañados con políticas públicas coherentes (científico–tecnológicas, comercio exterior, educativa, etc.), orientadas por visiones estratégicas, para fomentar el desarrollo tecnológico y afrontar la transformación de la estructura productiva y el continuo cambio del contexto macroeconómico y político–institucional en el ámbito mundial.

De esta forma, la prospectiva puede contribuir a identificar nuevas potencialidades productivas, construir visiones compartidas de futuro, diseñar e implementar estrategias de desarrollo tecnológico e industrial, con el fin de establecer políticas públicas y privadas, para que el sector productivo pueda enfrentar la globalización de los mercados y la aceleración del cambio tecnológico. En términos generales, la prospectiva es un asunto estratégico para la región debido a que requiere desarrollar capacidades de investigación en temas de frontera para preparar las negociaciones internacionales. Además, los ministerios y entidades de planificación nacionales y subnacionales necesitan apoyo para realizar estudios y proyectos en temas como competitividad, ordenamiento territorial, medio ambiente y desarrollo, proyectos y políticas de ciencia, tecnología e innovación.

En términos específicos, la aplicación de herramientas de prospectiva sirve para plantear estrategias y alternativas conjuntas de solución de problemas sociales, mediante la elaboración de planes estratégicos territoriales, exportadores, y la capacitación de planificadores y el desarrollo de habilidades gerenciales en temas de frontera.

En este sentido la prospectiva, entendida como construcción de futuro, es una actividad permanente que permite generar imágenes de futuro de alta calidad (anticipación), estimular la participación y asimilación de escenarios y desafíos futuros (apropiación), la puesta en marcha de proyectos pertinentes (acción) y la retroalimentación constante que facilite examinar las brechas entre las imágenes de futuro propuestas y el cumplimiento de metas en el presente (aprendizaje).

En páginas anteriores se plantea la incógnita si se podrá pensar y luego actuar a nivel de los países u organizaciones subnacionales teniendo como eje el pensamiento estratégico y aplicarlo con la metodología y el rigor necesario a semejante desafío. Como pudimos ver hay sobradas muestras que esto es factible, habiendo recorrido naciones de diversos continentes, culturas, razas, idiomas, con 200 o 5000 años de historia.

QUINTA PARTE

La pandemia

24.   COVID 19, IMPACTO Y REACCIÓN

En 2020, el PBI mundial se redujo un 4,3%. La caída fue del 5.4% en las economías desarrolladas. (Enfrentar los efectos cada vez mayores del COVID-19 para una reactivación con igualdad: nuevas proyecciones, CEPAL)
El levantamiento gradual de las restricciones sanitarias y la puesta en marcha de políticas expansivas han permitido una lenta e incierta recuperación, primero en China y Vietnam posteriormente en los Estados Unidos y la zona del euro.

Pese a ello, las proyecciones para el conjunto del año 2020 se han deteriorado con respecto a lo que se esperaba a comienzos de abril. Por primera vez en décadas, las autoridades de China no han fijado una meta anual de crecimiento, y se prevé que la expansión total de la economía se mantenga en solo un 3%, la tasa más baja en más de 40 años, aunque se espera un crecimiento del 8/9% para 2021. Para los Estados Unidos, el Sistema de la Reserva Federal proyectó una caída del 6,5%, mientras que el Banco Central Europeo (BCE) previó una reducción del 8,7% del PBI en la zona del euro.

La pandemia ha conducido al colapso del comercio mundial de mercancías. Las medidas de confinamiento redujeron significativamente la producción manufacturera, primero en China y luego en los principales centros del comercio mundial, como los Estados Unidos y Alemania.
En 2020, el volumen del comercio mundial de bienes disminuyó entre un 13% y un 32%. La interrupción de la

producción en países integrados a cadenas de valor mundiales fue determinante en el deterioro del comercio de bienes intermedios, a lo que se sumó la menor demanda de bienes de consumo e inversión a nivel generalizado, como producto del confinamiento y la crisis económica.

Las exportaciones de bienes de América Latina y el Caribe, que alcanzan el 20% del PBI, se concentran en los Estados Unidos (8,5% con relación al PBI), China (2,2%) y la Unión Europea (1,9%). De este modo, la disminución del crecimiento mundial, así como del consumo y la inversión de esos socios comerciales, implican una fuerte contracción de la demanda externa para la región.

Los precios internacionales de los productos disminuyeron en 2020, lo que tendrá efectos negativos en los términos de intercambio de América del Sur. Al inicio de la pandemia, los precios de los productos básicos se redujeron notablemente. Sin embargo, desde mediados de abril —y todavía más durante mayo y comienzos de junio—, se revirtió esa tendencia, como resultado de la incipiente recuperación de la actividad económica de China, los Estados Unidos y Europa.
Si bien es posible que los precios continúen con su tendencia al alza si se consolida la recuperación (aunque esta sea lenta), en el promedio de 2020 se situarían por debajo de los niveles de 2019.

En América Latina y el Caribe, la exportación neta de productos primarios y manufacturas basadas en ellos equivale al 4,5% del PIB. Por su especialización en la producción y exportación de esos bienes, América del Sur sería la subregión más afectada por el descenso de precios.

El valor de las exportaciones regionales cayó cerca de un 23%, con una disminución de los precios del 11% y una contracción del volumen del 12%, debido principalmente a la agudización de la contracción de la demanda mundial. La menor actividad económica y el aumento del desempleo en los principales países de destino de los migrantes de la región provocarán la disminución de los flujos de remesas, lo que afectará principalmente a los países más pobres de la región COVID-19.

En las principales economías de origen de las remesas —los Estados Unidos en el caso de México, Centroamérica y el Caribe, y Europa en el de América del Sur— aumentará la tasa de desocupación. En la zona del euro, pasará del 7,6% en 2019 al 9,8% en 2020, mientras que en los Estados Unidos crecerá del 3,9% al 9,3% en el mismo período (Junta de Gobernadores de la Reserva Federal, 2020; BCE, 2020). Las economías de la propia región, que son la segunda mayor fuente de remesas para varios países, también se verán afectadas por graves pérdidas de empleo. Esto ha redundado hasta el momento en una reducción del flujo de remesas hacia las principales economías receptoras de la región que, en el acumulado hasta mayo, alcanza en promedio un 7% con respecto al mismo período de 2019.

El mayor impacto se produce en servicios como el turismo, la aviación, los alojamientos, los restaurantes, el entretenimiento y el comercio, con excepción de los supermercados, las farmacias y otros servicios declarados como esenciales según el país de que se trate.

Las industrias de productos no esenciales también enfrentan problemas derivados del confinamiento, cuando este ha implicado detener sus actividades. Hay una importante merma de los ingresos de las empresas, lo que dificulta el acceso al crédito y, en muchos casos, lleva al cierre final. En algunos países, la construcción también se ha visto muy afectada por la paralización de obras y la elevada incertidumbre que afecta la puesta en marcha de nuevos proyectos.

Los indicadores generales de actividad muestran que en varios países hay una fuerte contracción. La producción industrial en México cayó un 29,3% interanual en abril 2020, mientras que la actividad total de la economía en el mismo período disminuyó un 26,4% en la Argentina, un 15,1% en el Brasil, un 14,1% en Chile, un 20,1% en Colombia y un 40,5% en el Perú. En el caso de Chile, el dato de mayo fue aún más negativo, ya que correspondió a una caída del 15,3% interanual.

Sobre la base de estimaciones de los efectos de los procesos en curso, la CEPAL proyecta, para el conjunto de la región, una caída promedio del PIB del 9,1% en 2020, con disminuciones del 9,4% en América del Sur, el 8,4% en Centroamérica y México, y el 7,9% en el Caribe, sin incluir Guyana, cuyo fuerte crecimiento lleva el total subregional a una caída del 5,4%.

América Latina y el Caribe: proyección del crecimiento del PIB, 2020 (En porcentajes).

Países	Crecimiento de PBI
América Latina y el Caribe	-9,1
Argentina	-10,5
Bolivia (Estado Plurinacional de)	-5,2
Brasil	-9,2
Chile	-7,9
Colombia	-5,6
Ecuador	-9,0
Paraguay	--2,3
Perú	-13,0
Uruguay	-5,0
Venezuela (República Bolivariana de)	-26,0
América del Sur	-9,4
Centroamérica y México	-8,4
Centroamérica	-6,2

Fuente: Comisión Económica para América Latina y el Caribe (CEPAL).
Nota: En Centroamérica se incluye a Cuba, Haití y la República Dominicana

Una década perdida: la caída de la actividad económica redundará en que, al cierre de 2020, el nivel del PBI per cápita de América Latina y el Caribe sea similar al observado en 2010.

La fuerte contracción en 2020 se traducirá en una caída del PBI per cápita regional del 9,9%. Después de que hubiera prácticamente un estancamiento entre 2014 y 2019 (cuando el crecimiento promedio anual fue de solo un 0,1%), esta caída del PIB per cápita implica un retroceso de diez años: su nivel en 2020 será similar al registrado en 2010.

El deterioro de las proyecciones económicas hace necesaria una revisión de las estimaciones de los principales indicadores del mercado laboral y de las tasas y niveles de pobreza. Dado que los indicadores de empleo en los primeros cuatro meses del año ya muestran un deterioro de las condiciones laborales y tomando en cuenta las nuevas proyecciones del PBI, se espera que la tasa de desocupación regional se ubique en alrededor del 13,5% al inicio del 2021, lo que representa una revisión al alza (2 puntos porcentuales) de la estimación presentada en abril de 2020 y un incremento de 5,4 puntos porcentuales respecto del valor registrado en 2019 (8,1%). Con la nueva estimación, el número de desocupados llegaría a 44,1 millones de personas, lo que representa un aumento cercano a 18 millones con respecto al nivel de 2019 (26,1 millones de desocupados).

Estas cifras son significativamente mayores que las observadas durante la crisis financiera mundial, cuando la tasa de desocupación se incrementó del 6,7% en 2008 al 7,3% en 2009 (0,6 puntos porcentuales).
En la dinámica de los mercados laborales, es importante recordar que debido a la elevada tasa de informalidad laboral de la región estos trabajadores son muy vulnerables a los efectos de la pandemia. De igual forma, el aumento de las tasas de desocupación, en particular en el comercio y el turismo, golpea significativamente a la fuerza de trabajo femenina, que estructuralmente presenta mayores tasas de desocupación.

La revisión a la baja de las perspectivas de crecimiento y el consiguiente aumento de la desocupación se traducirán en un deterioro aún mayor de la situación prevista en lo referente a la pobreza y la pobreza extrema. La CEPAL proyecta que el número de personas en situación de pobreza se incrementará en 45,4 millones a fines de 2020, con lo que el total de personas en situación de pobreza pasaría de 185,5 millones en 2019 a 230,9 millones en 2020, cifra que representa el 37,3% de la población latinoamericana.

Dentro de este grupo, el número de personas en situación de pobreza extrema se incrementaría en 28,5 millones, pasando de 67,7 millones de personas en 2019 a 96,2 millones de personas en 2020, cifra que equivale al 15,5% del total de la población.
 El impacto esperado sobre los países de la región es diverso. Los mayores incrementos de la tasa de pobreza (de al menos 7 puntos porcentuales) se producirían en la Argentina, el Brasil, el Ecuador, México y el Perú. A su vez, la pobreza extrema se incrementaría principalmente en el Brasil, Colombia, el Ecuador, El Salvador, México y Nicaragua (al menos 4 puntos porcentuales).

América Latina 17 países: población en situación de pobreza extrema y de pobreza, 2020
(En porcentajes y puntos porcentuales)

	Pobreza extrema			Pobreza		
	2019[a]	2020[b]	Variación (en puntos porcentuales)	2019[a]	2020[b]	Variación (en puntos porcentuales)
Argentina[c]	3,8	6,9	3,1	26,7	37,5	10,8
Bolivia (Estado Plurinacional de)	14,3	16,8	2,5	32,3	36,1	3,8
Brasil	5,5	9,8	4,3	19,2	26,9	7,7
Chile	1,4	3,4	2,0	9,8	15,5	5,7
Colombia	10,3	14,3	4,0	29,0	34,1	5,1
Costa Rica	3,4	5,1	1,7	16,5	20,5	4,0
Ecuador	7,6	12,7	5,1	25,7	32,7	7,0
El Salvador	7,4	11,9	4,5	33,7	40,2	6,5
Guatemala	19,8	22,7	2,9	48,6	51,6	3,0
Honduras	18,7	22,2	3,5	54,8	59,0	4,2
México	11,1	17,4	6,3	41,9	49,5	7,6
Nicaragua	18,0	22,8	4,8	47,1	52,7	5,6
Panamá	6,5	8,5	2,0	14,6	17,5	2,9
Paraguay	6,2	6,6	0,4	19,4	20,9	1,5
Perú	3,7	7,6	3,9	16,5	25,8	9,3
República Dominicana	4,5	6,7	2,2	20,3	24,7	4,4
Uruguay	0,1	0,3	0,2	2,9	5,3	2,4
América Latina[d]	**11,0**	**15,5**	**4,5**	**30,2**	**37,3**	**7,1**

Fuente: Comisión Económica para América Latina y el Caribe (CEPAL), sobre la base del Banco de Datos de Encuestas de Hogares (BADEHOG).

Políticas fiscales y monetarias para enfrentar la crisis. Una fuerte respuesta en materia de política fiscal. Los países de la región han implementaron grandes paquetes de medidas fiscales para hacer frente a la emergencia sanitaria y mitigar sus efectos sociales y económicos

Los paquetes de medidas representan considerables esfuerzos fiscales. En promedio, constituyen el 3,9% del PIB de América Latina, si bien los porcentajes de los distintos países se sitúan en un rango entre el 0,7% y el 10%

Las diferentes magnitudes de los esfuerzos fiscales derivan de las características de cada país en lo que respecta al avance de la pandemia, las capacidades de sus sistemas de salud y redes de protección social, la estructura de sus economías y sus capacidades de financiamiento.

América Latina (17 países): esfuerzo fiscal de las medidas anunciadas para enfrentar la pandemia de COVID-19 (En porcentajes del PIB)

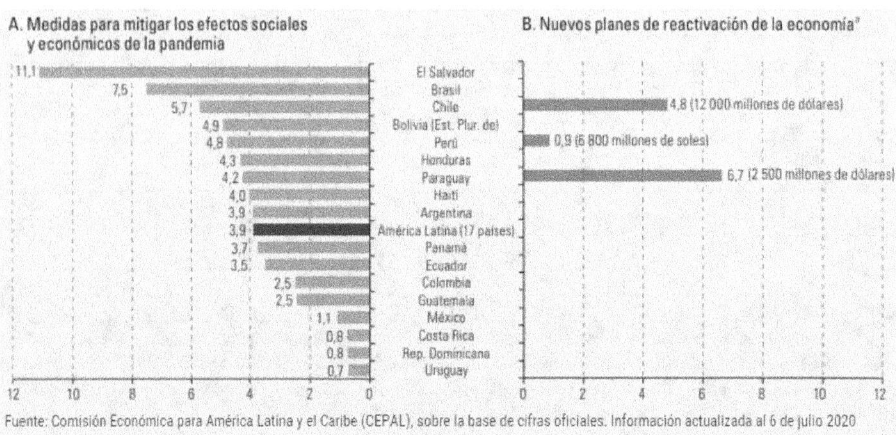

Fuente: Comisión Económica para América Latina y el Caribe (CEPAL), sobre la base de cifras oficiales. Información actualizada al 6 de julio 2020

En la región, hay amplios estratos de la población muy vulnerables a la pérdida de ingresos laborales. Con base en las nuevas proyecciones de caída del PIB y aumento de la desocupación, se estima que al inicio del 2021, 491 millones de personas (79,2% de la población de la región) pertenecerían a los estratos de ingresos bajos o medio-bajos, con ingresos per cápita de hasta tres veces la línea de pobreza.

Como resultado de la crisis, habrá una movilidad económica descendente. En 2020, 37,6 millones de personas que en 2019 pertenecían a estratos bajos no pobres caerían en la pobreza y 4 millones en la extrema pobreza.

Habrá un fuerte deterioro de la posición de los estratos medios: 33,5 millones de personas dejarían de pertenecer a los mismos (13% del total de personas que pertenecían a estos estratos) e ingresarían a los estratos de ingresos bajos.
En particular, 32,8 millones de personas que antes de la pandemia pertenecían a los estratos medio-bajos pasarían a pertenecer a estratos bajos. De ellos, 2,1 millones caerían directamente en la pobreza o pobreza extrema.

La profundización de la crisis del COVID-19 en mayo y junio de 2020 llevó a que varios países de la región aumentaran la duración, la cobertura y el monto de las transferencias monetarias no contributivas y, en su mayoría, no condicionadas, orientadas a proteger los ingresos de la población.

Al 3 de julio de 2020, 30 países de América Latina y el Caribe habían adoptado 190 medidas de protección social para que los hogares más pobres, vulnerables y precarizados pudieran hacer frente a la pandemia. Estas medidas incluyen transferencias monetarias, transferencias en especie y aseguramiento del suministro de servicios básicos. Las transferencias monetarias y en especie llegan a alrededor de 69 millones de hogares, a los que corresponden 289 millones de personas o el 44% de la población regional.
El gasto durante seis meses correspondería a 67.135 millones de dólares, alrededor del 1,3% del PIB de 2020.

En la Argentina, el Ingreso Familiar de Emergencia fue anunciado inicialmente como un único pago, pero en junio se extendió a una segunda ronda de pagos. Asimismo, en junio se promulgó en Chile un nuevo Ingreso Familiar de

Emergencia (IFE 2.0) con un monto (100.000 pesos por persona, o alrededor de 125 dólares) mayor que el de la primera versión del programa (65.000 pesos, o alrededor de 80 dólares), y con una extensión de la cobertura poblacional, que pasó de cerca de 1,7 a 2,1 millones de hogares, y tres pagos adicionales al inicial de mayo.

En Colombia, el Ingreso Solidario, la transferencia monetaria en apoyo a las familias en situación de vulnerabilidad (principalmente trabajadores informales) que no reciben otros programas de ayuda, durará hasta diciembre de 2020.

25.   LA CRISIS GOLPEA ESTRUCTURAS QUE ESTABAN DEBILITADAS

La crisis económica generada por la enfermedad del coronavirus (COVID-19) tiene un impacto importante en los países de América Latina y el Caribe y golpea una estructura productiva y empresarial con debilidades que se han originado a lo largo de décadas.

La estructura productiva de la región presenta una gran heterogeneidad entre los sectores y entre las empresas. Pocas actividades de producción y procesamiento de recursos naturales, algunos servicios de alta intensidad de capital (electricidad, telecomunicaciones y bancos) y pocas grandes empresas tienen altos niveles de valor agregado por trabajador, mientras que los demás alcanzan niveles muy bajos de productividad. (Sectores y empresas frente al COVID-19: emergencia y reactivación, CEPAL)

Esta estructura productiva es la base de las brechas externa e interna de productividad de la región. La primera mide la diferencia entre la productividad laboral de América Latina y la de los Estados Unidos, que se adopta como referencia de la frontera tecnológica internacional. La segunda registra la diferencia que existe, dentro de cada país, entre la productividad laboral de las microempresas y pequeñas y medianas empresas (mipymes) y la de las grandes empresas.

En cuanto a la brecha externa, en 1980 la productividad laboral latinoamericana alcanzaba el 36,6% de la de los Estados Unidos. Después de una abrupta caída en esa década y, en menor medida, en los años noventa, la

263

productividad relativa de la región llegó a ser de apenas un quinto de la de los Estados Unidos entre 1999 y 2018. En términos absolutos, la productividad laboral de la región creció un 0,6% anual entre 2008 y 2018.

En cuanto a la brecha interna, la heterogeneidad entre las empresas es muy elevada en América Latina. En 2016 la productividad del trabajo de una empresa mediana era, en promedio, menos de la mitad de la correspondiente a una empresa grande. En las empresas pequeñas la productividad laboral alcanzaba apenas al 23% de la productividad de una empresa grande y las microempresas presentaban una productividad laboral equivalente a solo un 6% de la correspondiente a las empresas grandes.

Además, las diferencias de desempeño entre los distintos segmentos de las mipymes eran mucho más marcadas en América Latina que en estructuras productivas menos heterogéneas, como las de la Unión Europea. Por ejemplo, en la Unión Europea la productividad de las empresas medianas no alcanzaba a duplicar la de las microempresas (como proporción de la productividad de las grandes empresas, eran de un 76% y un 42%, respectivamente), mientras que en América Latina era más de siete veces mayor (46%, frente a 6%).

En la estructura productiva de los países de la región, no hay incentivos para el desarrollo de actividades de mayor valor agregado en las mipymes, e incluso hay factores que lo dificultan. En las actividades basadas en recursos naturales y los servicios básicos (agua, luz, electricidad y telecomunicaciones), no pueden desarrollarse debido a la elevada intensidad de capital que requieren las inversiones.

Por otro lado, las actividades intensivas en conocimientos, cuando existen, son enclaves poco articulados con el resto de la economía en los que son escasas las posibilidades de modernización y mejoramiento para las mipymes que operan en ellos Finalmente, la alta informalidad prevaleciente en muchos mercados laborales (que llega al 54% del empleo total, según la Organización Internacional del Trabajo (OIT)) dificulta especialmente el desarrollo de las microempresas y las pequeñas empresas.

Las brechas de productividad interna y externa que caracterizan la estructura productiva de la región son factores que deben ser tenidos en cuenta al diseñar medidas de política para la reactivación que sean conducentes a un cambio estructural progresivo, es decir, que permitan avanzar hacia sectores con mayor productividad y tecnología, generación de empleos y sostenibilidad.

Habría tres etapas, vinculadas con las etapas que se vivirán en relación con la epidemia en cada país.
• La primera se relaciona con la emergencia y con las medidas que hay que tomar en un plazo muy corto.
• La segunda se producirá cuando, una vez controlados los focos de esa epidemia, haya que "convivir" con un virus que, sin controles sanitarios y sociales, puede volver a difundirse. Se mantendrán algunas (muchas) de las restricciones a las actividades económicas y sociales y la economía funcionará "a media marcha", con diferencias entre sectores. Esta etapa es la que habitualmente se denomina de reactivación.

• La tercera tendrá lugar cuando no haya peligro de contagio vacuna mediante e implicará una nueva realidad económica y social.

Esa realidad será distinta en cada país según la duración e intensidad de las dos primeras etapas, las medidas económicas y sociales que se hayan tomado y las capacidades institucionales, productivas y tecnológicas acumuladas. Además, habrá cambios en el escenario económico y político internacional, puesto que los países entrarán a la segunda y tercera etapas en diferentes momentos y en condiciones distintas. La crisis económica tiene su origen tanto en la oferta como en la demanda.

Las restricciones sociales han generado la suspensión, total o parcial, de las actividades productivas. La interrupción de muchas actividades productivas ha generado problemas también en la provisión de insumos, nacionales e importados, para las empresas que han seguido operando. Por el lado de la demanda, la reducción de los ingresos de los consumidores y la incertidumbre han redundado en una caída del consumo y un cambio en los patrones de consumo.

La caída de la actividad económica y otros aspectos de la coyuntura internacional (como la abrupta disminución del precio del petróleo en los últimos meses) han ocasionado una reducción generalizada de la demanda externa y de los retornos de las exportaciones. La combinación de los efectos sobre la oferta y la demanda ha tenido intensidades distintas en los diferentes sectores.

Sobre la base de esta clasificación según la intensidad de los efectos de la pandemia, la Comisión Económica para América Latina y el Caribe (CEPAL) estima que un 34,2% del empleo formal y un 24,6% del PIB de la región corresponden a sectores fuertemente afectados por la crisis derivada de la pandemia. Más aún, menos de la quinta parte del empleo y del PIB se generan en sectores que serían afectados solo de forma moderada.

26.   UNIÓN EUROPEA Y EE. UU

Ya he mencionado que es y como está conformada la Unión Europea, aunque más no sea de manera somera. Ahora quiero que podamos analizar cómo funciona y lo veremos a partir del histórico acuerdo que tras 90 horas de deliberaciones se definió que 750.000 millones de euros vayan a subsidios y préstamos para reactivar la economía. Es el mayor acuerdo de la UE desde el nacimiento del Euro para consolidar el proyecto de unión presupuestario más importante, cuando justamente Gran Bretaña se va de la zona.

La negociación nació muy dura entre los países del sur que fueron castigados por el Covid 19 y los países "frugales o tacaños" como se los denominó del norte, liderados por el holandés premier Mark Rutte. Todo ocurrió bajo la presidencia de Alemania y la mandataria Ángela Merkel y un gran protagonismo del presidente de Francia Emmanuel Macron.

Los del norte no querían pagar la factura de 750.000 millones y menos que menos hablar se subsidios. Suecia, Dinamarca, Austria y Finlandia y los del norte europeo exigían que fuese un préstamo a devolver rápidamente. El punto es que de esta manera pasarían a funcionar como un FMI revisando las cuentas de los beneficiados. El rechazo a esta postura generó un malestar que puso al borde del fracaso el acuerdo.
Finalmente se negoció que serían 390.000 millones en subsidios y 350.000 millones en préstamos, claro está que con tasas mínimas que no tienen nada que ver con las nuestras.

Fueron cinco días discutiendo entre 27 países estos números que son casi dos PBI argentinos.

El presidente de Estados Unidos, Joe Biden, pondrá en marcha un multimillonario plan para estimular la economía nacional gravemente golpeada por el coronavirus. El plan contempla un paquete de 1,9 billones de dólares, que espera que vote de inmediato el Congreso. El nuevo presidente tendrá el control de las dos cámaras. El llamado "Plan de Rescate Estadounidense" tiene como propósito reanimar al aparato productivo del país más golpeado por la pandemia. El programa incluye una ronda de cheques directos de 1.400 dólares para las familias, entre otros beneficios de emergencia, que incluyen un suplemento de seguro de desempleo de 400 dólares por semana hasta septiembre 2021, una ampliación de la licencia de desempleo pagada y aumentos en el crédito tributario por hijos.

De igual forma, la iniciativa destinará 160.000 millones de dólares para el programa de vacunación en el país, 20.000 millones para las tareas de distribución de las dosis, así como 50.000 millones de dólares para pruebas relacionadas con el Covid. El programa del nuevo gobierno también propone invertir 170.000 millones en escuelas e instituciones de educación superior, incluido un monto de 130.000 millones para asegurar que los establecimientos educativos puedan reabrir de manera segura pese a la pandemia.

La crisis económica asociada a la pandemia y la propia enfermedad figuran entre el puñado de prioridades que anticipó en su campaña electoral el líder demócrata. Las otras conciernen a la cuestión racial y al regreso de Estados Unidos al acuerdo climático de París. El plan del nuevo gobierno incluye la expansión a gran escala de los programas de vacunación, la economía, la atención médica, la educación, el cambio climático y otras prioridades nacionales.

Según informó la agencia Bloomberg, se espera que el plan sea la primera fase de una estrategia de dos partes, con un programa más amplio enfocado en objetivos a más largo plazo como infraestructura y especialmente el cambio climático. Biden ve ese tema como una usina de creación de empleo y riqueza.

 En diciembre de 2020, el Congreso aprobó un paquete de estímulo económico por 900.000 millones de dólares, que incluyó el pago de 300 dólares a la semana a cada desempleado y prorrogó hasta el 31 de enero una norma que suspendía los desahucios y que iba a expirar a finales de año .Además, incluyó 325.000 millones de ayuda a pequeñas y medianas empresas, 45.000 millones a los sistemas de transporte público, 13.000 millones en asistencia alimentaria y 82.000 millones para que las escuelas reparen y adecuen sus instalaciones a la enseñanza en medio de la pandemia. Para las aerolíneas destinó 15.000 millones para pagar los salarios de sus trabajadores.

Sexta Parte

El conocimiento y el futuro

27.   LA ESTRATEGIA DEL CONOCIMIENTO

La sociedad y la economía del conocimiento. En la última década y media, el concepto de "sociedad del conocimiento" ha tomado un lugar especial en las prácticas institucionales, académicas y empresariales, dado su enorme papel en la creación de riqueza, la organización y el avance de la sociedad global. No obstante, cuando se habla de conocimiento se alude a diversos tipos de conocimiento, no solo al que se considera científico. (Manual de prospectiva y decisión estratégica: bases teóricas e instrumentos para América Latina y el Caribe, CEPAL 2006)

Incluye el talento y la experiencia colectivos, así como el conocimiento tácito presente en los trabajadores, orientado la mayoría de las veces hacia formas del saber–hacer propias del conocimiento tecnológico u hacia otros valores de carácter inmaterial aplicados a la producción.

Según la UNESCO, si bien en todas las épocas y culturas el conocimiento ha sido relevante, lo característico de la época contemporánea es el rol central que éste adquiere, así como la velocidad con la cual se expande, gracias a los espectaculares avances de la ciencia, su internacionalización y los radicales cambios en la producción y aplicación del conocimiento a todas las esferas de la vida social (económica, cultural, ambiental, política–institucional).

En efecto, la sociedad del conocimiento es entonces aquella sociedad en la cual cada individuo y cada organización construye su propia capacidad de acción, y por lo tanto su posición en la sociedad a través de procesos de adquisición y desarrollo de conocimiento, organizados de tal forma que puedan contribuir a procesos de aprendizaje social. A tal fin, básicamente se requiere de la capacidad para generar conocimiento sobre su realidad y su entorno, y para utilizar dicho conocimiento en el proceso de concebir, forjar y construir su futuro.

Ahora bien, una economía basada en el conocimiento se define como aquella economía que estimula a sus organizaciones y personas a adquirir, crear, diseminar y utilizar el conocimiento de modo más efectivo para un mayor desarrollo económico y social. La economía del conocimiento envuelve tanto las nuevas tecnologías incorporadas en los procesos de producción y en los productos como también las nuevas formas de organizar los procesos y la información, las redes dinámicas y los nuevos estilos de gerencia que están creando las nuevas formas de competencia.

La economía del conocimiento se caracteriza básicamente por tres rasgos interrelacionados:

Es una economía centrada en el conocimiento y en la información como fundamento de las ganancias de productividad y competitividad;

Es una economía articulada globalmente que funciona como una unidad en tiempo real; y

Es una economía que funciona en redes, tanto al interior de la empresa, como entre empresas, y entre redes de empresas relacionadas.

Como ejemplo representativo de la velocidad de cambio y la centralidad del conocimiento como objetivo de desarrollo, es necesario observar que entre 1995 y el 2002 China dobló su inversión en investigación y desarrollo (I+D), que, en porcentaje del PIB, pasó del 0,6% al 1,2%. En el mismo período Israel elevó su inversión del 2,74% al 4,72% del PIB, siendo la tasa más alta de todos los países de la OCDE. Al mismo tiempo, la inversión global en investigación y desarrollo de la OCDE aumentó en valor relativo, pasando del 2,09% al 2,26% del PIB. Las empresas del Japón y de la Unión Europea aumentaron su tasa de investigación y desarrollo, logrando el 2,32% y 1,17% del PIB, respectivamente, frente al 2,12% y 1,15% obtenido en el año 2000. Así mismo un importante grupo de países se han planteado como objetivo fundamental acrecentar sus inversiones en investigación y desarrollo, de modo que Austria planea llegar al 2,5% del PIB, Alemania al 3,0% e y Reino Unido al 2,5%, mientras que Corea se ha comprometido a doblar sus inversiones.

La socioeconomía del conocimiento. Si bien desde hace bastantes años se discute en las empresas y las instituciones públicas de América Latina acerca de la importancia del conocimiento, permanece aún cierta ambigüedad conceptual que dificulta el diálogo constructivo al nivel de la toma de decisiones estratégicas del Estado. No es de sorprender entonces que uno de los factores que más dificulta la comprensión de la discusión acerca de la sociedad y la economía de conocimiento depende de la coexistencia de varios paradigmas básicos sobre el concepto de valor–conocimiento, y su utilidad para las organizaciones.

En la práctica difícilmente se pueden separar los conceptos de sociedad y economía de conocimiento. Ambos conceptos se relacionan mutuamente como causa y efecto. La economía del conocimiento trasciende los hechos económicos y afecta las estructuras sociales, culturales, políticas e ideológicas tradicionales, lo cual a su vez retroalimenta la economía y genera un círculo virtuoso que construye progresivamente la sociedad del conocimiento. Para generar riqueza es fundamental aumentar el potencial de desarrollo humano de una sociedad. No puede existir una economía del conocimiento sin que haya condiciones favorables para que todos los miembros de la sociedad tengan acceso a la información y cuenten con las capacidades necesarias para utilizarla.

La actual revolución tecnológica conlleva dos principales consecuencias económicas: la aparición de un nuevo sector productivo y los efectos sinérgicos de la industria de la información y la comunicación sobre el conjunto de la actividad económica. La economía del conocimiento no es exclusivamente un sector económico basado en alta tecnología o en nuevas tecnologías, sino que también influye en un cambio radical en la estructura productiva de las economías tradicionales, el cual se expresa en los procesos productivos, la aparición de nuevos servicios y nuevas mercancías, los aumentos de productividad y la nueva estructura de la demanda (cambios en las pautas de consumo e inversión y elevada difusión internacional de la tecnología). Los cambios en el mercado de trabajo, el flujo de inversiones basado en los medios digitales y las nuevas relaciones productivas derivadas de una economía en red, son ejemplos de la progresiva construcción de esta nueva sociedad.

Si bien siempre ha existido la tendencia a considerar la ciencia, tecnología e innovación (CT+I) como un sector aparte dentro de las políticas de desarrollo, la evidencia demuestra que no es un factor más de una estrategia sino una condición misma de su viabilidad. No hay fórmulas mágicas para lograr el crecimiento económico sin contar con dominio tecnológico, vale decir, sin que las personas tengan incorporado en su vida cotidiana el necesario "know how" técnico, social, cultural y económico para producir. Fortalecer la capacidad de aprendizaje individual y social para generar riqueza es fundamental para aumentar el potencial de crecimiento económico y desarrollo humano de una sociedad. Por ende, la ciencia, la tecnología y la innovación deben jugar un lugar central y no periférico en las políticas de desarrollo.

En síntesis, como expresan algunos autores, estamos asistiendo a la formación de una verdadera Socioeconomía del Conocimiento. Tres serían sus principales rasgos:

- El conocimiento es el factor clave del desarrollo en la economía global. Hace la diferencia entre riqueza y pobreza

- La creación y redistribución de la riqueza básica para que compita exitosamente una sociedad implica la necesidad de promover la redistribución del conocimiento.

- La multiplicación o explosión del conocimiento aumenta las necesidades de educación masiva y pertinente de la población.

Aquí tenemos que hacer una reflexión del estado de situación de la educación en nuestro país. Voy a tomar en cuenta el informe del Centro de Estudios de la Educación Argentina de la Universidad de Belgrado de diciembre 2020 que dirige Alieto Guadagni. Nuestro alumnado secundario llega a 4 millones de adolescentes, de los cuales el 71% asiste a escuelas estatales. Según el Ministerio de Educación más de la mitad de este alumnado secundario de escuelas estatales reside en hogares "pobres". Los resultados recientemente publicados del Operativo Aprender del 2019, (en los años 2020 y 2021 el gobierno nacional no ha querido implementar este operativo) referidos al último año del ciclo secundario, son un doble llamado de atención por la gran desigualdad social y por los escasos conocimientos de los alumnos. Los resultados fueron los siguientes:

- El 46 por ciento del total de los alumnos no tiene computadora (en las escuelas Estatales 58%, en las Privadas 21%)

- La mitad de las escuelas estatales no tienen agua potable o cloacas. 1/3 no tiene acceso asfaltado.

- El 91% de los jóvenes (18-24 Años) del quintil 5 (el más alto) concluyo el ciclo secundario. En el quintil 1 (el más bajo) apenas llego a concluir este ciclo apenas el 43 %.

- El 43 % de los alumnos del último año secundario no tiene ni los conocimientos mínimos "básicos" en Matemática. (Estatal 57 %, Privada 26%.) En 2013 había sido 40 %

- En el nivel socioeconómico "Alto" de las familias este indicador fue de apenas 24 %,

- En el nivel socioeconómico "Bajo" de las familias este indicador ascendió a 64 %.es decir casi el triple que el de las familias del nivel socioeconómico "Alto".

Nuestra graduación secundaria no solo es baja sino también muy desigual ya que, según la información del Ministerio de Educación, de cada 100 niños que en el año 2007 ingresaron al primer grado privado se graduaron en el 2018 en la escuela secundaria privada 70, mientras de los que fueron a escuelas estatales se graduaron apenas 35, es decir la mitad.

Es notable la gran desigualdad entre las provincias en esta graduación secundaria, por ejemplo, de 100 niños que ingresaron en Córdoba a escuelas primarias privadas concluyeron la secundaria 94, mientras de cada 100 que ingresaron a escuelas primarias estatales en Misiones concluyeron la escuela secundaria apenas 24. Como se observa el futuro de muchos chicos de nuestro país no depende tanto de su propia capacidad y voluntad sino, lamentablemente del nivel socioeconómico de sus familias y de la localidad donde han nacido.

Los resultados de la última Prueba PISA (2018). El Programa para la Evaluación Internacional de Estudiantes (PISA por sus siglas en inglés) es una evaluación que ha implementado la Organización para la Cooperación y el Desarrollo Económico (OCDE), con el propósito de evaluar la preparación educativa en las áreas de Ciencias, Lectura y Matemática de estudiantes de entre 15 años y 3 meses y 16 años y 2 meses que estén cursando 7° grado o más. Se trata de una evaluación muestral, es decir que evalúa a un conjunto de estos estudiantes que, bajo ciertos criterios metodológicos, conforme una muestra representativa de toda la población objetivo. Las escuelas y los participantes dentro de cada institución son seleccionados aleatoriamente. PISA no está diseñado para evaluar el aprendizaje de los contenidos específicos fijados en los programas de las escuelas o de los distritos o regiones correspondientes. Tampoco está pensado para evaluar el desempeño de los docentes ni los programas vigentes.

PISA se centra en el reconocimiento y valoración de las destrezas y conocimientos adquiridos por los alumnos al llegar a sus quince años. Los resultados de la prueba describen el grado en el que se presentan las competencias estudiadas y permiten observar la ubicación de los resultados de cada país en el contexto internacional. La evaluación de competencias no se dirige a la verificación de contenidos; no pone la atención en el hecho de que ciertos datos o conocimientos hayan sido adquiridos. Se trata de una evaluación que busca identificar la existencia de ciertas capacidades, habilidades y aptitudes que, en conjunto, permiten a la persona resolver problemas y situaciones de la vida.

Las pruebas evidencian una situación crítica en lo que hace a los conocimientos de nuestros jóvenes. En Ciencias nos ubicamos en el lugar 65, en Lectura en el 63, mientras que en Matemática hemos descendido al lugar 71; es decir estamos en los últimos lugares de los 77 países participantes. Todo es preocupante para nuestro futuro cercano ya que se trata del nivel de conocimientos de adolescentes de 15 años de edad. En América Latina el nivel de conocimientos en Matemática de nuestros adolescentes está por debajo del nivel en Chile, Uruguay, Costa Rica, Perú, Colombia y Brasil, atrás nuestro apenas están Panamá y República Dominicana.

La comparación de nuestros resultados con los países asiáticos es otro llamado de atención, ya que el puntaje de los alumnos chinos es 55% mayor al nuestro, Los resultados de esta Prueba PISA evidencian una situación crítica en lo que hace a los conocimientos de nuestros jóvenes. En todo el mundo, particularmente en aquellos que más avanzan en el abatimiento de la pobreza y en el desarrollo económico como los asiáticos, se están eliminando los empleos no calificados y aumentando la demanda por trabajadores con mayor educación, por eso la escuela ayuda a abatir la pobreza y también al crecimiento económico.

En 2016 OCDE excluyó a la Argentina del ranking porque hubo serios cuestionamientos técnicos sobre la metodología empleada, se encontró con un dato que les llamó la atención: el gobierno omitió escuelas que históricamente habían participado del test y una sorprendente mejora en los resultados, aquí tampoco somos confiables.

La mayoría de los pobres tiene trabajos precarios y poco calificados o están desocupados, porque carecen de un buen nivel educativo. La mayor parte de los empleos globalmente creados en los últimos años requieren de estudios secundarios y universitarios, lo cual explica la creciente diferencia en la desocupación según el nivel educativo.

El nivel educativo secundario se está transformando en el piso establecido por la mayor parte de las empresas para el reclutamiento de su personal. La realidad nos está alertando ya que nuestro sistema educativo avanza año a año hacia la consolidación de un modelo socialmente regresivo, situación que se agrava imprevistamente aún más por esta pandemia global, que afecta mucho más a los alumnos de los barrios más humildes, que tienen menos acceso a los recursos tecnológicos para reemplazar el obligado cierre de las escuelas. Hay que implementar una política educativa de calidad y con inclusión social, para así asegurar la igualdad de oportunidades, esto exige que el objetivo central y prioritario debe ser tanto la igualdad como la calidad de nuestra educación, entendiendo que las decisiones educativas correctas son las que apuntan a capacitar a nuestros niños y adolescentes para afrontar este siglo de los conocimientos y de los avances científicos y tecnológicos en todo el planeta.

Más arriba afirmé que el conocimiento es el factor clave del desarrollo en la economía global, hace la diferencia entre riqueza y pobreza. Justamente nuestra mezcla de pobreza, ineficiencia, y desprecio por la educación nos marcan los magros resultados que saltan a simple vista. Mis hijos no pudieron asistir al colegio público ENAM de Banfield donde hicieron el secundario mi padre, mis hermanos y yo porque dejó de ser el que era y tuvieron que asistir a instituciones privadas.

La cuarentena nos permitió ir a los casinos, pero los niños y jóvenes no pudieron ir a las escuelas y colegios en 2020, lamentablemente no hace falta aclarar mucho para saber que generamos pobreza. Por otro lado, estamos consolidando las distintas Argentinas, la de los que pueden y la de los que no, donde el lugar donde un chico nace es presagio de una potencial prosperidad o la casi segura condena social y económica.

Lejos quedó mi pequeña Escuela primaria N° 20 D.F. Sarmiento de Lomas que instruyó a los chicos de la zona que venían de distintas realidades económicas, sociales, culturales, cuyos varios de los egresados nos reencontramos en la universidad para transformarnos en profesionales completando los niveles primario, secundario y universitario en instituciones públicas, produciéndose de esta manera una verdadera movilidad social. Esto ya no es así ya que nuestra decadencia también genera y va perpetuando castas, donde se incluye mala alimentación y bajos estímulos que van medrando el desarrollo intelectual generación a generación.

El ranking de países según su potencial tecnológico

Los países con grandes acervos de conocimientos tienen un progreso tecnológico veloz y usufructúan los beneficios del crecimiento económico y los aumentos de niveles de vida. Mientras tanto, los países con baja participación en la economía del conocimiento observan un deterioro global de los mercados de materias primas, un creciente desempleo masivo de la fuerza de trabajo con baja capacidad técnica; y, por último, una dificultad creciente para competir en una economía de servicios de alto valor agregado y de capitalismo fiduciario. Como consecuencia fundamental, la economía del conocimiento divide al mundo en grupos de países según su infraestructura y nivel de investigación y desarrollo, así como por su capacidad para aplicar el conocimiento en procesos productivos y la resolución de problemas sociales.

En un ranking reciente que mide la participación de las naciones en la publicación de artículos científicos indexados hasta el año 2000, se encuentra que ocho países concentran el 80% del total: Estados Unidos (34%), Japón (9%), Reino

Unido (9%), Alemania (9%), Francia (6%), China (5%), Canadá (4%), Italia (4%). Cuatro países tenían el 12%: Rusia (3%), Australia (3%), España (3%) y Holanda. Los demás países participaron con el 8% restante.

Sin embargo, la economía del conocimiento ya no es un lugar exclusivo para la famosa triada (Norteamérica, Japón, Unión Europea). Lo cierto es que entre 1980 y 2001 las denominadas economías asiáticas emergentes (China, Corea del Sur, Taiwan, Singapur, Hong Kong e India) aumentaron su participación del 7% al 21% en las exportaciones mundiales de alta tecnología, que incluyen al sector aerospacial, computadoras y maquinaria de oficina, equipo de comunicaciones, productos farmacéuticos y médicos, instrumentos ópticos y de precisión. Además, han aumentado significativamente su inversión en sectores estratégicos tales como nanotecnología, tecnologías de información, energía, aerospacial y biotecnología. Inclusive, han aumentado su participación en la creación y desarrollo de nuevas ideas y la formación de científicos e ingenieros y estudiantes doctorales. Todo ello desplazando el tradicional liderazgo de los Estados Unidos (The Task Force on the Future of American Innovation).

El cálculo de IDC/2019 (International Data Corporation), la principal consultora estadounidense de telecomunicaciones y tecnología de la información, es que el 75% de la población mundial estará conectada digitalmente en 2025, y que cada una de ellas tendrá una interconexión cada 18 segundos o más. En este mundo de Big Data, el mayor instrumento de conexión será la internet móvil 5G, cuya velocidad de transmisión, sin espacios vacíos, es 100 veces superior a la 4G actualmente vigente.

La fusión-interconexión de Big Data y 5G constituye el núcleo de la nueva revolución industrial, que es la informatización de la manufactura y los servicios, en un gran ejercicio de destrucción creadora que transforma en sus raíces al capitalismo mundial, y desata un fenomenal incremento de la productividad. Lo que se puede pronosticar es que esta fusión provocará una ola de innovaciones fenomenal, que, tras cubrir a la manufactura y los servicios, se trasladará a la totalidad de la vida cotidiana.

La 5G posibilita el desarrollo pleno de la Internet de las Cosas (IoT), que solo en el sector industrial chino crea valor por más de U$S100.000 millones por año. Si se le suma las otras actividades IoT, la creación de valor se multiplica por 3 o 4. La intensidad que alcance el despliegue de la Internet de las Cosas depende de la utilización en gran escala de la Inteligencia Artificial, la tecnología decisiva de la 4ta revolución industrial, y de la cual el instrumento adecuado de canalización como he dicho más arriba es la 5G.

El canal más importante de las innovaciones que se avecinan serán las start ups de alta tecnología y en general las empresas, debido a que el costo de capital tiende a desaparecer y la Big Data se torna inmediatamente factible a través de la "nube" o "cloud computing", cuyos costos marginales se orientan a cero, en tanto la velocidad de acceso aumenta exponencialmente.

El objetivo estratégico de la República Popular China consiste en transformar en emprendedores a su fuerza de trabajo de 900 millones de operarios. China ha creado más de 40 millones de nuevos empresarios en los últimos 5 años, de los cuales 15% son start ups de alta tecnología. Por esta razón el total de entidades empresarias chinas superó los 110 millones de unidades en 2018. En este nuevo sistema, la instantaneidad es la categoría estratégica fundamental, no el tiempo o el espacio. La nueva revolución industrial, que es la cuarta en la industria del capitalismo, se funda en el conocimiento y en el capital humano, y ha dejado atrás en el grado de importancia a factores como el capital y el trabajo.

Antes de avanzar quiero aclarar que tomamos en cuenta cuando hablamos de capital intelectual que incluye al: capital humano, capital estructural y el capital relacional.

El capital intelectual es la combinación de activos inmateriales o intangibles, incluyéndose el conocimiento del personal, la capacidad para aprender y adaptarse, las relaciones con los clientes y los proveedores, las marcas, los nombres de los productos, los procesos internos y la capacidad de I+D, etc., de una organización, que aunque no están reflejados en los estados contables tradicionales, generan o generarán valor futuro y sobre los cuales se podrá sustentar una ventaja competitiva sostenida. (El concepto del capital intelectual y sus dimensiones, Sánchez Medina, A. J. Melián González, A. Hormiga Pérez, E. Universidad de Las Palmas de Gran Canaria)

Capital Humano. Los rápidos avances tecnológicos en las telecomunicaciones y en la informática están transformando la naturaleza del conocimiento, habilidades y talento de los individuos. Así, las empresas que operan en el actual mundo globalizado requieren de un tipo diferente de trabajador, con competencias, actitudes y agilidad intelectual que le permitan un pensamiento crítico y sistémico dentro de un entorno tecnológico. El capital humano ha sido definido como generador de valor y fuente potencial de innovación para la empresa, es decir, es de donde parten las ideas de la organización resultando, por tanto, fuente de innovación y de renovación estratégica. En otras palabras, es el capital pensante del individuo, o lo que es lo mismo, aquel capital que reside en los miembros de la organización y que permite generar valor para la empresa.

Capital Estructural. Otra de las dimensiones que de forma más habitual es recogida en los modelos de capital intelectual es la que ha sido dada a conocer en muchos de ellos como capital estructural. Dicho tipo de capital ha sido descrito como aquel conocimiento que la empresa ha podido internalizar y que permanece en la organización, ya sea en su estructura, en sus procesos o en su cultura, aun cuando los empleados abandonan ésta y que, por este motivo, es propiedad de la empresa. Por tanto, cabe incluir en esta dimensión todos los intangibles no humanos de la organización, es decir, se pueden considerar dentro del capital estructural desde la cultura o los procesos internos hasta los sistemas de información o bases de datos.

Capital Relacional se basa sobre la consideración de que las empresas no son sistemas aislados, sino que, por el contrario, se relacionan con el exterior. Así, las relaciones de este tipo que aportan valor a las empresas son las que deben ser consideradas capital relacional. Por tanto, este tipo de capital incluye el valor que generan las relaciones de la empresa, no solo con cliente, proveedores y accionistas, sino con todos sus grupos de interés, tanto internos como externos.

Es decir, es el conocimiento que se encuentra incluido en las relaciones de la organización. Visto desde otra perspectiva, el capital relacional es la percepción de valor que tienen los clientes cuando hacen negocios con sus proveedores de bienes o servicios. De este modo, por ejemplo, el índice de repetición de los clientes, la cuota de mercado o el número de alianzas establecidas con otras organizaciones.

Como decíamos, esta nueva revolución comienza a desplegarse en China cuando se hizo cargo la 5ta generación del partido y el Estado encabezada por Xi Jimping en 2012. Desde entonces una de las consecuencias es que el gigante asiático ha logrado reducir en más de 40% su intensidad energética por unidad de producto, y este logro es sinónimo de expansión sistemática de la economía digital, que ascendía a 38% del producto en 2018 y treparía a más de 40% en 2020. La economía digital china crece 12,2% por año en la última década, el doble del PBI nominal, 6,2% anual en 2019, y superaría 50% del producto en 2030.

El poder en el mundo es hoy la capacidad de fijar los estándares de reproducción de las tecnologías de avanzada de la nueva revolución industrial, y en este punto decisivo de la acumulación capitalista del XXI, China le presenta a EE.UU. el mayor desafío. Al mismo tiempo vemos que esta revolución industrial también impacta en el país del norte, donde su manufactura es hoy sólo el 12% del PBI, con tendencia declinante, en tanto era más del 25% del producto en 1960, y a su vez, la contrapartida necesaria de este fenómeno es que los servicios digitalizados crecen a un ritmo 12 veces superior que la industria.

Tiene además otra consecuencia para nada menor que se ve nítidamente reflejado en las dos principales economías del mundo y esto es la caída del consumo energético por unidad de producto, que en EE.UU. dicha caída fue la siguiente: entre 1950 y 1970 cayó 9% el consumo, pero entre 1970 y 2015 la intensidad energética se derrumbó 53%. Este hecho estructural es lo que le ha restado importancia en términos globales a la producción petrolera de Medio oriente y a la región misma.

La competencia por el conocimiento se traslada también al campo científico, en una investigación de la revista Nature advierte que la brecha en la financiación de investigación y desarrollo (I+D) entre las dos mayores economías mundiales, se va cerrando rápidamente lo que implicará un giro crucial en los liderazgos científicos. EE.UU. es cada vez más visto globalmente como un líder importante en lugar de un líder indiscutible en ciencia e ingeniería, afirma dicho medio que cita estadísticas de la Fundación Nacional de Ciencias de EE.UU. El reporte publicado en enero de 2019, dice que entre el 2000 y 2017 el gasto en I+D en Norteamérica creció a un promedio de 4,3% por año. Pero en China trepó a más de 17% anual durante el mismo período.

Más allá que las dos potencias están en una lucha comercial con impacto mundial, la motivación real del enfrentamiento es por la vanguardia tecnológica. El artículo de Nature brinda datos que explican la preocupación norteamericana por el avance de los chinos para liderar en robótica, inteligencia artificial y supercomputadoras. También hay otros países que han aumentado su inversión en investigación que superan, en cuanto a sus tasas a las de EE.UU., y estos son Alemania y Corea del Sur, pero se mantienen bien atrás de los dos primeros en términos financieros totales, según plantea Science, publicación de las prestigiosas revistas científicas del mundo.

"Los datos preliminares de 2019 sugieren que China ya superó a EE.UU. en gastos de investigación y desarrollo" afirma Julia Philips, presidente del Comité de Ciencias e Ingeniería de la Junta Nacional de Ciencias. Pero el país del norte todavía lidera el mundo en muchas métricas importantes, entre ellas la proporción de publicaciones altamente citadas y la inscripción de estudiantes internacionales con movilidad.

Ahora bien, si se toman en cuenta los artículos de estas publicaciones Nature y Science, que son líderes mundiales, en 2016 China superó a EE.UU. en cuanto a cantidad de artículos publicados. En el último siglo las universidades estadounidenses instalaron un monopolio de excelencia académica, pero China se está transformando en una alternativa, hoy tienen 11 universidades entre las mejores 100 del mundo.

28.   QUE PASA EN NUESTRO PAÍS

A poco de iniciarse la administración de Alberto Fernández comenzaron a registrarse marchas y contramarchas con respecto a la reglamentación de Ley de Economía del Conocimiento. La norma, que fue votada por el Congreso y reglamentada por el Gobierno de Mauricio Macri en octubre 2018, se proponía impulsar la actividad de firmas de servicios empresariales, de software e informática, audiovisuales y de apoyo a la actividad primaria. La misma fue aprobada por unanimidad, siendo una de las escasas políticas públicas activas para desarrollar el ecosistema de innovación.

Es importante destacar que este sector que suele ser llamado SBC, servicios basados en el conocimiento, vivió un boom desde la creación del régimen del software en 2004, con un incremento en sus ventas en dólares del 5% anual, y fue de los pocos junto con Vaca Muerta y el campo, que salió ileso de la crisis 2018 y 2019. La actividad alcanzó en el último tiempo las 46.000 firmas y 439.000 asalariados, con un salario promedio de U$S1250, según datos oficiales del 2020 y exporta anualmente U$S 7000 millones de dólares, en un país donde el verde billete escasea y mucho.

En el Gobierno nacional de Alberto Fernández se aprobó finalmente otro Régimen de Promoción de la Economía del Conocimiento. Entre otras cuestiones, la nueva norma promueve fuertes incentivos a las empresas que inviertan en mejoras de servicios y productos tecnológicos, en capacitación de sus empleados e investigación y desarrollo o que aumenten las exportaciones. De esta manera, se beneficia a la industria del software, producción audiovisual, biotecnología, bioinformática, ingeniería genética, nanociencia, industria aeroespacial y satelital, y la ingeniería nuclear.

Puntualmente, la ley alcanza a los "servicios profesionales, únicamente en la medida que sean de exportación" y estén dentro de los sectores jurídicos; de contabilidad general; consultoría de gerencia; gerenciales y de relaciones públicas; auditoría; cumplimiento normativo; asesoramiento impositivo y legal; de traducción e interpretación; gestión de recursos humanos, o de publicidad, creación y realización de campañas publicitarias. También a los del rubro de diseño de experiencia del usuario, de producto, de interfaz de usuario, diseño web, diseño industrial, diseño textil, indumentaria y calzado, diseño gráfico, diseño editorial, diseño interactivo; arquitectónicos y de ingeniería.

Para acceder a los incentivos, el empleado debe estar al día en el "cumplimiento de sus obligaciones fiscales, laborales, gremiales y previsionales debidamente acreditados con el certificado de libre deuda de la entidad respectiva". Cuando se trate de "microempresas con antigüedad menor a tres años desde el inicio de actividades, para acceder al régimen sólo deberán acreditar que desarrollan en el país, por cuenta propia y como actividad principal, alguna de las actividades mencionadas".

El proyecto fue aprobado el 8/10/20. El gobierno reglamentó el 21/12/20 la Ley de Economía del Conocimiento a través del Decreto 1034/2020 publicado en el Boletín Oficial. Y eliminó las retenciones que estaban en 5% para las exportaciones de servicios. La iniciativa se demoró por los cambios que se introdujeron en la Cámara alta, entre los cuales están un bono fiscal que se entrega para cancelar deudas, el cual será intransferible, y una segmentación entre las empresas.

Dicho bono es un crédito fiscal de hasta el 70% de las contribuciones patronales que hayan efectivamente pagado los empleadores con destino a los sistemas y subsistemas de la Seguridad Social, los cuales "podrán ser utilizados por el término de veinticuatro meses desde su emisión para la cancelación de tributos nacionales", excepto "el impuesto a las ganancias".

Como incentivo adicional, ese porcentaje ascenderá al 80% "cuando se trate de nuevas incorporaciones laborales debidamente registradas", de mujeres, personas travestís, transexuales y transgénero; profesionales con estudios de posgrado en materia de ingeniería, ciencias exactas o naturales; discapacitados; residentes de "zonas desfavorables y/o provincias de menor desarrollo relativo" o que, "previo a su contratación, hubieran sido beneficiarias de planes sociales, entre otros grupos de interés a ser incorporados".

Además, la norma estableció "una reducción de un porcentaje respecto del monto total del impuesto a las ganancias correspondiente a la/s actividad/es promovida/s, determinado en cada ejercicio", la cual será de entre un 60 y un 20%, dependiendo de si la empresa es micro y pequeña, mediana o grande. Además, para aquellos "que efectúen operaciones de exportación" no serán "sujetos pasibles de retenciones y percepciones del impuesto al valor agregado". Asimismo, todos los beneficiarios de esta ley "podrán considerar como gasto deducible" para el pago de ganancias, al monto "equivalente a los gravámenes análogos efectivamente pagados o retenidos en el exterior, con motivo de los ingresos obtenidos en contraprestación de las actividades".

Según datos del INDEC, en los seis primeros meses del año 2020 se mantuvo la tendencia declinante de las exportaciones en servicios basados en conocimiento, que registraron una caída interanual superior al 6,4%, por lo que el Gobierno confía en que estos nuevos incentivos ayuden al sector a volver a estar en el nivel promedio mundial.

Los sujetos alcanzados por el régimen "gozarán de la estabilidad de los beneficios que el mismo establece, respecto de su/s actividad/es promovida/s, a partir de la fecha de su inscripción en el Registro Nacional de Beneficiarios del Régimen de Promoción de la Economía del Conocimiento, y por el término de su vigencia", siempre que cumplan con los requisitos necesarios.

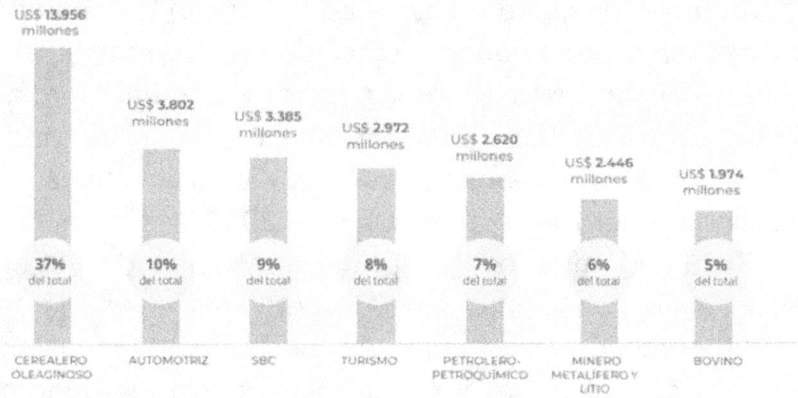

Fuente: Secretaría de la Transformación Productiva sobre la base a INDEC

Los servicios basados en conocimiento (SBS) representaban el tercer complejo exportador en 2018, según un informe oficial.

La Argentina es uno de los diez países con mayor potencialidad en este rubro. Estamos hablando de una verdadera usina generadora de empleo, talento, innovación y riqueza. Para poner blanco sobre negro, estamos refiriéndonos a aquellas empresas que se caracterizan por hacer un uso intensivo de tecnología y de recursos humanos altamente calificados. Dentro de este abanico hay firmas muy diversas y se incluyen actividades de ingeniería y ciencias que hacen investigación y desarrollo; software; producción y posproducción audiovisual; biotecnología; servicios geológicos; industria aeroespacial y satelital; servicios profesionales de exportación; nanotecnología y nanociencia; e incluso compañías que trabajan en Inteligencia artificial, robótica e internet de las cosas.

Es decir: desde ingenieros argentinos que construyen satélites para enviar al espacio hasta animadores encargados de dar vida a personajes de dibujos animados, todos conforman este dinámico y prometedor sector que hay que mirar no solo por su capacidad para generar puestos de trabajo formales, sino porque representa una importante fuente de ingreso de divisas. Sus exportaciones hoy implican unos US$6000 millones, pero se espera que en 2030 ese número llegue a US$15.000 millones, según estimaciones de Argencon. El sector emplea a unas 435.000 personas y tiene la capacidad de repercutir positivamente en muchas otras industrias, como la construcción, la textil, la alimenticia, la automotriz, el comercio y el agro.

Argentina tiene varios Silicon Valley. En Bariloche funcionan centros excelencia como el INVAP, el Instituto Balseiro y el Centro Atómico Bariloche, con investigadores cuyos proyectos y sueldos son solventados por el Estado. Cities, ubicada en la santafesina Sunchales, es una incubadora de empresas que están a la vanguardia de la medicina mundial. Cerca, en Rosario, Bioceres ha desarrollado el gen resistente a la sequía que puede permitir una nueva revolución productiva en el agro. También en esta ciudad en un moderno edificio con vista al Paraná trabajan desarrolladores de tecnología, productores de contenido, expertos en marketing, agrónomos y especialistas en clima, entre otros, estamos hablando de Agrofy.

Se lanzaron por internet a ofrecer noticias vinculadas al campo y se dieron cuenta que podían ser una plataforma comercial, el Mercado Libre del campo. Hoy contabilizan 5 millones de visitas únicas mensuales en América Latina, 500.000 transacciones mensuales y ya son el sitio de agronegocios más visitado del mundo, la plataforma se lleva un porcentaje por transacción, tienen 200 empleados, pero crecerán prontamente a 300, tienen oficinas en Brasil.

De las llamadas unicornios, se denominan así a las que su valor de mercado supera los U$S1000 millones, Mercado Libre es la más famosa. La empresa de transacciones on line líder de Latinoamérica, valía US$30.000 millones en 2019, más del doble de Tenaris y cuatro veces el valor de YPF. Mediante Mercado Pago, la plataforma de pagos de esta empresa, se está expandiendo al nuevo mercado de la Fintech, las empresas financieras online que aspiran a competir con los bancos. En Mercado Pago se puede hasta hacer un depósito a plazo fijo. Con el COVID-19 se potenció el desarrollo del comercio electrónico, para agosto de 2020 la capitalización de mercado era de casi 60.000 millones de dólares y la empresa más valiosa de Latinoamérica.

Despegar es una de las principales agencias de viajes del mundo. Globant suministra tecnología a empresas como Disney y Google, su valor de mercado era a mediados de 2020 de caso 7.000 millones de dólares, a pesar que tiene pocos activos, lo que vende es conocimiento. A fines de 2018 contaba con 8300 empleados, repartidos en 14 países, en 2020 ya superaba los 13400 empleados y tiene oficinas en 9 ciudades del interior.

OXL es la mayor compañía de venta por internet en la India, Gran Data anticipa el comportamiento de los consumidores para las principales cadenas de EE.UU., Satellogic ya lanzó varios satélites al espacio que brindan imágenes con una resolución nunca antes alcanzada y que permite anticiparse a distintos sucesos climáticos.

En mayo de 2019, AuthO se sumó al selecto grupo de unicornios, obtuvo una nueva inyección de capitales por U$S 130 millones y pasó a tener una capitalización de mercado de U$S 1.100 millones, lo que realiza esta empresa es la autenticación digital. A siete años de su inicio garantiza la validación digital de 2.500 millones de inicios de sesión por mes. Hoy existe un centenar de empresas de software y start ups que dan servicios tecnológicos al campo. Esta cantidad equivale a un tercio de todas las que están funcionando en América Latina, lo que muestra el posicionamiento de las agtech en el país.

Otros países como Israel sostuvieron a los innovadores con generosos incentivos, así dejaron de vivir de las exportaciones de flores y naranjas y pasar a exportar tecnología, eso sí, realizaron una sólida alianza entre el Estado emprendedor, la universidad y el sector privado, el resultado es que la mitad de los 90.000 millones de dólares que exportan es alta tecnología.

Nuestro país tiene un ecosistema emprendedor con gente que salió del pensamiento convencional y como vemos ya lo están demostrando. Bancos como HSBC, JP Morgan, atienden desde Buenos Aires los servicios jurídicos y de contaduría globales con 2000 empleados en el caso de Morgan. La consultora Accentur que emplea a más de 10.000 personas, abarca desde la administración de pozos petroleros a contabilidades de compañías globales desde su sede porteña y no son los únicos que lo hacen. El presidente de Accentur Sudamérica Sergio Kaufman comentó, "no hay innovación sin Estado".

La exportación de talento no se ciñe al software, incluye los contenidos audiovisuales, Mundoloco, una empresa de contenidos del director de cine Juan Campanella exporta el 85% de su producción, que incluye la película animada Metegol. La Argentina es uno de los principales exportadores mundiales de contenidos televisivos, solo superado por Inglaterra, EE.UU.

Empresa	Fundador	Creada en	Valuación
Mercado Libre	Marcos Galperin	1999	US$88.300 millones
Globant	Martín Migoya	2003	US$12.200 millones
Despegar	Roberto Souviron	1999	US$780 millones
OLX	Alejandro Oxenford	2006	US$1.000 millones
Auth0	Matías Woloski	2013	US$6.500 millones
Cargo X	Federico Vega	2012	US$1.000 millones
Tiendanube	Santiago Sosa	2011	US$3.100 millones
Ualá	Pierpaolo Barbieri	2015	US$2.450 millones
Aleph Holding	Gatón Taratuta	2005	US$2.000 millones
Mural	Patricio Jutard	2012	US$2.000 millones
Vercel	Guillermo Rauch	2015	US$1.100 millones
Bitfarms	Emiliano Grodzki	2017	US$1.100 millones

29.   INTELIGENCIA ARTIFICIAL

La data science o la ciencia de los datos es el estudio de dónde viene la información, qué representa y cómo se puede convertir en un recurso valioso en la creación de negocios y estrategias. La minería de grandes cantidades de datos estructurados y no estructurados para identificar patrones puede ayudar a una organización a controlar los costes, aumentar la eficiencia, reconocer nuevas oportunidades de mercado y aumentar la ventaja competitiva de la organización.

Las organizaciones toman decisiones constantemente, las más importantes necesitan manejar información de alta calidad, pero suele ser complejo o muy costoso obtener la misma. Cuando en el proceso decisorio se barajan las distintas alternativas y se evalúan los potenciales impactos que generarían la implementación de cualquiera de ellas en general no suelen presentar grandes diferencias, pero hay que elegir una sola.

Al mismo tiempo el directivo decididor no maneja muchas de las variables que están en juego, las llamadas variables no controlables: las políticas del gobierno, los cambios en las costumbres, gustos o preferencias de los clientes, las acciones que emprenda la competencia, etc. Por otro lado, el decididor trabaja en varios temas al mismo tiempo, todo esto hace que recabar información de excepción y pertinente es cada vez más importante.

Las aplicaciones de data science pueden ser incontables: desde predicción de la demanda de stock en empresas que venden productos hasta la obtención del mejor tratamiento para una enfermedad. Pero es importante tener en cuenta que la ciencia de datos no sólo está presente en grandes empresas o instituciones, sino que llega a cada rincón de este mundo. Campos de cultivo que se gestionan automáticamente y de la manera más efectiva posible, gadgets en nuestro bolsillo que nos ayudan a traducir instantáneamente un texto en otro idioma, dispositivos que llevamos puestos 24 horas y aprenden solos sobre nuestros gustos y costumbres y nos aconsejan sobre nuestra alimentación u horas de sueño.

La inteligencia artificial ofrece oportunidades desafiantes a la ciencia de datos. El 'machine learning' o aprendizaje automático es una herramienta de inteligencia artificial que procesa cantidades masivas de datos que un ser humano no podría procesar en su vida. El aprendizaje de la máquina perfecciona el modelo de decisión presentado bajo el análisis predictivo, haciendo coincidir la probabilidad de un acontecimiento sucediendo a lo que realmente sucedió en el tiempo previsto.

El científico de datos recoge y procesa los datos estructurados desde la fase de aprendizaje mediante algoritmos. Interpreta, convierte y cuenta los datos con un lenguaje que el equipo de toma de decisiones puede entender. Pero la inteligencia artificial o inteligencia computacional no se detiene ahí. Busca la facultad de razonamiento que ostenta un agente que no está vivo: sistemas que piensan como los seres humanos, sistemas que actúan como los humanos, sistemas que piensan de modo racional y sistemas que actúan de manera racional. Éstos son los cuatro elementos básicos en los que trabaja.

Los algoritmos están presentes en gran parte de la vida de la gente, aunque muchas veces no se note. Veamos algunos ejemplos. La inteligencia artificial decide si va a tener un trabajo o no. Las hojas de vida o currículums ahora son más propensos a ser descartados sin siquiera pasar por las manos y la vista de un ser humano. Eso es porque cada día las compañías de selección de personal están adoptando programas de Sistemas de Seguimiento a candidatos que manejan los procesos de reclutamiento, especialmente el análisis de cientos (o miles) de solicitudes iniciales. En EE.UU. se estima que el 70% de las solicitudes de empleo son filtradas antes de ser analizadas por humanos.

Para las compañías, esto permite ahorrar tiempo y dinero en el proceso de contratación de nuevos empleados. Sin embargo, este sistema ha generado cuestionamientos sobre la neutralidad de los algoritmos. En un artículo de la Harvard Business Review, los académicos Gideon Mann y Cathy O'Neil argumentan que estos programas no están desprovistos de los prejuicios y sesgos propios de los humanos, lo que podría hacer que la inteligencia artificial no sea realmente objetiva.

¿Quiere un préstamo? El perfil en las redes sociales puede impedirlo. Históricamente, cuando alguien solicitaba un préstamo a una entidad financiera, la respuesta estaba basada en el directo análisis de su capacidad de pago: la proporción de la deuda sobre el ingreso de la persona y el historial crediticio. Pero esto ya no es tan así: la capacidad de pagar un crédito ahora es evaluada por algoritmos que acumulan datos de distintas fuentes, que van desde patrones de compra hasta búsquedas en internet y actividad en redes sociales. El problema es que ese método no tradicional podría buscar información sin el conocimiento o el visto bueno de los posibles beneficiarios del crédito. También aquí hay cuestionamientos sobre la transparencia e imparcialidad del proceso.

Puede ayudar a encontrar el amor, pero tal vez no el que está esperando No es una sorpresa saber que las aplicaciones de citas en internet usan algoritmos para juntar a las parejas. Sin embargo, cómo lo hacen no es claro. Especialmente después de que eHarmony, uno de los sitios de citas más exitosos del planeta, revelara el año pasado que ajustaba los perfiles de algunos clientes con la idea de volverlos más "simpáticos" y atractivos. Eso significa ignorar algunas preferencias de los usuarios, como los "me gusta" y "no me gusta".

Pero incluso opciones más simples como Tinder donde las variables son menos (ubicación, edad y preferencias sexuales), no son tan claras o aleatorias. A cualquiera que use esta aplicación se le asigna una "calificación por atracción" secreta -esto es, cuán "deseable" resulta el candidato-, que es calculada por la compañía con la idea de "facilitar mejores emparejamientos". La compañía ha mantenido en secreto esta fórmula, pero sus ejecutivos han dado algunas pistas. Por caso, el número de veces que un usuario es arrastrado hacia la derecha o la izquierda por otros (que es la manera como en

Tinder se indica si alguien te gusta o no te gusta) juega un papel muy importante.

Veamos cómo ha impactado en nuestro país. En una de las actividades que más ha ayudado esta tecnología al productor agropecuario es en el tambo, un sector más que complicado por el precio de litro de leche atrasado y las adversidades climáticas. En consecuencia, los tamberos afinaron aún más el lápiz para no perder más rentabilidad. Este es el caso del emprendimiento familiar tambero en Sastre, en el oeste de Santa Fe, que se introdujo de lleno en Tambero.com, una aplicación que ayuda a los productores de todo el mundo a administrar sus animales, y los resultados están a la vista: elevaron la producción de leche un 16%.

"Hace dos años que comenzamos a utilizar la aplicación y a partir de manejar datos nos hizo ser más eficientes. La característica principal de la aplicación es que nos alerta y nos corrige en tiempo real", destacó Ignacio Bussi, encargado de la administración, quien presentó su caso durante una jornada organizada por Microsoft Argentina. La pyme familiar tiene 150 vacas de las cuales 100 están en ordeñe actualmente con una producción de 1.800 litros diarios.

Como ejemplo, según contó, la aplicación los ayuda a proyectar partos y producciones de leche diaria. "En el sistema reproductivo es fundamental. Varias veces se secaban vacas (se retiran del ordeñe para trabajo de pre parto) sin conocimiento. Ahora, con este sistema y con datos certeros, secamos las vacas 60 días antes del pre parto porque no están dando su mejor producción y, además, dejan comer a los otros animales que sí están en plena producción", apuntó. Y agregó: "Con esos datos en la mano y un buen análisis, se pueden tomar decisiones estratégicas. Igualmente, seguimos asesorándonos con veterinarios", dijo.

La app, según contó Bussi, también cruza datos climáticos, evita errores de sobrepastoreo y advierte del riesgo de estrés calórico. Durante el evento también se presentó la segunda fase de Tambero.com que identifica la situación en que se encuentra cada vaca y la conecta con la plataforma de chat y voz para comunicarla a su cuidador, recibir alertas y recomendaciones, según detalló el cordobés Eddie Rodríguez von der Becke, fundador de Tambero.com.

Otro ejemplo para destacar es la aplicación móvil y web desarrollado por Kilimo que indica a los productores cuánta agua necesita la tierra con lo que logran grandes ahorros de agua y mejoras en la producción. Y la otra iniciativa fue el proyecto de IoT (internet de las cosas) que implementó la empresa San Miguel, que consiste en la colocación de sensores en los cajones de cosecha de cítricos que permiten obtener información y su ubicación en tiempo real. Así, se sabe exactamente la cantidad de cítricos cosechados en cada finca y una vez que un camión llega a una planta se sabe la cantidad de mercadería que recibe y en qué cajones.

30.   LAS DOS GRANDES POTENCIAS

EE.UU.

El presupuesto norteamericano del año fiscal 2020/2021 dispone aumentar 6% los gastos de investigación y desarrollo (I+D) del gobierno federal, llevándolos a U$S 142.200 millones, récord histórico. El total de gasto en I+D del país, sumando el gasto público al privado asciende a U$S 480.000 millones, más del doble de la Reública Popular China, que suma U$S 240.000 millones. También el presupuesto del cuarto año de gestión de Trump le dio prioridad al desarrollo de las industrias del futuro fundadas en la Inteligencia Artificial (IA), la Internet de las Cosas (IoT) y la robotización, y destina a este sector U$S 200.000 millones. Es la primera vez que este rubro absolutamente crucial aparece en el presupuesto.

Esta claro que está poniendo el acento en el capital humano que es el componente esencial de la Cuarta Revolución Industrial donde el pais del norte es el lider mundial. El presupuesto agregó 50 millones a los fondos ya existentes de 4000 millones en la "Fundación Nacional de Ciencias", destinado a formar especialistas en inteligencia artificial y mecánica cuántica en los más de 30.000 "Community Colleges" del país, que son los sistemas de educación terciaria de los "blue collars" trabajadores induatriales y de la clase media baja.

Trump lanzó en febrero de 2019 la "Iniciativa de Inteligencia Artificial de EE. UU", en la que otorgó prioridad absoluta a la nueva tecnología en los intereses estratégicos a largo plazo. Para este objetivo destina U$S 1000 millones en el presupuesto, a los que agrega otros 500 para la ciencia de la mecánica cuántica.

Hay más de 400 centros de innovación de la economía norteamericana, entre ellos Silicon Valley, pero otros aparecen todavía más importantes, como Austin, Boston, Seattle. Esta instancia es a su vez potenciada por el formidable nivel de inversión que el país logró en los últimos 4 años, US$12 billones. La limitación que tiene el país es que no tienen la suficiente fuerza laboral con la calificación necesaria que exige la cuarta revolución industrial. La Asociación Nacional de Manufactura (NAM) informó que la industria local volcada a esta nueva revolución industrial, tiene ofrecidos 7 millones de empleos de alta calificación que no son ocupados.

Esta situación ha generado que Apple, Amazon, Microsoft y las otras grandes empresas de EEUU se han volcado a un proceso de calificación del personal en inteligencia artificial y en tecnología 5G a través de más de 3000 community colleges de los 50 estados norteamericanos, y ocupan en este sentido a más de 17 millones de trabajadores que están aumentando su nivel de calificación.

La visión de los hombres de Estado de la relevancia de Biden o Xi Jinping, el proyecto global, se revela a través de los principales trazos de su trayectoria de gobierno. La combinación del poder económico, financiero, tecnológico y militar (el gasto de Defensa de EE. UU en el presupuesto 2020/21 es de U$S 741.000, en los últimos cuatro años se gastaron 2,5 billones, más que la totalidad del gasto del resto del mundo sumados), es el mayor de su historia, donde la supremacía estratégica norteamericana es el eje central.

En términos económicos la supremacía de EE. UU fundada en el acuerdo de competencia y cooperación con la República Popular, acelera y prufundiza la integración mundial del capitalismo, lo que, a través de la reestructuración del NAFTA, de la UE, de la economía china, lleva a la búsqueda del arancel cero en el intercambio comercial. Esto implica fundar la competencia global exclusivamente en la superior productividad de sus integrantes, lo que es sinónimo de EE.UU. y China en la fase de la Cuarta Revolución Industrial.

Una publicación del analista internacional Jorge Castro indica que la Oficina de Presupuesto del Congreso del país del norte señaló en febrero de 2021 que la economía de este país retornará a los niveles prepandemia a mediados de año, y que el crecimiento real en los próximos cinco años 2021-2026 alcanzaría un promedio de 2,6% anual. El resultado sería una expanción de 4,6% anual en 2021, tras haberse contraído 3,5% en 2020, con una inflación nominal de 1,7% anual y un nivel de desocupación de 5,7%, que implica una reducción de casi 3 puntos respecto de 2020. Hay que indicar que el consumo representa el 70% del producto norteamericano y que la inversión de capital se reduciría 0,9% en 2021 sin que esto requiera un gasto público adicional, que solo se expandería 0,2% en el año. Este gasto público es el resultado del paquete de ayuda de U$S900.000 millones aporbado por el Congreso en diciembre de 2020.

La economía de la primera potencia mundial recuperaría los niveles de prepandemia a partir de julio de 2021 y lo haría con similares pautas de productividad, innovación, y capacidad de creación de puestos de trabajo a las que tuvo en el cuarto trimestre de 2019. Hubo un echo fundamental, EE. UU recibió entre 2016 y 2019 inversiones del mundo entero por U$S12 billones, provenientes ante todo de las propias compañias transnacionales del propio país. Esta impresionante masa de dinero volvió tras la decisión del presidente Trump, que redujo el tributo a las empresas de 31% a 21% en 2017.

Una novedad importante de la etapa pandémica es el salto tecnológico que experimentó el país a través de la proliferación del teletrabajo y la expanción del comercio por internet, que ha crecido más de 30% en el segundo y tercer trimestre de 2020, con un alza de la productividad superior a 30% en ese período. EE. UU y China arrastran en conjunto más del 50% del alza de la economía global en 2021, será entonces la etapa pospandemia un momento de auge enorme de la economía mundial. Las dos grandes potencias deciden el destino de la economía global

China

Xi Jinping acumula hoy tanto poder como Mao Tse Tung es su momento, ya que tiene un mandato de gobernar por el resto de su vida que le dio hace en 2020 el 19° Congreso del partido único. El nuevo gran líder prevé que su país duplicará el PBI U$S 14,1 billones, lo que representa el 15% del PBI mundial, en 2035. Tendría entonces un PBI de U$S28,2 lo que implicaría duplicar el ingreso per cápita y llevarlo a U$S20.000 anuales. Todo es con una población que se reduciría para ese entonces a 1300 millones de habitantes, siendo actualmente de 1440. Por otro lado, el PBI norteamericano ascendió a U$S 21,9 billones, lo que indica que el PBI chino sería 60% del estadounidense en 2035.

A partir de 2009, la tasa de expansión china se redujo más de 4 puntos, y comenzó a crecer a un nivel promedio de 6,4%/6,7% anual. Desde ese momento comenzó a reducir sistemáticamente la brecha de ingreso por habitante entre la economía norteamericana y la propia. Desde esta fecha el proceso de acumulación global pasó del Atlántico al Pacífico. El dato decisivo de la economía china es que empezó a crecer exclusivamente sobre la base de la demanda local, y dentro de esta del consumo individual. En 2019 más del 93% del crecimiento chino tuvo como eje esta demanda, y su superávit de cuenta corriente, que llegó a ser 11% del PBI en 2011, se transformó en nulo o negativo en 2020.

Xi Jinping ha estimado una tasa de crecimiento de 4,8% anual para los próximos 15 años, un punto y medio debajo del nivel de expansión de los últimos 10 años. Se estima que el consumo interno de la República Popular se triplicará en los próximos 15 años ya que la clase media con ingresos de 35/45 mil dólares anuales serán 780 millones en 2027, y más de 1000 millones en 2030. Se estima que el volumen de consumo para el 2021 será de U$S 8,5 billones de dólares superior incluso al de EE.UU. Para el 2030 China será el eje de la demanda mundial y del consumo individual del planeta.

Esto tendrá como consecuencia que la masa de inversiones y de las exportaciones del mundo se van a dirigir a su mercado interno, donde hay que sumar a Japón, Corea del Sur y los 14 países de la ASEAN que veremos con más detenimiento más adelante.

Es por estas razones que lo fundamental de la nueva ley de inversiones extranjeras de China es que elimina la intervención de los gobiernos locales y crea un solo estándar de nivel nacional, centrado en las empresas transnacionales de alta tecnología y en el resguardo irrestricto de su propiedad intelectual (PI). El objetivo chino, cuando ha transformado su economía, en un sistema esencialmente digital, 38% del PBI/U$S 6 billones, es atraer las inversiones extranjeras de la más alta tecnología, a fin de forzar a sus empresas a competir con el capitalismo más avanzado.

Por esta razón ha abierto la totalidad de la economía a la inversión extranjera dándole a dichas empresas el mismo tratamiento que las locales. Es una decisión que busca dar previsibilidad y objetividad a la competencia de las compañías extranjeras. Esto sobre la premisa que la inversión high tech solo es posible en el marco de la vigencia plena de la ley. El valor agregado de la economía digital china, muestra un incremento proporcional de 1,4 puntos porcentuales por año, con una tasa de crecimiento anual en la última década. El camino de crecimiento de la economía digital surge hoy de la combinación de la Big Data, con la 5G que tramitan en la nube.

La 5G alcanza su desarrollo en EEUU y China en 2020 y 2021, en la República Popular y en el mundo la empresa líder de la 5G es Huawei. China tiene dos ventajas competitivas que pueden ser muy importantes en el proceso de digitalización, la denominada nueva revolución industrial. En primer lugar, en materia de Big Data, su diferencia es abrumadora, no solo respecto a EEUU, sino al resto del mundo. La razón es que es el país más digitalizado del planeta, con 840 millones de usuarios de internet.

En China como ya comenté hay más de 100 millones de empresas y en los últimos 10 años se han creado más de 40 millones de nuevas compañías, y 15% de ellas son startups de alta tecnología, todas digitalizadas que emiten gigantezcos flujos de información, integradas a la red de Internet más amplia del mundo, mediante dos plataformas, Alibaba y Tencet que cubren prácticamente a la totalidad de la población.

La creciente importancia del capital humano acumulado por los sistemas educativos también fortalece el crecimiento asiático, como lo evidencia la Prueba PISA que involucró a alumnos de 15 años edad de edad de 79 naciones. China lideró los resultados en las tres áreas evaluadas (Lectura, Matemática y Ciencias). En estas áreas, China ocupa el primer lugar; por ejemplo, su puntaje en Matemática es 24% mayor al de los Estados Unidos. Los siete primeros lugares de esta prueba PISA corresponden a participantes asiáticos (China, Singapur, Macao, Hong Kong, Taipei, Japón y Corea). Este liderazgo asiático en el nivel de conocimientos de los alumnos, tanto del nivel elemental como el medio, se viene afianzando desde hace tiempo.

Esta mayor acumulación de capital humano, pero también de capital físico, fortalecerá aún más el avance de las economías asiáticas comparado con el del antiguo mundo "occidental". En las próximas décadas el centro del poder económico mundial se consolidará aún más en Asia.

Por otra parte, el sistema universitario gradúa 13 millones de estudiantes por año, y el resultado es que su fuerza de trabajo con alto nivel de calificación, comparable al de EEUU., ya supera los 180 millones de trabajadores, que serían 300 millones para 2030. Huawei controla el 40% de la infraestructura 5G con oportunidades de negocios que ascienden a US$ 23 billones. La gran ventaja de Huawei es el tamaño del negocio, que les otorga a sus inversiones de más de US$ 100.000 millones por año inmediata economía de escala, lo que hace que sus precios tiendan a caer a la mitad en los siguientes meses.

 En 2018, 63533 empreas extranjeras comenzaron a operar en el país, con una inversión de US$ 132.000 millones y en ellas la inversión en manufacturas High tech creció 35%. En el primer trimestre de 2019 la inversión de EE.UU. aumentó 217% anual. Simultaneamente se ha creado un tribunal especializado en propiedad intelectual que depende de la Suprema Corte, a fin de otorgar el máximo de seguridad a las transnacionales, en especial de las de EE.UU. Es de hacer notar que una de las quejas y denuncias desde este país siempre fue que las empresas chinas no respetaban las creaciones e invenciones de otros y que lo que se hacía era copiar y replicar a partir del desarrollo y esfuerzo de los demás. Todas estas decisiones apuntan a resolver estas cuestiones.

La productividad de todos los factores (PTF) representó más del 70% del alza del PBI en 2018. Así, la PTF en relación al producto creció más de 20 puntos entre 2013 y 2018 y aumentaría varios puntos más en 2025. Más del 50% del alza de la productividad de todos los factores a partir de 1993, mientras que se redujo sistemáticamente el porcentaje derivado del auge de los factores de produccíon (capital/trabajo). Una de las claves del fenomenal crecimiento chino es que la inversión de las empresas extranjeras ha crecido un promedio de US$ 138.000 millones por año, y el stock de inversión de extranjera directa (IED) ha alcanzado a US$ 2,4 billones en 2018, en tanto que son más de 940.000 firmas del exterior que producen en China y venden al mundo.

El cálculo del FMI es que la tecnología norteamericana responde por más del 40% del alza de la productividad china en los últimos 40 años. Ahora con la nueva ley de inversiones extranjeras aspira a duplicar el stock de IED en los próximos 10 años y lograr que la economía digital abarque 60% del PBI en 2030.

Según el Grupo Nomura que es un banco de inversión y de servicios financieros globales con sede principal en Tokio y subsedes en Hong Kong, Londres y Nueva York y emplea a cerca de 26.000 personas, la economía china crecería más de 9% anual en 2021, con un primer trimestre que experimentaría una expansión de 19% anual, el mayor nivel de los últimos 10 años.

Esto está precedido por un alza de 6% anual en el cuarto trimestre de 2020, acompañada por un auge fenomenal de 21% en las exportaciones en ese período, y todo esto ocurre con una recuperación plena del boom de consumo. Hay un dato extraordinario que lo puede ilustrar, "el día de los solteros" que se celebra el 11 de noviembre, se usa este número ya que se repite en 1 cuatro veces queriendo significar uno solo, soltería, en su versión del 2020 se generaran órdenes de compra por U$S 18.000 millones.

Todo esto ocurre en una situación de pleno empleo urbano, con una tasa de desocupación de 5,3%, lo que implica que en los primeros tres trimestres de 2020 se han creado 11,5 millones de nuevos puestos de trabajo. El objetivo de la República Popular es volver a colocar a la demanda doméstica basada en el consumo individual como sustento fundamental de la expanción del PBI, y todo indica que las cifras que se prevén para 2021 aseguraría ese objetivo.

Según un estudio de diciembre de 2020 realizado por el centro de Investigación Económica y Empresarial de Londres, China superaría a EE. UU como la princiapla economía del mundo en 2028. Esta situación tendrá lugar debido a la pandemia de coronavirus que impulsará a China a fortalecerse en relación a sus rivales económicos. Para 2020 el país asiático creció entre 2 y 3%, siendo la única economía importante que tendrá un avance en su PBI. En cambio, el estadounidense decrece un 5% en 2020.

Si bien EE. UU tendrá el repunte indicado en 2021, se estima que crecerá 1,9% anual entre 2022 y 2024, y luego al 1,6%. Japón seguiría siendo la tercera economía del mundo hasta principios de la década del 2030, cuando sería superada por India, que además desplazaría a Alemania del cuaro al quinto puesto. También India desplazará a otro gigante para ser el N°1, me refiero a la población ya que para la llegada de la década del 30 será la nación más poblada dejando a China en el segundo puesto como parte de las consecuencias de la planificación familiar, el 4-2-1, cuantro abuelos, dos padres, un hijo, o sea varias generaciones de hijos únicos.

En 1980 el gobierno chino determina que las parejas solo podrán tener un solo hijo para paliar la pobreza y el temor de no poder aisitir con los servicios más básicos a la población hasta que la economía no tenga un período de crecimiento. Para la primera década del nuevo milenio se permitía a las parejas de las minorias étnicas, a las que vivían en sectores muy alejados, a los que pudiesen demostrar ingresos más altos que el promedio o quienes fuesen tanto padre como madre hijos únicos, tener un segundo hijo. En 2016 ese permiso se hizo extensivo para toda la población.

El 31/5/21 se aprueba tener un tercer hijo, el punto es que culturalmente está muy arraigado tener un solo hijo ya que que se considera que para darle las mejores oportunidades y recursos es mejor tener un solo descendiente. Lo que el gobierno tomó nota es que en 2020 la cantidad de personas de 60 o más años son 264 millenes de personas, lo que representa el 18,7% de la población. Se prevé que sa cifra llegue a 300 millones o más para 2025. Empieza a tallar también el sistema jubilatorio, un tema tanto social como económico.

Los motivos de acordar con Asia.

El 15 de noviembre de 2020 se firmó la Alianza Integradora Económica Regional, RCEP sus siglas en inglés, que es un acuerdo de libre comercio entre 15 países asiáticos que sumados conforman el 30% del producto mundial, y generan el 28% del comercio internacional. Se trata del mayor acuerdo de libre comercio del mundo hasta el momento e incluye a

China, Japón, Corea del Sur, Australia, Nueva Zelanda y los países que forman al ASEAN. El pacto eleminará aranceles a las importaciones entre sus miembros, reducción gradual que tomará 20 años, e incluye otras provisiones respecto a propiedad intelectual, telecomunicaciones, servicios financieros, comercio electrónico y servicios profesionales.

Antes de éste acuerdo se generaron otros de gran relevancia como los firmados entre la Unión Europea y Japón, la Unión Europea y Canadá, el CPTPP.

El boom de Asia es el dato central de la economía post-pandemia en 2021. China con una expansión promedio de 6,4% anual en los últimos 10 años, crece Australia, e India y los 10 integrantes de la Asociación de Naciones del Sudeste Asiático (ASEAN), poseen economías de US$ 2 billones y US$ 3 billones respectivamente y se han expandido el doble del promedio global a partir de 2009.

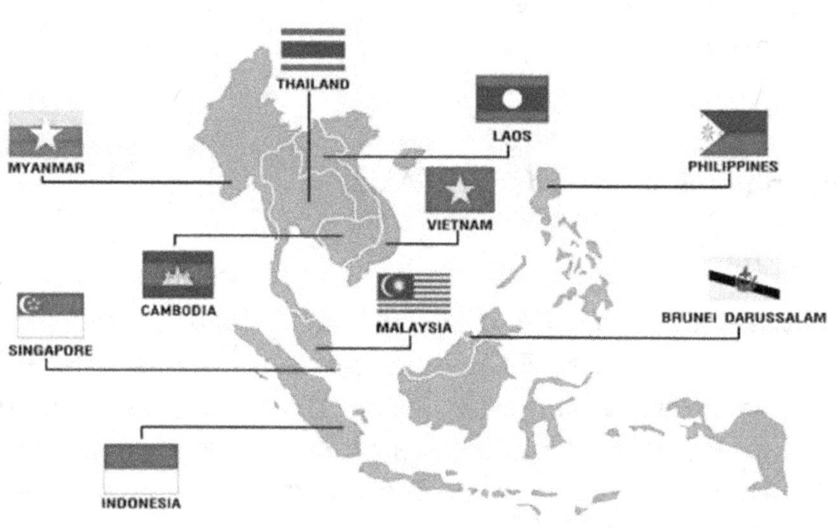

Asia representaba el 32% del PBI mundial en 2000 y se estima alcanzar el 52% en 2040. Lo fundamental es lo que sucede con el consumo y la clase media. El consumo asiático era 23% del total global y será más de 40% en 2040. De ahí el auge de la clase media, que representaba el 23 % del total mundial y sería el 52% en 2040. Encabeza este fenómeno China, cuya clase media con ingresos como ya se comenté anteriormente entre US$35000/US$40000 anuales supera los 440 millones de personas y llegarán a 1000 millones en 2030.

Un tema estratégico son las cadenas globales de producción que son el instrumento de integración del sistema capitalista en el siglo XXI. En este sentido el porcentaje intra-asiático del intercambio de bienes es más de 60% este año, y 59% de la inversión extranjera directa que recibe Asia es intra regional. China y el Asia avanzada (Japón, Corea del Sur, Taiwán, Hong Kong) han dejado atrás la etapa de industrialización trabajo-intensiva y se han volcado a manufactura high tech y a los servicios de elevada tecnología. El 43% de las exportaciones del Asia emergente son obra de inversiones de China y el Asia avanzada, y treparía a 55% en 10 años.

Esto implica que lo que sucede en Asia decide la nueva fase del proceso de globalización, acelerada por el coronavirus y que se caracteriza por su digitalización absoluta, hecho que se amalgama con la categoría central del capitalismo de la época, que es la Cuarta Revolución Industrial (digitalización e integración completa de la manufactura y los servicios).

Un párrafo aparte merece Vietnam que en los cinco años previos a la pandemia creció a un ritmo parecido al de India y China, vale decir a 7% anual y en 2020 lo hizo un 2,9% de los pocos países en el mundo que pudieron crecer según el FMI. Las exportaciones crecieron un 20% anual promedio los últimos 35 años y desde 2000 se multiplicaron por más de 10, llegando a los 290.000 millones de dólares en 2020.

Al mismo tiempo las ventas se diversificaron desde los productos primarios y los textiles hacia los rubros de mayor componente tenológico. En la actualidad el 40% son de equipos y componentes electrónicos, el 4% de textiles. Paradógicamente el pricipal cliente es Estados Unidos que recibe el 23% de las ventas, seguido de China y Japón.

 Es de hacer notar que Estados Unidos pierde la guerra con Vietnam y según las cifras oficiales de la Casa Blanca fallecieron 58.000 miembros de las fuerzas armadas, mientras que Vietnam entre militares y civiles murieron 3 millones lo que fue una verdadera masacre, al que hay que sumar los efectos de las armas químicas usadas por EE.UU especialmente el llamado "agente naranja" que contiene dioxina que es básicamente un hervicida muy potente que no solo fue arrojado a la población, sino a la selva y a los campos generando un gran deterioro ecológico, pero los tiempos cambian y las relaciones entre países tiene que ver con el pragmatismo de intereses superiores.

La diversificación productiva y exportadora se debe a la industrialización local y a las inversiones extranjeras que se incorporaron a partir de las políticas de estímulo y las mejoras en infraestructura y el entrenamiento del personal. En los últimos años influyó el aumento de los costos laborales de China y que empresas multinacionales comezaron a radicarse en este país instalando grandes plantas como Samsung y Apple.

El gran cambio vietnamita comienza en 1986 emulando lo realizado por los vecinos chinos y lazaron la política Doi moi, renovación, que busca concretar una economía de mercado orientada al socialismo. Esta política cambió la centralización del poder político con una progresiva apertura económica al exterior y al capital privado. Otro elemento importante fue la promoción de la educación y la formación científica y técnica.

El intercambio con nuestro país se cuadruplicó en la última década convirtiendo a esta nación en el sexto socio comercial, en 2010 se firmó entre ambos países un Acuerdo de Asociación Integral. Nuestras exportaciones tienen que ver con la soja, maíz, trigo, camarones, productos farmaceuticos. Nosotros compramos principalmente productos electrónicos. El mercado vietnamita es atractivo ya que está teniendo un rápido crecimiento con segmentos de poder adquisitivo que se suman a las nuevas clases medias, vale decir están haciendo el recorrido que lo chinos ya transitaron un par décadas atrás.

Un acuerdo estratégico con la Unión Europea

El pacto logrado entre la Unión Europea (UE) y China es el acuerdo de inversiones más ambicioso de los firmados por Beijing con cualquier país o bloque, tras siete años de negociaciones, anunciaron que alcanzaron un acuerdo para un tratado de protección recíproca de inversiones que mejorará el acceso al mercado del gigante asiático de las firmas europeas, reducirá la discriminación que sufren en China frente a empresas chinas y protegerá sus inversiones. No es un tratado comercial sino un convenio que fija las condiciones futuras que permitirán allanar el terreno a las empresas europeas en el mayor mercado del planeta, mientras China se asegura acceso a Europa, su segundo mercado detrás del este asiático.

El acuerdo supone un estratégico movimiento en el equilibrio de poder mundial luego del gobierno de Donald Trump y acerca como nunca antes a europeos y chinos, dos competidores económicos y rivales sistémicos que sin embargo se necesitan. Es una evidencia del pragmatismo que reina en la cúspide política de ambos polos. El PBI europeo equivale al 17% de la riqueza planetaria y China es su primer socio externo, desalojando del puesto a EE.UU.

Un objetivo del pacto es reequilibrar la situación actual, en la que el mercado europeo está mucho más abierto para las inversiones chinas que a la inversa. China dará acceso a su sector manufacturero y facilitará las inversiones en servicios (en particular los financieros). Beijing eliminará su requisito actual de sociedades conjuntas con firmas chinas para ingresar a su mercado en ciertos sectores, atenuará los subsidios en favor de una competencia más justa y no forzará a los europeos a transferir tecnologías como hasta ahora.

Europa arranca a su vez a China compromisos de respeto a derechos laborales (trabajo infantil y forzado) y medioambientales (marco de críticas de ONGs de Occidente y de algunos países de la UE). A cambio, Beijing podrá ver favorecidas sus pretensiones en sectores estratégicos que Europa protege con celo. El líder mundial chino en teléfonos inteligentes, Huawei, fue excluido del mercado de equipos para la red 5G en muchos países de la UE. Beijing reclama garantías de acceso a sus mercados públicos y a sectores como las telecomunicaciones y las infraestructuras de energía. Y este acuerdo es una pista de arranque.

31.   ARGENTINA

El comercio internacional creció 30 veces entre 1950 y 1980, pero en ese lapso las exportaciones argentinas lo hicieron solo 7 veces. En 1950 el país exportaba 1,9% del total mundial, pero en 1980 pasó a 0,4%. Luego entre 1980 y 2010 las exportaciones totales crecieron 7 veces, las nacionales acompañaron este ritmo, esto se debió a las compras de Brasil y China y a la mejora de la competitividad del campo. Desde 2010 a 2019 las exportaciones mundiales crecieron 34% pero las nuestras solo 5%, y pasamos a representar el 0,3% del total.

Nuestro país es apenas, con datos de diciembre de 2019, el exportador número 49 del mundo, detrás de Filipinas, Rumania, Iraq, Eslovaquia o Indonesia, y apenas superando a Kazajstán o Nigeria, y no llega ni a la mitad de lo que exportan Turquía, Irlanda, o Hungría. Somos el cuarto exportador de Latinoamérica.

Esta claro que el país necesita urgentemente exportar mucho más, en 2019 apenas lo hicimos con unos US$ 80.000 millones, somos uno de los 10 países del mundo con menor participación del comercio internacional en su economía. Este importe representa solo el 18% del PBI (Latinoamérica exporta el 22% y el mundo 30% de lo que produce). Nuestro PBI es el 27 del mundo, deberíamos tener el triple de exportaciones en función a este PBI.

Argentina es uno de los países que mayor arancel de ingreso paga en terceros mercados: exporta 3400 productos a 182 países, pero solo 30% del total exportado ingresa en mercados con preferencias porque es uno de los países con menor cantidad de acuerdos reciprocos vigentes en el planeta (la mitad de todo el comercio mundial corre entre países que han pactado reducciones arancelarias). Y a la vez grava a la importación (4100 productos desde 185 países) con una alta tasa arancelaria solo superada por otros 10 países en todo el mundo.

Hay una gran necesidad de incentivar a tener la mayor cantidad de empresas con la mayor productividad posible que les permita competir en el comercio internacional. En Argentina sólo 12 empresas exportaron más de 1000 millones de dólares en un año, y sólo 58 empresas superaron los 100 millones anuales (apenas 360 exportan más de 10 millones). Por otro lado, son argentinas sólo 4 de las mayores multilatinas (16 son mexicanas, 12 chilenas, 12 brasileñas), y son argentinas apenas 6 de las mayores 100 en ese ranking.

 Podemos agregar a este análisis la composición de las distintas Argentinas que coexisten en nuestro territorio ya que el 70,5% de las exportaciones nacionales sale de tres provincias: Buenos Aires, Córdoba y Santa Fé; la Patagonia aporta el 9,7% incluyendo combustibles, el 6% NOA, el 5,3% de Cuyo y el 1,9% del NEA, según datos del INDEC. Para poder exportar hay que lograr cierto nivel de productividad para ser competitivos a nivel mundial, estos números reflejan que gran parte del país tiene condiciones mínimas de desarrollo.

Ahora bien, el último decenio se ha caracterizado por un cambio de matriz, el intercambio de bienes físicos ya no es el principal motor, sino el alza esta dado por el valor de los intangibles como conocimiento, innovación, know how, patentes y royalties, certificaciones y cumplimiento de estándares, servicios. Por eso las exportaciones mundiales de servicios crecieron en los últimos 10 años 50% mientras las de bienes lo hicieron 25%. Hay que considerar que solo se conoce como servicios, habría que llamarlo intercambio internacional de conocimiento productivo. Así desde el inicio del nuevo siglo las exportaciones de bienes crecieron 195% pero la de los servicios lo hizo en 260%, los pagos de royalties fueron de 340% y el tráfico de información económica electrónica lo hizo en 4.450%

La pandemia hará caer duramente el comercio global y muchas cosas cambiarán, otros escenarios de desplazarán ante nosotros: una nueva geopolítica, nuevos contenidos en los acuerdos comerciales internacionales, mayor significación del saber aplicado como componente productivo, mayor diferencia entre los paises que inviertieron en ciencia y tecnología y quienes no lo hicieron.

Pero hay de donde ilucionarse, el campo, los unicornios, la producción basada en conocimiento, la ingeniería con diseño, veremos.

Habrá que aprovechar más algunos mercados que nos van siendo más relevantes (como India o Vietnam) en ingresar en mercados no aprovechados en los que buenos negocios son posibles: muchos emergentes que están entre los principales mercados para Argentina: Singapur, México, Emiratos Árabes Unidos, Hong Kong, Sudáfrica y Taiwan entre otros.

La nueva revolución industrial es la digitalización completa de la manufactura y los servicios. Esto obliga a los países a profundizar su especialización en la actividad en la que destacan, que es la agroalimentaria en el caso de la

Argentina. Como ya hemos dicho uno de los primeros puntos a tomar en cuenta son las tendencias mundiales entre las cuales está el crecimiento poblacional con poder adquisitivo, lo que vale decir la nueva clase media mundial.

Estamos atravesando un gran momento histórico para exportar proteínas animales debido a las transformaciones dietarias, con un consumo global per cápita que desde 1960 creció de 29 a 55 kilos, mientras que más que duplicó la población, de 3000 a 7400 millones de personas, y la producción total pasó de 87 a 430 millones de toneladas de carnes. Centenares de millones de pobres rurales se transformaron en clases medias urbanas incorporando a sus dietas más carnes.

Argentina produce hace 50 años unos 3 millones de toneladas de carne vacuna y actualmente 2,3 millones de toneladas de pollo y solo 700.000 toneladas de cerdo. ¿Cuál es el motivo por el cual no crece la producción animal si el alimento (maíz más harina de soja), es el 70% del costo? Básicamente porque no se hacen las inversiones que se requieren. Según estimaciones de la Mesa de las Carnes, con inversiones del orden de los 6.000 millones de dólares podría exportarse por 10.000 millones anuales en solo 5 años, generando 200.000 puestos de trabajo.

Solo en cerdos, duplicar la actual producción requiere de una inversión de 1.900 millones de dólares, generando exportaciones por 1.600 millones de dólares anuales y 15.000 empleos. En todos los casos para exportar nos limita la oferta, no la demanda como fue históricamente. Revertirlo requiere conocimientos científicos-tecnológicos que si contamos en el país, y la falta de un encuadre jurídico institucional para estimular y asegurar las inversiones de mediano y largo plazo vinculadas a los mercados externos.

Africa

En este momento me quiero detener en una región: África, la población africana se duplica en una generación y pasará de 1300 millones en 2018 a 2600 millones en 2050 (es un 58% del aumento de la población del planeta para entonces). El cálculo que se puede hacer es: África agregará 40% a la población mundial en 2050, un porcentaje superior al resto del mundo sumado, y su proceso de urbanización, que hoy abarca a 40% de la población, sería más de 60% a mediados del siglo. Por su parte la población china declinaría en más de 50 millones en los próximos 30 años.

Entre los años, 2014-2019, 30% de los 54 países africanos crecieron a una tasa promedio de 5% anual, más que Latino América; y lo hicieron sobre todo a través de las exportaciones de materias primas a China. En los últimos tres años este país, como consecuencia del alza del costo de su producción, comenzó el traslado de una buena parte de su industria trabajo-intensiva al continente africano, en especial a países como Etiopía y Nigeria.

Argentina debe reactivar la economía y ampliar las exportaciones para crear nuevos empleos durante un largo período. Pero el contexto mundial, afectado por la pandemia, plantea una serie de interrogantes. En particular, sobre el desempeño y las barreras de acceso que tendrá la demanda de varios países y bloques. Aunque en el caso de África las perspectivas que trazan los estudios que han publicado la OCDE y el Banco Mundial, además de favorables, pueden ser importantes. Y se tendrían que en tomar en cuenta a la hora de relanzar nuestro comercio exterior.

Ambas instituciones, por ejemplo, prevén que el continente africano, a pesar de los conflictos, de las olas migratorias y de los enormes bolsones de pobreza, los mayores del planeta quizá, crecerá en los próximos años más que cualquier otra región. Incluso por delante de Asia. Y estiman que el poder adquisitivo de sus habitantes aumentará en forma sustancial al igual que en la última década. Estos estudios están fundados, entre otros aspectos, en ciertas mejoras introducidas en la infraestructura. Como la gigantesca represa hidroeléctrica que construye Etiopía sobre el Nilo azul.

También en el progreso paulatino que se manifiesta en el sector de la salud, los servicios y, en particular, en la incorporación de los jóvenes, el grupo etario más numeroso, a la educación y a los diferentes circuitos de consumo. Y, en otro plano, resaltan la puesta en marcha de la zona de libre comercio (CFTA por sus siglas en inglés) que liberó de aranceles al intercambio de bienes y servicios entre todos sus países.

El panorama a mediano plazo combinaría, a la vez, una baja productividad agrícola con el doble de su población actual. Es decir, más de dos mil millones de personas distribuidas, sobre todo, en grandes zonas urbanas. Y coinciden en señalar que África jugará por entonces un rol destacado en el intercambio mundial debido a un par de motivos centrales. Por un lado, la capacidad para proveer combustible, minerales y materias primas. Principalmente a China, la Unión Europea y la India. Y, por otro, la necesidad de importar una vasta y diversa cantidad de alimentos y de tecnologías de procesos. Un campo que reviste singular relevancia para las posibilidades y la participación de nuestro país.

Argentina, por cierto, ha desplegado desde mediados del siglo pasado una estrategia poco consistente hacia África. Con las seis naciones contiguas al Mediterráneo. El llamado Magreb. Y también con las cuarenta y ocho que se extienden al sur del Sahara. Entre las primeras referencias es dable mencionar el acuerdo bilateral firmado con Egipto en 1947.

Luego se suceden una docena de convenios formalizados a principio de los años sesenta y a fines de los ochenta con algunos de los nuevos estados independientes. Época en la que despunta la labor del Instituto Nacional de Tecnología Agropecuaria. Y en este siglo, cabe señalar las aperturas de nuevas embajadas, las misiones de alto nivel, el ingreso como observadores en la Unión Africana (UA) y la participación en cumbres como las de África-América del Sur y en los tratados del Mercosur con Egipto y la Unión Aduanera de África Austral.

Aun así, los resultados obtenidos en la balanza comercial fueron alentadores en términos absolutos y relativos. Al mismo tiempo, se pudo verificar en los foros multilaterales el apoyo de la UA a la causa Malvinas y a la paz en el Atlántico Sur. Un gesto de valía en este orden global devenido inestable y caótico.

En las ventas externas, por ejemplo, sobresalieron los volúmenes embarcados a Argelia, Egipto, Marruecos y Túnez en el norte. Y a Sudáfrica, Mozambique, Senegal, Angola,

Ghana y Nigeria en el área subsahariana. Harina de soja, aceites comestibles, trigo y maíz encabezaron la lista. Seguidos a distancia por tubos sin costura, químicos, harina de trigo, fármacos, lácteos, cajas de cambio, maquinarias agrícolas, servicios técnicos, agropartes y vehículos de transporte. Con una característica adicional: el superávit, unos cuatro mil quinientos millones de dólares, se mantuvo constante y representó, en promedio, el 40 por ciento del total acumulado en los últimos años.

África no posee aún el potencial de los mercados europeos o del sudeste asiático. Tampoco la vecindad de América Latina. Claro está. Pero estos antecedentes, junto a los pronósticos mencionados, sugieren que fortalecer la presencia argentina en sus territorios es una tarea que conviene abordar. Con el objeto de generar divisas y de contribuir, cuanto antes, a la recuperación de múltiples actividades en un programa que permita articular esfuerzos públicos y privados capaz de optimizar el transporte interno y los costos portuarios, negociar fletes marítimos, participar en ferias, difundir investigaciones y promover otras alianzas, productos y canales de intercambio. Aparte de instalar plataformas logísticas y ampliar los créditos y los seguros de exportación. Y, como reza un proverbio bantú, el río se nutre de distintos afluentes.

Esto implica que nuestro radar además de prestar atención en los mercados asiáticos tendrá que hacerlo también en África. A esto hay que agregar que el problema en el mundo no es la generación alimentaria, aunque se mantienen grandes desigualdades, sino la seguridad nutricional, debido a la deficiencia todavía elevada de proteínas, micronutrientes, y vitaminas esenciales, el llamado, hambre oculto.

Son más de 2.000 millones de personas las que sufren de este problema. También se suma la obesidad, la diabetes, y las enfermedades cardíacas, y justamente en coronavirus tuvo especial impacto en las personas que tenían estas características. Los niños que experimentan estas carencias en sus primeros 33 meses, esto es el embarazo y los dos primeros años, tienen un destino marcado ya que sufrirán limitaciones en su estructura física y cognitiva de manera irreversible.

Más aún cuando estamos hablando de una pobreza estructural como la que se padece en nuestro pais, que hace que ya son varias las generaciones con las mismas problemáticas, marca entonces de manera más cruel las diferencias de las distintas Argentinas que conviven en nuestro suelo, donde los chicos que hoy lo están padeciendo pueden ser la tercera o cuarta generación de la misma familia que padecen pobreza estructural, lo que los condena casi inexorablemente. Esta tendencia está presente ya en las grandes urbes del continente africano, en un adelanto de lo que se viene y que modificará la demanda global de alimentos como lo hizo la irrupción de China y el sudeste asíático.

El pais agricola ganadero

Paralelamente vemos que los embarques del complejo sojero nacional explican entre el 30 y 40 % de las exportaciones de un país con necesidades de dólares. Esto es, tres veces más que el segundo en el podio, el maíz. Recién después viene la industria automotriz, que lidera el podio de las exportaciones de Manufacturas de Origen Industrial (MOI). Es importante hacer notar que de los productos del agro, la balanza comercial es totalmente superavitaria, mientras que el caso de de las MOI en general la balanza es equilibrada o deficitaria.

Por cada 10 dólares que exporta el agro, hay que importar solo 2 dólares en insumos y equipos. En el caso de la soja, que no emplea fertilizantes nitrogenados, el ratio es de 1 a 10. Esto pone de manifiesto la ventaja competitiva de este producto, creada sobre la base del conocimiento aplicado sobre el recurso natural que es el territorio fértil, donde la soja comenzó a expandirse hace cuatro décadas.

A mediados de los 90, ya era el princiapal producto del agro, con 15 millones de toneladas y un valor de las exportaciones de 3 mil millones de dólares. Pero a partir de entonces, como consecuencia de una nueva oleada tecnológica e inversiones en las plantas de molienda (crushing) la expanción se aceleró enormemente. Así llegamos a los 60 millones de toneladas.

En este ciclo, los precios oscilaron entre los 220 y momentos de 600 dólares las tonelada. Es decir la expanción fue relativamente independiente de los precios. Siempre se las arregló para crecer, generando siempre nuevas fórmulas para incrementar los rendimientos y reducir los costos. La soja es la principal fuente de proteínas en la dieta de todo bicho que camina y va a parar al asador. Aves, cerdos, boivnos de carne y leche, y las distintas variedades de peces que fueron entrando en sistemas de producción intensiva, ante el crecimiento de la demanda y el colapso masivo de los caladeros de pesca.

Los farmers de Estados Unidos fueron los primeros en llegar. Pero Brasil, a partir de los 70, se sumó a la nueva saga, con la soja abriéndose paso desde los estados agrícolas tradicionales, (Paraná, Río Grande do Sul, San Pablo), hacia el nordeste y el oeste. Enseguida apareció Argentina y más tarde y en menor escala, Paraguay, Uruguay y Bolivia. A partir de la crisis de la fiebre porcina, se genera una extraordinaria oportunidad para la gandería vacuna.

 Así se percibe en el sector, donde hay una fuerte apuesta invertir en genética, pasturas, alimentación y sanidad. Hay también un gran interes en la exportación de carne de cerdo. El cerdo es maíz y soja en cuatro patas. Argentina está expandiendo también su producción de maíz, y también están las 50 millones de toneladas de harina de soja producidas localmente.

En 2014, una empresa china pagó 5.000 millones de dólares para hacerse de la norteamericana Smithfield, la princiapal empresa de carne porcina de los EE.UU. Ahora vienen por lo cerdos nuestros. Es más rápido crecer con cerdos que con carne vacuna. Un vientre, que es el torno de la industria vacuna, genera un ternero por año. Una cerda bien manejada produce 25 capones por año. Para ellos hacen falta criaderos a escala, con alta tecnología y fuertemente automatizados, con genética, nutrición, control de procesos, clima y agua. Es una industria moderna que requiere una inversión del orden de los 5 mil dólares por madre. El alimento es más del 50 % del costo operativo. En el mundo nadie tiene alimentos más baratos que la Argentina.

La mitad del stock de cerdos de China, unas 450 millones de cabezas, ha caído los últimos años debido al impacto de la fiebre porcina. El resultado ha sido que las importaciones de productos cárnicos en la República Popular, incluyendo carne vacuna, porcina y aviar, se han multiplicado por 5, y han alcanzado a más de 20 millones de toneladas en los últimos tres meses de 2019. Por esta razón se dispararon los precios mundiales de los alimentos. Lo previsible es que la fiebre porcina se extienda todavía más en China, así como en el resto de Asia, donde ya ha penetrado en Vietnam, Mongolia, las dos Coreas, y Filipinas, entre otros.

El Imperio Central, es el mayor consumidor mundial de carnes, cubre la mitad de la demanda global, y 70% de ese total es carne de cerdo, de la que consume 56 kilos por cabeza por año, llegando a consumir 40,3 millones de toneladas de este animal en 2020. Esta fiebre tracciona el consumo, y los precios de las otras carnes en el mercado chino, la demanda de carne aviar aumentó 25% en 2019, mientras que trepó 17% la vacuna, y la tendencia tiende a duplicarse en 2020. Esto quiere decir que el Imperio Central consume el doble de carne que los 27 países de la Unión Europea (UE). También es la principal productora de esta carne con 36 millones de toneladas en 2020, comparada con 24 millones producicdas por la UE, y esto es tres veces la producción norteamericana.

Frente a esta situación China a multiplicado por tres las importaciones de carne de cerdo norteamericana, la guerra comercial se ve a que a veces no es tal. USDA, el Departamento de Agricultura de EE.UU. señala que las exportaciones de carne de cerdo a la República Popular aumentaron 67% en 2019 y llegaron a 2,6 millones de toneladas. Lo mismo ha ocurrido, proporcionalmente, con las importaciones de carne de cerdo de Europa, Brasil y la Argentina, en tanto que China multiplica las habilitaciones de frigoríficos en los últimos dos países de América del Sur. La producción de carne de cerdo china cayó más de 30% en 2019, y pasó de 54 millones de toneladas en 2018 a 38 millones en 2019.

De ahí que las importaciones de granos aumentaron más de 300% entre 2004 y 2017, en tanto treparon más de 800% las compras de maíz, trigo y arroz. Ahora la República Popular lo que busca es el aumento de la producción de agroalimentos en el mundo, en particular en la región superavitaria en alimentos que es el hemifesferio Americano, con especial acento en Brasil y Argentina. Es por estos motivos que haya colocado como objetivo prioritario de su fondo soberano (U$S 850.000 millones en 2018) las inversiones en la producción agroalimentaria del exterior, y convertido a Cofco, tras las compras de Noble y Nidera, en la quinta gran trader del sistema alimentario mundial, junto con Cargill, ADM, Bunge y Dreyfus.

Durante 2020 China importó un poco más de 100 millones de toneladas de soja, un récord fenomenal. Las exportaciones de soja de EE.UU a el país asiático alcanzarían a U$S152.000 millones en el año fiscal 2020-2021. Esto sucede cuando el comercio bilateral entre las dos superpotencias creció más del

30% durante 2020, llegando a los U$S 560.000 millones ya que la guerra comercial concluyó con el acuerdo firmado con el presidente Trump el 15 de enero de 2020. El alza de la demanda china de soja beneficia especialmente a los tres grandes productores del grano que son: EE.UU, Brasil y Argentina, que cosechan en conjunto más del 90% de la producción mundial.

La demanda agrícola de la República Popullar no ha sido afecada por la pandemia y esto tiene que ver con el aumento de los ingresos de la población china y el consumo de carne. Por eso con un alza de 8,1% anual en el ingreso per cápita, la ingesta de carne se elevaría 37% en 2050, y 80% en 2080, según estima USDA. Este mismo Departemento prevé que el consumo chino se soja crecería a una tasa anual de 27% en la etapa 2018-2028, un poco menor a años anterior ya que hay una consolidación de la producción de la carne de cerdo en China, donde más del 60% de la actividad se realiza ahora en grandes unidades productivas, que dependen especialmente de las importaciones de soja, y no del mercado doméstico. Argentina, teléfono.

Mientras tanto en nuestras tierras además de boicotearnos y hacernos las cosas difíciles como si fuésemos enemigos, también hay pujanza. A modo de ejemplo en un campo de San Antonio de Areco hay un grupo de vacas preñadas con clones mejorados genéticamente. Son parte de un emprendimiento científico argentino de vanguardia que busca potenciar aún más la capacidad ganadera del país con una técnica innovadora que empezará a mostrar resultados en los próximos años.

La edición génica, tal como se la conoce, permite intervenir sobre los genes de una especie para modificar algunas de sus características naturales: pelaje, contextura corporal, predisposición a distintos tipos de patologías. A mediados del 2019 la empresa Kheiron Biotech anunció que habían logrado modificar con éxito los genes de un toro de raza Brangus para lograr que tuviera más carne. El gran cambio que trajo esta técnica fue la eficiencia, simplicidad y el bajísimo costo del proceso. La edición génica es una tecnología que democratiza la capacidad de introducir una modificación y reduce su costo. Antes para hacer un animal modificado había que clonar y eso demanda 30.000 dólares, con esta nueva técnica 200 dólares.

Argentina tiene un gran potencial para desarrollarse en el campo de la genética. Cuenta con una legislación de avanzada que favorece la investigación, un nivel genético de primer nivel en los campos del pais y un mix de grupos privados y oficiales haciendo distintas experiencias. Hay empresas de biotecnología, de reproducción de equinos, cura de lesiones por células madre y exportación de caballos de polo. En el debe se puede señalar la necesidad de mayor inversión, ya sea en equipamiento, en sueldos para los investigadores y becarios y la apuesta de inversores privados por los proyectos.

Quisiera compartir algunas de las conclusiones a las que se pudo arribar de las 5° Jornadas de Comercio Internacional organizadas por el Centro de Estudios de Estrategia CEE dependiente de la Facultad de Ciencias Económicas de la Universidad Nacional de Lomas de Zamora, evento que se realizó en septiembre de 2020. En la mesa de agronegocios disertaron distintos especialistas, tomaré algunas de las reflexiones de los mismos. Fernando Vilella Presidente del

Consejo Nacional de los Profesionales del Agro, Alimentos y Agroindustria, denominada "Vaca viva, modelo de desarrollo territorial federal"

"La gente tiene necesidad de alimentarse. No sabremos cómo será. Hay distintas visiones sobre el tema pero Argentina está allí, como un actor importante, porque forma parte del 10% de los países del mundo que produce excedentes alimenticios", sintetizó Fernando Vilella. Aclaró que "el potencial de producción de alimentos argentinos está medido a partir de productos que no son de consumo humano directo, ya que sus dos principales granos de exportación, el maíz y la soja, forman parte de los alimentos balanceados para producir animales al igual que la harina de soja que el país vende al mundo en un 90% de su producción, para que otros países generen alimentos para cerdos y aves, entre otros.

La pandemia se superpone con la reconfiguración que desde hace algo más de un año se da en el mercado de las proteínas animales, a nivel global, por la declaración de la peste porcina africana en China que provocó que la cuarta parte del rodeo porcino mundial desapareciera, dado que China, que tenía la mitad, debió sacrificar el 50% de su piara. Por eso bajó drásticamente el volumen de consumo de harina de soja, de su poroto y del maíz que produce Argentina.

Nuestro país tiene una agroindustria con capacidad de exportar y transformar granos en proteína animal. Un potente desarrollo de valor agregado en los territorios y un aprovechamiento en la bioeconomía, puede ser un instrumento de transformación de biomasa, aprovechando esos mercados. Pero al mismo tiempo esa transformación de la biomasa con el conocimiento cada vez más sofisticado, a través de científicos capacitados y empresarios dispuestos a invertir en tecnología, se cruza con la falta de un encuadre macroeconómico que fomente estas iniciativas.

La bioeconomía, requiere políticas de estado donde no haya oficialismo y oposición, sino un conjunto de vocaciones que, por el bien común, puedan unirse y avanzar. Esto es lo que debería surgir en pos de generar riqueza y puestos de trabajo. El problema actual no es la falta de capital, sino de atraerlo en forma sustentable. Estamos en una situación donde la creación de trabajo repetitivo debe equilibrarse con el trabajo del futuro. La bioeconomía puede generarlo en ambos campos y ofrecer una salida que saque al país de muchos años de retroceso y pobreza.

Se señaló en el simposio que hay una responsabilidad muy importante de todo el arco político y todos los argentinos como sociedad debieran hacerse cargo de esta coyuntura, ya que de lo contario será muy difícil encontrar un solución. La pandemia acelerará muchos de los procesos que estaban en marcha, entre ellos el crecimiento de la pobreza.

Respecto de qué hacer con la economía al salir de la pandemia y cuáles son las oportunidades que deja, en cuanto dinamismo económico y generación de empleo se citó tres claves:

- Generación del conocimiento: Hay una demanda muy grande de producción de software para hacer 'home office' y educación a distancia lo cual le da oportunidades a quienes están el campo de la informática y las nuevas herramientas educativas.

- Cambiar la matriz exportadora: Hay que dejar de exportar alimentos para animales y pasar a vender alimentos para humanos: carnes, leches y fibras. No podemos seguir exportando maíz. Tener el record de exportación de maíz no es un piropo. EE. UU. tiene el record de producción de maíz y casi no exporta, porque casi por definición el maíz no se transporta ni en los campos porque es muy caro el flete y Argentina lo transporta entre países. El cambio paulatino y relativo a producir más proteínas animales es un camino bastante nítido para la Argentina. Sabemos cómo hacerlo y puede hacerse en todas las provincias.

- Servicios basados en el conocimiento y la tecnología: Pueden aportar un dinamismo importante al desarrollo sectorial mundial. Tenemos un gen nacional que va a aumentar la superficie mundial de soja y trigo (HB4). Dar la opción de aumentar la superficie mundial de soja agrega visión cultural.

La explicación de porqué pasa esto en el sector bioindustria es absolutamente cultural y hay que explorar mucho más para poder llegar a consensos sobre este asunto, porque cada vez que se mide la visión que hay en las urbes sobre la imagen del sector agropecuario el resultado no es bueno. Al sector bioindustrial quizás hay que apoyarlo con proyectos que den 1.000 millones de dólares en semillas, con una buena ley, que la exportación de carne de cerdos dé 2000 millones más, que la de carne vacuna, en vez de 4.000 pase a 6.000 millones y sumando esos valores y, al mismo tiempo, ir cambiando la matriz productiva y de generación de empleo de la Argentina, se propuso.

Ningún proyecto que pretenda tener inserción internacional será factible si el mismo no se encuadra en los objetivos de desarrollo sustentable de Naciones Unidas. Pero la competitividad entre naciones y regiones en realidad se dirime en los sistemas educativos y en la generación de sistemas científicos tecnológicos que se integren al desarrollo. Aquí ya tenemos un problema añejo, nuestra inversión en I+D no supera el 0,6% del PBI, en Brasil estamos hablando del 1,2%.

La bioeconomía reúne a todas las cadenas productoras de alimentos de origen animal y vegetal, bioproductos, energías y fibras. Los inversores son mayoritariamente pymes nacionales que reinvierten en sus propios emprendimientos. La bioeconomía abarca la producción de los recursos biológicos renovables y su conversión en alimentos, forrajes, productos de base biológica y bioenergía. Incluye al sector agropecuario, la forestal, la pesquera, la producción alimentaria, y de pulpas y fibras, así como a los sectores de la industria química, y de las bioenergéticas, de la salud y de la producción de alimentos.

Este sector tiene una menor dependencia de los combustibles fósiles, hay un aprovechamiento circular de recursos, es una economía de repetición donde se puede distribuir en muchos lugares geográficos que por otro lado los hace más seguros desde el punto de vista biológico. Paralelamente la Argentina tiene la capacidad del 2% mundial de la biomasa y el 0,6% de la población, o sea tres veces de capacidad de biomasa per cápita. Se estima que el siglo 21 es el de la biología y ya hay más de 40 países que han elaborado estrategias para avanzar a la bioeconomía.

Veamos un ejemplo de economía circular tomando la evolución que tuvo el establecimiento Las Chilcas ubicado al norte de la provincia de Córdoba. La explotación tradicional era básicamente el maíz, y cada tres camiones que completaban para llevar al puerto de Rosario prácticamente uno se lo quedaba el flete. Hoy tienen una planta de destilación de etanol que se produce a base de maíz y de azúcar, y en el país el 12% de las naftas es de bioetanol. En el proceso de elaboración se libera un gas que se utiliza para las bebidas gaseosas, a su vez lo que queda del grano de maíz es un alimento llamado burlanda que se destina a animales feed lot.

Este establecimiento agregó la cría de cerdos y desde el mismo campo se destina maíz y soja para alimentarlos, el estiércol producido por estos dos tipos de animales va a un biodigestor que genera la energía calórica para la planta de destilación de bioetanol, pero como sobra energía esta se vende al sistema interconectado nacional. El residuo que queda de biodigestor es utilizado como fertilizante que va a parar al campo que es donde todo empezó, vale decir economía circular.

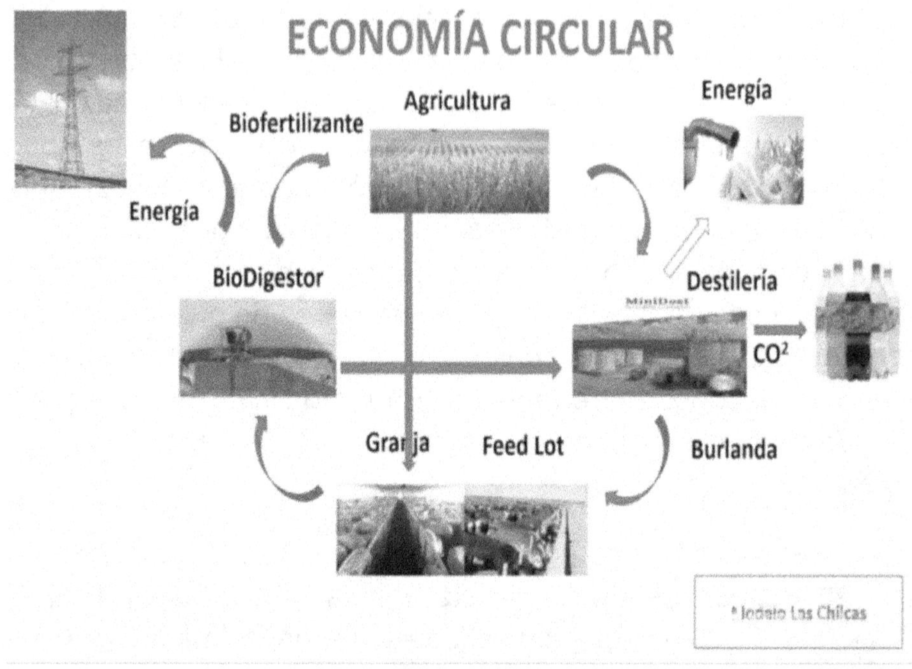

Entonces antes se vendía maíz, ahora se vende etanol, dióxido de carbono, carne vacuna y de cerdo, energía y bioenergizantes, donde concurren múltiples saberes en un mismo establecimiento que pasó de la explotación tradicional a la economía circular. Otro tanto ocurre con el Grupo Riccillo que trabajan en las localidades bonaerenses de Saladillo y General Alvear, y Seeds Energy una empresa creada en 2017 en Venado Tuerto, Santa Fé.

En cuanto al consumo de carne vacuna en nuestro país estamos en 50 kg por persona/año, supimos tener ese valor en 100 kg, muchas cosas han cambiado entre ellas es que tenemos una cocina con más variantes, se han incorporado otros usos y costumbres en cuanto a nuestras dietas, el consumo de cerdo creció significativamente, pero no logramos tener al pescado muy incorporado en nuestra cocina y claro esta los precios se han tornado prohibitivos para muchas franjas sociales. Así y todo, conjuntamente con Uruguay seguimos siendo de los más grandes consumidores.

A nivel mundial el consumo de carne se ha incrementado como ya lo mencioné anteriormente, pero en China se está dando un caso especial. En el año 2000 la ingesta era de 2,8 kg por persona año, y pasaron al 2020 a 5 kg con 1440 millones de habitantes, con una pujante clase media de 440 millones y en crecimiento. Tal es el impacto de este país que cada hamburguesa per cápita que aumente el consumo representan 237 mil toneladas de carne. Esto nos muestra todo lo que crecerá ese consumo y lo que implica como oportunidades de negocios.

El Plan de la Mesa de las Carnes en Argentina plantea que con una inversión de 3000 millones de dólares podría exportarse 10.000 millones de dólares anuales en cinco años generando 200.000 puestos de trabajo. En cerdos si se duplica la producción con una inversión de 1.900 millones de dólares se generarían exportaciones por 2.000 millones y 18.000 puestos de trabajo. Las tres principales carnes generan 700.000 puestos de trabajo, y si tomamos al sector automotriz de punta a punta incluyendo a los empleados de las concesionarias se llega a 96.000 puestos de trabajo, lo que refleja el impacto de los agronegocios.

Si tomamos en cuenta el área de la foresto industria, el país tiene un déficit comercial de productos forestales de 700 millones de dólares, vale decir este es el resultado de comparar exportaciones e importaciones, siendo que tenemos records de crecimiento de árboles implantados. Al mismo tiempo hay montes en la zona de Corrientes que están esperando ser cortados, pero no hay donde procesarlos. Este sector plantea que con inversiones de 7.000 millones de dólares que incluyan plantas elaboradoras de papeles, al 2030 se pasaría a un superávit comercial de 2.500 millones anuales y se generarían 187.000 puestos de trabajo.

Esta información nos permite inferir que es mucho lo que hay para hacer con certeras posibilidades de crecimiento que generarían importantes ingresos de divisas tan necesarias para nuestro endeble presente y próximo futuro. Al mismo tiempo se incrementaría la tan necesaria creación de empleo que a su vez permite la radicación de los jóvenes de cada rincón del país en sus respectivos pueblos de origen.

Hay que pasar de ser el granero tradicional a ser un actor relevante de la bioeconomía, Argentina no está limitada por la demanda sino por la oferta, vale decir estamos cercenados por nuestros propios problemas a pesar que nuestra nación está dotada de grandes recursos naturales e importante talento intelectual, es entonces que volvemos a referirnos a la necesidad de plantearnos una estrategia de país, propiciarnos un norte de largo plazo, oportunidades hay muchas, una de ellas es la estrategia de la economía circular.

El periodista Mauricio Bártoli escribió un informe sobre las innovaciones tecnológicas e industriales del campo argentino eligiendo 10 avances concretos de la Argentina pujante que nos muestra un norte y un futuro próspero que nos permite mantener la ilusión de un país que cambie para bien, dentro de nuestra faceta autodestructiva tan eficiente, por cierto. El desarrollo de semillas más resistentes que aumentan los rindes es uno de los hitos del campo que siembran y cosechan con pilotos automáticos. Drones que captan situaciones biológicas y las transforman en datos digitales. Todo on line, con precisión de milímetros y en plena sintonía con los satélites y los servicios de conectividad global. Esas innovaciones tecnológicas mejoran la productividad del campo argentino, en la primera línea mundial de los adelantos agropecuarios a nivel mundial, y con progresivo equilibrio entre la eficiencia y la sustentabilidad. Así se toman mejores decisiones, se reducen costos y tiempos, en el camino de obtener alimentos, energía y, últimamente, también soluciones en el área de la salud humana.

1. Maquinaria inteligente: Los dispositivos cibernéticos que permiten producir alimentos con mayor eficiencia son una realidad en las pampas, con niveles de adopción a la par de los países centrales. Por caso, las picadoras de forraje utilizan sensores y cámaras de visión que controlan, de manera automática, la carga del acoplado para aprovechar mejor el transporte. En las sembradoras, la inteligencia se expresa en ahorros de semillas y mayores rindes de la cosecha.

2. Aplicaciones dirigidas con sensores: En la carrera productivo-ambiental, los sensores de malezas colocados en las pulverizadoras permiten aplicaciones dirigidas que redundan en menores costos económicos y beneficios ambientales. La tecnología combina "lectores de verde" con "electroválvulas de ancho de pulso modulado" que realizan "40 mil lecturas por segundo" haciendo un escaneo de cada centímetro del lote. De esa manera, sólo se pulveriza ante la presencia de verde y se ahorra hasta el 90% de los insumos fitosanitarios.

3. Drones y robots agrícolas: La robotización se ha instalado con fuerza en todas las fábricas de maquinaria agrícola. Son muchos los tipos de máquinas que trabajan de manera autónoma, con ejecución de algoritmos. Un ejemplo son las cosechadoras que califican la calidad del grano con cámaras de visión de alta definición. Los datos relevados son transmitidos a la computadora de la máquina, desde la cual se regulan de manera automática los órganos de trilla, para bajar costos de producción y aumentar los rindes a cosecha. En este mismo rumbo, existen empresas que ofrecen servicios de recolección de datos con drones, por ejemplo, para reducir el uso de fitosanitarios. La robotización también se luce en la lechería.

4. Genética y biotecnología: La evolución constante de la ingeniería agronómica se ha acelerado en las máquinas de la era digital. Es que la Inteligencia Artificial y el Big Data propician modelos predictivos (a partir de datos históricos anticipan cambios en las condiciones agrícolas). La "Internet de las Cosas", (por ejemplo, por el uso de imágenes satelitales y drones) también está facilitando la innovación agrícola, especialmente en el desarrollo de semillas.

5. Carbono Neutro y huella ambiental: En la carrera global contra el cambio climático, los principales referentes de la agricultura mundial han tomado el tema de la sustentabilidad ambiental como prioritario. Y nuestro país, con tecnologías que en las pampas han sido pioneras, como la siembra directa o la agricultura "liviana" (silobolsa en lugar de las plantas de silos, o brazos –botalones- de fibra de carbono en lugar de acero) se ha hecho camino al andar sustentable y se suman los beneficios ambientales, económicos y sociales, contemplando la percepción de los consumidores sobre la

huella ambiental y ecuaciones productivas con Carbono Neutro.

6. Digitalización: En estrecha relación con la producción eficiente y sustentable, se están desplegando múltiples dispositivos y plataformas que conectan especialmente con las nuevas generaciones de productores. En este punto se cruzan e interactúan tanto empresas de maquinaria agrícola como de insumos químicos. Mi Lote de Corteva, Field View de Bayer, Xarvio de Basf, y Dr. Agro de Syngenta son algunos ejemplos. Los dispositivos digitales y la automatización también están cambiando, por ejemplo, los modos de alimentación en la ganadería, para un manejo más preciso.

7. Maíz energético y saludable: La diversidad de utilidades de los granos ha alcanzado un punto alto al ser aprovechados ya no sólo con fines de alimentación humana, o forrajera (para el ganado y las mascotas) sino también para la elaboración de biocombustibles y últimamente hasta con destino farmacológico (el alcohol en gel es el paradigma de la época). Un caso paradigmático de bioeconomía circular en ese sentido es de Las Chilcas, de la familia Aguilar Benitez, en el norte cordobés que ha sido descripto anteriormente.

8. Alta precisión y usos múltples: La caña de azúcar es un cultivo prácticamente ancestral que se ha ido reconvirtiendo en el último siglo. De endulzante a insumo papelero, luego biocombustible y últimamente también generador de otro tipo de energía calórica a partir de los "desechos". El Ingenio Tacabal en Orán, Salta, es ejemplo de economía circular, agregado de valor y producción de alimentos, biofertilizantes y energías renovables y la empresa jujeña Ledesma utiliza

drones de gran autonomía para la detección temprana de plagas y malezas, e información de satélites.

9. Riego por Big Data: Adecoagro utiliza esta tecnología en los cultivos de arroz del Litoral, particularmente en lo asociado al riego. Sensores distribuidos cada 1.500 hectáreas e interconectados redundan en un eficiente control productivo como de la sustentabilidad ambiental. Es clave para no utilizar más agua que la necesaria.

10. Shampoo riojao anti-calvicie. Un "invento argentino" de los más curiosos, surgido del campo, es la utilización de la jarilla, un arbusto "exclusivo" de La Rioja, como insumo básico para producir un shampoo contra la calvicie. Lo que podría parecer un delirio excéntrico es furor en Europa, particularmente en Londres, y se paga como tal.

En este paneo rápido de logros que plasma nuestro campo nos muestra varios de los temas que hemos recorrido en este texto: innovaciones tecnológicas que mejoran la productividad, en la primera línea de los adelantos agropecuarios a nivel mundial, y con progresivo equilibrio entre la eficiencia y la sustentabilidad, los conceptos que son utilizados por los países desarrollados, en este caso estan implementados dentro de nuestro territorio, por ende, si es posible de realizar.

Otras riquezas a desarrollar

El potencial argentino no se circunscribe en nuestro vigoroso campo ya que el yacimiento de Vaca Muerta ubicado especialmente en la provincia de Neuquén describe Buscaglia en su libro Emergiendo, es el segundo reservorio a nivel mundial de gas no convencional y cuarto de petróleo no convencional, según la Agencia de Información Energética de EE.UU. Esta nueva técnica de perforación horizontal y fracking liderada por Estados Unidos permitió aprovechar las reservas de petróleo en formaciones poco permeables. El país del norte pasó de ser el primer importador de petróleo del mundo a ser el mayor productor en menos de una década.

Carlos Ormaechea presidente de Tecpetrol del Grupo Techint comentó en 2019 "si Vaca Muerta nos sale bien, será la fuente de energía para el cono sur, pero si pensamos con una gran ambición será necesario exportar gas licuado al mundo". Solo se encuentra explotado el 4% de los 35.000 km cuadrados de superficie que abarca, verifica que estamos frente a un potencial gigantezco. Para que florezca hay que invertir constantemente y bajar costos de producción y construir la infraestructura y claro que las reglas no cambien a cada rato. El petróleo podría traer más de 5000 millones de dólares adicionales de exportaciones.

Vaca Muerta no es un sueño que podría cristalizarse ya que tuvo un importante desarrollo entre 2017 y 2019 con inversiones que alcanzaron los US$ 4200 millones. En este sector hemos tenido los vaivenes típicos de nuestra historia, en 2006 habíamos logrado un superávit comercial energético de US$ 6000 millones a un déficit energético de casi US$ 6600 en 2014. El impacto positivo de Vaca Muerta en 2018 permitió que en 2018 el déficit disminuyera a US$ 2355 millones. En junio de 2019 se exportó por primera vez gas licuado Gas Natural Licuado (GNL).

La minería. Siempre me ha llamado la atención y lo he comentado infinidad de veces en las clases en la facultad, que, teniendo a la cordillera de Los Andes de miles de kilómetros, la mala suerte que hemos tenido que los minerales estan solo del lado de los chilenos y nostros nada, para ser más preciso el límite territorial con Chile es de 5308 km.

Otro tanto con nuestra inmensa plataforma submarina de una riqueza fenomenal, pero de esa explotación se estan ocupando los ingleses desde las islas Malvinas, los japoneses desde que tengo memoria y ahora se sumaron los chinos y a su estilo, con enormes cantidades de buques pesqueros, inclusive algunos barcos que solo tienen combustible y proveen del mismo a los que están pescando para que puedan continuar. En teoría lo hacen fuera de nuestra plataforma por fuera de las 200 millas, incontrolable para nuestra debilidad estructural en controlar lo que sea.

Argentina cuenta desde el Delta del Paraná hasta la Bahía Lapataia, en Tierra del Fuego, con 4725 kilómetros de costa, en esta generosa extensión sobresale una formidable fauna marítima que corresponde al Atlántico sur lo que representa una ventaja: son productos naturales que provienen del mar argentino, salvaje y austral y representa un diferencial de calidad y así lo expresa la leyenda que acompaña a los pescadores.

 El sector pesquero, según un informe de la periodista Silvia Naishtat, genera 23000 puestos de trabajo con las remuneraciones más altas de la economía. Exportan el 90% y en 2020 alcanzaron U$S 1730 millones, posicionando a la pesca como el octavo mayor complejo exportador nacional. El langostino es como la soja del mar, le siguen la merluza y el calamar. La pesca ilegal es un gran problema mundial que la FAO estimó en pérdidas económicas de U$S 23000 millones por año, en realción a nuestro país se estima que se llevan U$S 2000 millones anuales

Pero volvamos a la minería, Chile en 2018 exportó US$ 40.000 millones de productos mineros, de los caules 36.000 fueron del cobre. Argentina en el mismo año exportó U$S 3700 millones y solo 287 cobre. Los diferentes resultados tienen que ver con nosotros mismos, otra vez no le podemos achacar la culpa a nadie, veamos algunos datos la presión fiscal en nuestro país que padece el sector minero es de 36%, en Chile 16% en Perú el 14%. La Argentina tiene reservas de cobre por 39.000.000 de toneladas, por valor de US$ 235.000 millones a valor de 2019.

El litio es la nueva vedette de la minería y se lo llama oro blanco, se utiliza para la construcción de baterias eléctricas, con el advenimiento de los autos eléctricos y de los híbridos a nivel mundial que están generando una demanda creciente. Este mineral se ubica en nuestro país Chile, Perú y Bolivia, la principal reserva mundial es de Chile y Argentina figura cuarta con dos millones de toneladas.

El CEO de BMW Group Latinoamérica, Alexander W. Wehr, anunció una estrategia para impulsar la producción de baterías para autos eléctricos en Argentina: "Tendría mucho sentido que la producción de baterías para autos eléctricos esté más cerca de las materias primas", dijo Wehr en conferencia de prensa. "Por eso, desde BMW Group queremos brindar un gran impulso y establecer un vínculo entre el Gobierno y los fabricantes de baterías, para establecer una industrialización del litio que vaya más allá de la extracción de la materia prima", agregó el ejecutivo.

Las declaraciones de Wehr se producen luego del anuncio de una inversión de 334 millones de dólares para comprar litio argentino para la producción de baterías para los vehículos eléctricos de la automotriz alemana En una primera etapa, el litio se llevará a los centros de producción de baterías en Europa. El ejecutivo formó parte de las negociaciones entre el Gobierno argentino y la minera norteamericana Livent, para que BMW pueda comprar el litio extraído en el Salar del Hombre Muerto, en Catamarca. Está claro que no es nuestro fuerte ponerles nombre a las localidades.

Argentina necesita incentivos fiscales para la compra de autos eléctricos, pero también infraestructura: cargadores en la vía pública, accesos especiales a estacionamientos y autopistas, para que se difunda entre los consumidores la ventaja de este tipo de movilidad más sustentable", opinó.

Turismo. En la Argentina hay 46 parques nacionales que en 2018 recibieron 4 millones de turistas siendo el de Iguazú el de mayor atracción. Está claro que nuestro país tiene un potencial enorme en esta área no solo por las bellezas naturales con diversas características y climas, como también un patrimonio cultural de gran calidad. Lo que se necesita para incrementar el turismo receptivo mejorar e invertir en infraestructura, bienes y servicios en alojamiento, transporte, seguridad.

España es un ejemplo interesante para analizar ya que en 2017 se ubicó segunda en la clasificación de visitantes extranjeros con 81 millones de turistas, y segundo en ingresos por turismo. Sin tomar en cuenta el tema de la pandemia, este sector ha ido creciendo a nivel mundial, y para variar el principal emisor de turistas es China, ellos gastaron 257.000 millones de dólares viajando al exterior en 2017, contra 135.000 millones de los norteamericanos. Unos 131 millones de chinos viajaron al exterior en 2017 de los cuales menos de 50.000 llegaron a nuestras tierras. No hay hasta ahora ningún vuelo directo entre nuestro país y el imperio del centro y doy fé de lo interminable de este periplo ya que viajé tres veces uniendo Buenos Aires-Beijin.

Tanto para el desarrollo del campo, yacimientos como Vaca Muerta, la minería, el turismo, la industria necesitan de un país con un plan estratégico, con políticas de Estado donde las reglas sean claras y estables por décadas no algunos meses o años.

Séptima parte

Argentinos a las cosas

32. ARGENTINOS A LAS COSAS

El 27 de noviembre de 2019 se conmemoraron ochenta años desde que, en su tercera visita a la Argentina, José Ortega y Gasset dictara una conferencia en la Municipalidad de La Plata, titulada "Meditación del pueblo joven". Una parte de dicha exposición quedó en la memoria colectiva y es la siguiente: "¡Argentinos, a las cosas, a las cosas! Déjense de cuestiones previas personales, de suspicacias, de narcisismos. No presumen ustedes el brinco magnífico que dará este país el día que sus hombres se resuelvan de una vez, bravamente, a abrirse el pecho a las cosas, a ocuparse y preocuparse de ellas, directamente y sin más, en vez de vivir a la defensiva, de tener trabadas y paralizadas sus potencias espirituales, que son egregias, su curiosidad, su perspicacia, su claridad mental secuestradas por los complejos de lo personal."

Bueno pasaron más de 80 años y acá estamos por empezar a hacer bien las cosas, porque si nos detenemos a analizar nuestra historia reciente somos muy buenos haciendo mal las cosas. Estas últimas décadas hemos sido muy consecuentes, previsibles y efectivos en escribir las páginas de un fracaso que es hoy nuestro país.

André Malraux un novelista y político francés nacido con el siglo XX dijo que los pueblos no solo tienen los gobiernos que se merecen sino los que se les parecen. Debo confesar que estas frases a veces suenan muy grandilocuentes y estimo se tienen que tomar como lo que son, frases que pretenden en el mejor de los casos poder darle significación a algún concepto más profundo. Pero en este caso la misma me incomoda y viene a mi mente con asiduidad ante las más variadas barbaridades e injusticias que con el paso del tiempo vamos tomando como naturales sin más.

Como ya he dicho soy de Lomas por tercera generación, del sur del gran Buenos Aires y este 2021 cumplo 60 años, mi ciudad cumple 160 años y he vivido en una sociedad que cuando tenía 9 o 10 años había 5% de pobres, hoy el 53% de los habitantes del GBA los son, solo hemos retrocedido. Las páginas de este libro tiene abundante información numérica, datos, estadísticas y cuadros comparativos para sustentar el diagnóstico de lo que hemos logrado obtener, aunque seamos reacios a admitir realidades palmarias, pero para resolver un problema primero hay que empezar por admitirlo, saber que estamos en él como ocurre con todo droga dependiente, cuando el alcohólico admite que lo es y que siempre lo será por su estructura de personalidad, no puede tomar un par de copas para celebrar lo que sea ya que puede empezar nuevamente el infierno, pero al tomar conciencia de su problema y con la terapéutica correcta puede tener una vida sana y plena.

Admitiendo nuestra patología podemos pensar en el principio de la mejora. He puesto a consideración muchos ejemplos de lo que hacen distintos países con sus Estados puestos a servir al desarrollo de sus comunidades. Paralelamente es cada vez más difícil hacer las cosas muy mal, ya que tenemos en la punta de los dedos la posibilidad de acceder a una incalculable cantidad de información, donde el mayor trabajo es seleccionar lo más interesante o lo más pertinente a nuestras necesidades.

ODS

Doy un último ejemplo, los ODS. Los Objetivos de Desarrollo Sostenible (ODS) constituyen un llamamiento universal a la acción para poner fin a la pobreza, proteger el planeta y mejorar las vidas y las perspectivas de las personas en todo el mundo. En 2015, todos los Estados Miembros de las Naciones Unidas aprobaron 17 Objetivos como parte de la Agenda 2030 para el Desarrollo Sostenible, en la cual se establece un plan para alcanzar los Objetivos en 15 años.

Actualmente, se está progresando en muchos lugares, pero, en general, las medidas encaminadas a lograr los Objetivos todavía no avanzan a la velocidad ni en la escala necesarias. Los 17 objetivos son:

Objetivo 1: Fin de la pobreza. Para lograr este Objetivo de acabar con la pobreza, el crecimiento económico debe ser inclusivo, con el fin de crear empleos sostenibles y de promover la igualdad.

Objetivo 2: Hambre cero. El sector alimentario y el sector agrícola ofrecen soluciones claves para el desarrollo y son vitales para la eliminación del hambre y la pobreza.

Objetivo 3: Salud y bienestar. Para lograr los Objetivos de Desarrollo Sostenible, es fundamental garantizar una vida saludable y promover el bienestar universal

Objetivo 4: Educación de calidad. La educación es la base para mejorar nuestra vida y el desarrollo sostenible.

Objetivo 5: Igualdad de género. La igualdad entre los géneros no es solo un derecho humano fundamental, sino la base necesaria para conseguir un mundo pacífico, próspero y sostenible.

Objetivo 6: Agua limpia y saneamiento. El agua libre de impurezas y accesible para todos es parte esencial del mundo en que queremos vivir.

Objetivo 7: Energía asequible y no contaminante. La energía es central para casi todos los grandes desafíos y oportunidades a los que se enfrenta el mundo en la actualidad.

Objetivo 8: Trabajo decente y crecimiento económico. Debemos reflexionar sobre este progreso lento y desigual, y revisar nuestras políticas económicas y sociales destinadas a erradicar la pobreza.

Objetivo 9: Industria, innovación e infraestructuras. Las inversiones en infraestructura son fundamentales para lograr un desarrollo sostenible.

Objetivo 10: Reducción de las desigualdades. Reducir la desigualdad en y entre los países

Objetivo 11: Ciudades y comunidades sostenibles. Las inversiones en infraestructura son cruciales para lograr el desarrollo sostenible.

Objetivo 12: Producción y consumo responsables. El objetivo del consumo y la producción sostenibles es hacer más y mejores cosas con menos recursos.

Objetivo 13: Acción por el clima. El cambio climático es un reto global que no respeta las fronteras nacionales

Objetivo 14: Vida submarina. Conservar y utilizar en forma sostenible los océanos, los mares y los recursos marinos para el desarrollo sostenible.

Objetivo 15: Vida de ecosistemas terrestres. Gestionar sosteniblemente los bosques, luchar contra la desertificación, detener e invertir la degradación de las tierras y detener la pérdida de biodiversidad

Objetivo 16: Paz, justicia e instituciones. Acceso universal a la justicia y la construcción de instituciones responsables y eficaces a todos los niveles

Objetivo 17: Alianzas para lograr los objetivos. Revitalizar la Alianza Mundial para el Desarrollo Sostenible

Los ODS son también un marco a tomar en cuenta, de hecho, las ciudades que están incorporadas en el Centro Iberoamericano de Desarrollo Urbano (CIDEU) conforman una red que comparten y promueven la cultura del pensamiento estratégico urbano, y sustentan sus emprendimientos en estos objetivos.

Los países de la región que han logrado disciplinar sus cuentas fiscales lo hicieron por acuerdos políticos sin necesidad de tener que recurrir reiteradamente al FMI. Argentina tiene a nivel nacional unas 200 dependencias entre ministerios, secretarías y/o subsecretarias. Una enormidad porque no existe ningún tipo de rendición de cuentas de la productividad del sector público.

Construir un futuro deseado

"Método no desorden; disciplina, no caos; constancia no improvisación; firmeza, no blandura; magnanimidad, no condescendencia". Manuel Belgrano

En definitiva, el Estado no es un fin en sí mismo, es un instrumento, una herramienta para la gestión que como tal puede ser bien o mal empleada. Una vez que tengamos un realista diagnóstico de nuestro estado de situación como nación y definida una visión de país comienzan a sucederse los demás pasos para concretar un plan estratégico, las muy nombradas y poco implementadas estrategias políticas, o estrategias de Estado.

Hemos visto muchos ejemplos y de diferentes latitudes, queda claro que el nuestro no es problema económico sino político, pero como ya lo he comentado en páginas anteriores hay una raíz cultural, ya que nuestra decadencia ha recaído en las bases de los valores éticos y republicanos, lo que hace al problema más profundo.

El qué y el cómo están a nuestro alcance como las decisiones políticas, pero también la falta de grandeza de pensar a largo plazo sin mezquindades sectarias y personales que hoy son un gran límite, pero en el fondo depende de la sociedad toda, de reclamar, de hacernos escuchar a través del voto y las distintas formas que hoy el ciudadano tiene para decir aquí estoy, y demandar a nuestros líderes pensar estratégicamente, acordando todas las fuerzas políticas y sociales referentes de la comunidad un horizonte común que proponga un futuro deseado que desplace la larga decadencia por un desarrollo equitativo y sustentable.

El concepto de futuro deseado siempre me llamó la atención, tan simple, tan claro, tan distante. Distante para un argentino que ha visto cristalizar ante sus ojos la decadencia política, económica, ética, y por otro lado distante con un mundo de cambios constantes, impredecible, pero resulta ser que los países de mayor desarrollo humano, económico y social piensan en el mañana, lo planifican, se han volcado en estas páginas ejemplos varios. Entre todos los estudios y análisis de la construcción de nuestro futuro tiene que tener un lugar de preferencia el Índice de Desarrollo Humano.

Por otro lado, emerge nuestro Peter Pan, nuestras contradicciones, la tendencia a la autodestrucción, a elegir a líderes que son muy eficaces en la tarea que implica llegar al poder con discursos o frases sueltas que parece ser que nos reconfortan. Pero al comenzar la gestión se desnudan las limitaciones, el desconocimiento, emergen las agresiones, las culpas y el ciclo del fracaso vuelve a empezar

¿Tendremos miedo al éxito? De fracasos sabemos mucho, de mentirnos y disfrazar la realidad también, el futuro deseado sigue estando ahí, esperando a ser escrito y que se pongan manos a la obra, a pensarse y a implementarse. No todos tenemos la misma cuota parte de responsabilidad de lo que hoy vivimos, pero eso no quiere decir que seamos también responsables como sociedad, siempre se puede mejorar, habría que empezar por tener un Estado estratégico.